석학
人文
강좌
03

프라이버시의 철학

석학人文강좌 **03**

프라이버시의 철학 – 자유의 토대로서의 개인주의

2009년 3월 23일 초판 1쇄 발행

지은이 이진우
펴낸이 한철희
펴낸곳 돌베개
책임편집 최양순 · 이경아
편집 조성웅 · 김희진 · 고경원 · 신귀영
디자인 이은정 · 박정영
디자인기획 민진기디자인

등록 1979년 8월 25일 제406-2003-018호
주소 (413-756) 경기도 파주시 교하읍 문발리 파주출판도시 532-4
전화 (031) 955-5020
팩스 (031) 955-5050
홈페이지 www.dolbegae.com
전자우편 book@dolbegae.co.kr

ISBN 978-89-7199-334-7 04300
ISBN 978-89-7199-331-6 (세트)

이 도서의 국립중앙도서관 출판시도서목록(CIP)은
e-CIP 홈페이지(http://www.nl.go.kr/ecip)에서
이용하실 수 있습니다. (CIP제어번호: CIP2009000557)

이 저서는 '한국학술진흥재단 석학과 함께하는 인문강좌'의 지원을 받아 출판된 책입니다.

석학 人文 강좌 03

프라이버시의 철학

자유의 토대로서의 개인주의

이진우 지음

돌베개

책머리에

모든 위대한 철학은 그것이 아무리 현실을 떠난 추상적 사유처럼 보일지라도, 항상 시대와 대결하고 현실을 반영한다. 당대의 현실과 치열한 대결을 통해 태어난 철학은 바로 그 때문에 시대를 초월하는 진리를 담고 있다. 우리가 공자와 노자를 읽고, 플라톤과 아리스토텔레스를 인용하는 까닭이 여기에 있다. 철학은 근본적으로 '끊임없이' 변화하는 역사적 현실과 부대낌으로써 '변화하지 않는' 인간적 가치를 탐구하는 인문학 그 자체기 때문이다.

이 글은 인문학의 위기라는 말이 진부하게 들릴 정도로 시대와의 불화를 겪던 시기에 태어났다. 시대가 아무리 변하더라도 인간성에 대한 성찰과 탐구는 필요하다는 주장만큼 진부하게 들리는 말이 어디 있겠는가? 인문학적 사유는 문명의 동력이었던 상상력을 고양함으로써 우리 시대가 신처럼 떠받드는 과학과 기술의 토대가 될 수 있다는 말처럼 진부한 것이 어디 있을까? 많은 사람들이 돈과 권력에 눈이 멀어 적나라한 경쟁에 스스로를 내던지는 것처럼 보이는 시기에 인문학의 의미를 역설하는 것처럼 헛된 일이 또 어디 있을까?

인문학의 종말이 당연하게 받아들여지는 시기에 본격적 인문 강좌를 시도하는 것은 진부함을 더욱 진부하게, 다시 말해 더욱 진지하게 만듦으로써 그 진부함을 극복하려는 시도와 다르지 않을 것이다. 한국학술진흥재단은 이러한 시도의 일환으로 '석학과 함께하는 인문 강좌'를 열었다. 이 글은 바로 그 다섯 번째 강좌의 산물이다. 이 책은 2008년 3월 8일에 시작해 4월 5일까지 매주 토요일 다섯 차례에 걸쳐 서울역사박물관 강당에서 이루어진 강연을 바탕으로 한다.

나는 인문 강좌를 위해 여러 주제를 생각하다가 어쩌면 가장 진부할 수 있는 주제를 선택했다. "개인이 없다면 사회도 없다." "프라이버시가 없다면 자유도 존재하지 않는다." 개인과 프라이버시. 이처럼 진부한 주제가 어디 있겠는가? 이처럼 진부한 주제가 결코 진부하지 않다는 것을 보여줌으로써 우리 사회의 문제점을 드러낼 수는 없을까? 개인과 개인주의는 우리에게 무엇인가?

개인은 윤리적 행위의 주체고, '사적 영역'은 개인적 자유의 보루다. 현대의 정치윤리학은 개인으로부터 출발하고 동시에 개인의 보호를 목적으로 한다. 그럼에도 '개인', '사적인 것', '개인주의'는 항상 반反 윤리적으로 이해되거나, 적어도 극복되어야 할 것으로 파악되었다. 최근 격

렬하게 이루어진 개인주의와 공동체주의의 논쟁도 결국 "개인을 어떻게 이해할 것인가?"의 문제로 압축된다. 이 책은 개인화가 현대 사회의 필연적 과정이라는 관점에서 출발해 사회가 개인과 사적인 영역을 통해 어떻게 도덕적으로 구성되는가를 살펴보고자 한다. 동시에 공동체적으로 조직된 우리 사회에 자유주의가 어떻게 정착될 수 있는지도 비판적으로 검토할 것이다. 무엇보다 개인과 프라이버시의 문제가 결코 진부한 문제가 아니라는 점이 극명하게 드러나기를 기대해 본다.

강연은 본래 '사회의 도덕적 기초: 자유의 윤리적 토대로서의 개인주의'라는 제목을 달고 시작했다. 개인과 개인주의의 문제점들이 프라이버시의 문제로 압축된다는 점을 고려해 제목을 바꾸었음을 밝혀 둔다. 처음 강연을 시작할 때는 진부한 철학적 물음에 귀를 기울일 사람이 과연 얼마나 될지 걱정을 했다. 그렇지만 강연을 시작한 첫 시간부터 토론이 이루어진 끝 시간까지, 강당을 가득 메운 청중의 열기와 끈기가 이러한 우려를 말끔히 씻어 주었다. 이 자리를 빌려 아름다운 교감을 통해 멋진 담론의 공간을 만들어 주고, 또 예리한 질문으로 논의에 생명력을 불어넣어 준 청중에게 진심으로 고마운 마음을 전한다. 당시의 열기와 생동감을 조금이라도 느낄 수 있도록 에필로그는 강연의 구어체를 그대로 사용했음을 밝혀 둔다.

또한 조성택 교수의 매끄러운 사회, 그리고 윤평중·김석수·진태원 교수의 예리하고 진지한 토론이 없었다면 논의의 맥락이 분명해지지 않았을 것이다. 진심으로 감사하게 생각한다. 끝으로, 인문학에 대한 사랑으로 이 강좌를 만들어 준 한국학술진흥재단 허상만 전前 이사장님과 관계자 여러분에게 심심한 감사의 마음을 전하면서 인문학의 토양이 더욱 비옥해지기를 기대해 본다.

2008년 가을의 어느 날

이진우

차례

프롤로그

프라이버시가 없다면 자유도 없다

프라이버시가 없다면 자유도 없다

왜 우리는 프라이버시를 높이 평가하는가? 왜 우리는 프라이버시를 보호해야 하는가? 무엇이 도대체 프라이버시인가? 우리를 압박하는 수많은 문제들 중에서 가장 진부해 보이는 사생활의 문제를 지금, 그리고 여기서 던지는 이유는 무엇인가? 지구 온난화, 환경 오염, 유전자 조작과 같이 인류의 '생존'을 위협하는 문제들, 인류의 평화적 공존을 위태롭게 하는 남북 갈등과 사회적 양극화 같은 문제들, 그리고 글로벌화가 야기하는 정치적 · 경제적 세계 위기들이 긴박하게 부상하는데, 프라이버시 문제를 제기하는 것은 조금 뜬금없이 보이기도 한다.

철학은 본래 진부한 문제를 진부하지 않게 접근한다. 어떤 문제가 진부하다는 것은 그것이 그만큼 스스로 이해될 수 있을 정도로 자명하다는 것을 의미한다. 철학은 바로 이 지점에서 개입한다. 철학은 어떤 문제가 왜 자명한지를 보여주어야 한다. 성찰이 없을 때, 깊이 생각하지 않고 그대로 받아들일 때 문제는 진부해진다.

우리 모두가 알고 있는 것처럼, 모든 사람은 행복을 추구한다. 나의 행복이 동시에 다른 사람의 행복이 될 수 없는 것처럼, 개인의 행복은 사적인 것이다. 어떤 사람은 두 다리를 뻗고 잘 수 있는 나만의 공간이 있기에 행복하고, 어떤 사람은 특정한 거주지가 없을지라도 자신의 삶을 스스로 결정할 수 있는 노마드적 삶에서 행복을 느낀다. 행복은 이처럼 지극히 개인적인 것이다. 이를 모르는 사람이 어디 있겠는가? 이를 주장하는 것이 진부할 뿐이다.

그러나 프라이버시는 개인적인 행복의 문제가 아니다. 행복이 프라이버시를 통해 실현된다는 점에서 전혀 관계가 없는 것은 아니지만, 프라이버시의 문제는 전혀 다른 맥락에서 제기된다. 프라이버시는 사적인 것과 공적인 것이 충돌할 때 비로소 제기되기 때문이다. 프라이버시의 핵심 문제는 행복이 아니라 오히려 자유다. 다른 사람의 삶을 침해하지 않는 범위 안에서 자신의 삶을 스스로 결정할 수 있는 가능성의 조건. 이것이 자유라면 프라이버시는 근본적으로 자유의 문제다. 이는 마찬가지로 진부한 다른 사실과 연결되어 있다. 우리 모두는 개인적인 행복을 추구하지만, 행복은 다른 사람과 함께할 때만 실현될 수 있다. 행복은 지극히 사적일 수 있지만, 행복을 추구하는 행위는 공적일 수밖에 없는 것이다.

그렇다면 우리는 우리의 삶을 어느 정도 스스로 결정할 수 있는가? 개인적 삶은 어느 정도까지 공적으로 보장되어야 하는가? 우리가 민주 사회의 전제 조건이라고 당연하게 생각하는 자유는 도대체 무엇인가? 이러한 물음들이 진부한 일상생활과 연결되어 있기는 하지만, 결코 진부한 문제들이 아니다. 예를 들면 내가 누구와 함께 살고, 또 내가 동료에 관해 어떻게 생각하는가는 사적인 문제다. 나의 일기장과 편지는 마찬가지로 사적이다. 만약 누군가가 나의 일기장을 들여다보고 나의 서신 왕래를 감시한다면, 그것은 더 이상 진부한 문제가 아니다. 내가 어떤 옷을 입고, 또 어떤 직업을 가지는가도 역시 사적인 문제다. 만약 나의 취향과는 상관없이 입어야 할 옷이 정해져 있다면, 그래서 모든 사람이 획일적인 유니폼을 입고 다녀야 한다면, 누가 감히 개인의 사적인 욕구를 진부하다고 말할 수 있겠는가. 우리의 집과 가정은 두말할 나위 없이 외부의 시선으로부터 보호된 내밀한 사적 공간이다. 우리의 집이 완전하게 투명해져서 가정의 친밀성이 파괴된다면, 우리는 과연 진부한 개인의 행복을 입에 올릴 수 있겠는가.

사적인 것은 언뜻 분명하고 명확해 보이지만, 사생활을 둘러싸고 있는 공적 영역과 접촉하는 순간 그 의미와 기능은 불투명해진다. 우리가 앞서 만약이라는 가정법으로 서술한 사회는 개인의 차이와 프라이버시를 파괴하는 전체주의 사회다. 전체주의는 개인의 차이를 인정하는 대신 어떻게 살아야 하는가를 획일적으로 결정하는 유니폼uniform의 사회다. 이에 반해 자유민주주의 사회는 개인의 차이difference로부터 출발한다. 모든 개인은 삶의 존엄을 갖고, 자신의 삶을 스스로 결정할 수 있는 자유의 권리를 가진다. 전체주의가 차이에 대한 무관심을 강요한다면, 민주주의는 차이의 문화를 배양한다. 프라이버시와 사적인 영역이 보호되어야 하는 까닭이 여기에 있다. 프라이버시는 공적 영역과의 관계에서 개인의 자유와 차이가 성장할 수 있는 공간이기 때문이다. 따라서 "왜 우리는 프라이버시를 보호해야 하는가?"라는 물음에 대한 대답은 간단하다. 프라이버시가 없다면 자유도 없기 때문이다.

프라이버시에 대한 철학적 관심은 이중적 배경을 갖고 있다. 하나는 철학의 내재적 관심이고, 다른 하나는 한국의 민주주의 현실과 관련된 구체적 관심이다. 자유의 가능성의 조건으로서의 프라이버시는 민주주의와 직접적인 관계가 있다. 민주주의는 개인의 자유를 공적으로 보장하고 실현하는 사회적인 제도다. 개인의 권리와 사적인 영역을 인정하지 않는 민주주의는 있을 수 없다. 민주주의가 성숙한 사회일수록 모든 사람은 자신의 욕구와 가치에 따라 살아가는 것처럼 보인다. 물론 다른 사람의 권리와 공공선을 침해하지 않는 범위에서 자신의 삶을 스스로 결정할 수 있다는 단서는 민주주의의 기본적인 전제 조건으로 인식된다.

민주주의의 정치적 제도화는 이처럼 개인주의의 문화적 보편화를 동반한다. 법과 제도의 테두리 안에서 개인에게 모든 것이 허용된다. 세금을 제대로 내고 공공질서를 올바로 지킨다면, 개인은 모든 것을 거의 자기 마음대로 할 수 있다. "개인이 끝나는 곳에서 국가는 시작한다"는 니체와 마르크스의 철학적 명제를 바꿔 표현하면, 개인이 있는 곳에 국가는 보이지 않는다. 개인이 공공질서를 침해할 때 비로소 국가는 개입한다. 세금을 거부해 보라. 그러면 국가의 공권력을 느끼게 될 것이다. 법을 어기는 순간, 어디에 있었는지 몰랐던 경찰이 부지불식간에 눈앞에 나타날 것이다. 민주주의가 성숙한 사회는 대체로—국민의 참여를 통해 합리적으로 정당화된—공권력이 제도적으로 힘을 발휘하는 사회다. 반면, 민주적으로 성숙하지 못한 사회에서는 공권력이 사회적으로 뿌리를 내리지 못하고 항상 도전을 받는다.

개인의 차이와 자유를 보장하려면 공공질서를 민주적으로 강화해야 한다. 이것이 민주주의의 역설이다. 성숙한 민주 사회는 민주적 절차를 통해 공권력을 '투명하게' 만들 수 있다고 전제한다. 법이 어떻게 만들어지고 또 어떻게 집행되는가가 모든 국민에게 투명하게 보인다면, 우리는 개인의 권리를 침해할 수도 있는 국가의 권력을 신뢰할 수 있다는 것이다. 마찬가지로 국가는 가능한 한 물리적인 수단을 사용하지 않고 공공질서를 유지하려고 한다. 우리가 민주적 절차를 투명하게 만들면 만들수록 국가의 공권력은 점점 더 눈에 보이지 않게 된다. 길거리에 경찰이 보이지 않아도 공권력이 유지되는 사회가 바로 민주적인 사회다.

우리는 이처럼 개인의 권리와 프라이버시를 보호하기 위해 공권력을 강화한다. 그렇지만 강화된 공권력은—그것이 아무리 민주적으로 정당화된 것이라고 할지라도—프라이버시를 침해할 수 있는 잠재적 위험을 갖고 있다. 거리의 안전을 위해 설치한 카메라는 개인의 삶을 구석구석 감시할 수 있고, 공공 보건을 위해 확보한 개인 정보는 노출되어 개인의 권리를 심각하게 침해할 수 있으며, 어떤 사적인 비밀도 허용하지 않는 완전 투명 사회는 개인의 삶과 차이를 불가능하게 만들 수 있다. 우리가 지각할 수 없을 정도로 빠른 속도로 발전하는 첨단 과학과 정보 기술은 공상 세계와 현실 세계의 경계를 허물어뜨리고, 이 모든 것을 가능하게 만든다.

성숙한 민주 사회에서 공권력이 보이지 않는다고 존재하지 않는 것은 아니다. 공권력이 존재하는 한, 개인의 권리와 프라이버시는 자유를 위해 지켜야 할 보루다. 그럼에도 현대인들은 모든 것을 할 수 있다는 자유의 착각 속에서 프라이버시의 가치와 필요성을 망각하는 것처럼 보인다. 거리에 설치된 카메라는 안전을 약속하고, 우리의 삶 깊숙이 스며든 디지털 정보 기술은 많은 편의를 제공한다. 감시 카메라를 볼 때마다 기분은 썩 좋지 않더라도, 많은 사람이 디지털 시대의 편의를 더 높이 평가한다. 우리가 편안하게 사생활을 즐기려면 그 정도의 불편은 감수해야 한다는 것이다. 현대인은 깊은 생각 없이 감시당하지 않고 익명으로 살아가기를 포기한 것처럼 보인다. 간단히 말해서 사회가 '민주적으로' 성숙할수록, 공권력이 '투명해질수록', 현대인들은 프라이버시와 개인적인 자유를 상실하는 데 대한 감각을 점점 더 잃어버린다. 잃어버리지 않는다면, 적어도 둔감해진다.

독재 권력과 전체주의 국가처럼 개인의 삶과 권리를 침해하는 적이 뚜렷이 보인다면, 프라이버시의 의미와 가치 역시 또렷해진다. 사생활을 훼손할 수 있는 공권력이 투명해진다면, 프라이버시의 가치는 흐릿해진다. 여기서 투명해진다는 것은 역설적으로 잘 보이지 않는다는 것과 같기 때문이다. 그렇다면 모든 것이 투명해진 현대 사회에서 우리는 어떻게 개인의 권리와 프라이버시를 보호할 수 있는가? 서구의 논의는 이 물음을 맴돈다. 한편에서는 개인의 죽음과 프라이버시의 종말이 공공연하게 거론된다. 제목 자체가 문제의 핵심을 말해 주는 『투명 사회』의 저자 데이비드 브린은 프라이버시가 억압되고 있다고 주장한다.[1] 새로운 정보 기술과 함께 정부는 점점 더 일상생활의 프라이버시에 개입할 수 있기 때문에 프라이버시는 점차 종말을 맞고 있다는 것이다.[2] 프라이버시의 죽음, 종말과 같은 수사학이 조금 과장된 것일 수 있다고 하더라도, 한편으로는 자유와 프라이버시의 친화관계, 그리고 다른 한편으로는 프라이버시와 민주적 공공질서의 긴장관계는 부인할 수 없다.

프라이버시에 대한 두 번째 관심은 한국의 민주화 현실과 직접적 연관이 있다. 서양은 개인의 발견과 더불어 시작한 민주화 과정을 수백 년에 걸쳐 현실화했다면, 우리의 민주화 역사는 기껏해야 반세기에 불과할 뿐이다. 제도적으로는 어느 정도 정착했다고 할 수 있는 민주주의가 과연 우리의 삶과 행위 속에 문화적으로 뿌리를 내리고 있는가?[3] 제도적 민주주의는 물론 의사결정 과정과 집행 과정이 얼마나 투명하게 이루어지는가를 가지고 측정할 수 있다. 그렇다면 문화 민주주의는 무엇으로 평가할 수 있는가? 민주주의의 토대를 이루는 덕성과 가치들은 여러 가지지만, 문화 민주주의에 대한 평가는 간단한 한 가지 물음으로 이루어질 수 있다. "얼마나 많은 차이를 관용할 수 있는가?" 차이는 개인의 인권과 존엄을 전제한다. 우리 사회는 개인에게 얼마나 많은 자유를 허용하는가? 우리의 정치문화는 얼마나 많은 이념의 차이를 허용할 수 있는가? 우리는 과연 '다른' 사람들의

'다른' 욕구와 가치를 얼마나 사회적으로 인정하고 감내할 수 있는가?

이러한 질문들은 한 가지 의심을 품고 있다. 우리는 민주주의를 제도적으로 수용했지만 문화적으로는 아직 정착시키지 못한 것은 아닌가? 민주주의를 문화적으로 성숙시키려면 개인주의에 대한 진지한 성찰이 필요한 것은 아닌가? 프라이버시에 대한 나의 현실적 관심은 우리 사회가 여전히 개인주의에 대한 부정적 편견으로 가득 차 있다는 인식에 바탕을 두고 있다. 우리가 개인주의를 부정적으로 생각한다는 것은 대부분의 사람들이 개인주의를 이기주의로 오해하고 있다는 사실에서 분명하게 드러난다. 개인주의가 다른 사람을 나와 똑같은 인격으로 대하는 '윤리적' 태도라면, 이기주의는 다른 사람을 자신의 이해관계에서 바라보는 '심리적' 태도다. 개인주의는 다른 사람 그 자체를 '목적'으로 대한다면, 이기주의는 그를 하나의 '수단'으로 바라본다.

이러한 차이를 아무리 강조하더라도 많은 사람이 개인주의를 부정적으로 느끼는 성향을 갖고 있다면, 그것은 우리 사회가 여전히 공동체 지향적이라는 사실을 분명하게 말해 준다. 자본주의의 영향으로 이기적으로 행동하면서도 사람들은 생각으로는 개인주의를 거부한다. 민주주의가 개인의 인권과 권리를 토대로 하고 있다는 것을 알면서도 사람들은 개인의 권리 주장을 부정적인 시각으로 바라본다. 여성들이 평등한 권리를 요구하지 않아도 국가와 공동체는 '알아서' 그들을 평등하게 대우하겠는가? 사회적 소외 계층이 최소 생계비를 요구하지 않아도 국가는 '알아서' 복지 정책을 수립하겠는가? 장애인들이 이동의 자유와 권리를 주장하지 않아도, 국가는 '알아서' 그들을 위한 통로와 승강기를 마련하겠는가? 개인이 자신의 삶을 스스로 결정하고 영위할 수 있는 프라이버시를 요구하지 않아도, 국가는 '알아서' 사생활을 보호하겠는가? 국가는 모든 국민의 욕구와 권리를 알아서 처리해 주는 자선단체가 아니다. 국가는 오히려 국민의 자발적인 참여를 통해 국민의 권리를 스스로 보장하고, 동시에 그 한계를 결정하는 공공 기관이다. 개인의 참여가 없다면 국가는 존립하지 않고, 개인의 권리 주장이 없다면 공동체 역시 공허하다.

우리가 설령 개인보다는 공동체에 우선성을 부여한다고 할지라도, 개인의 사생활이 침해되는 순간에는 개인주의와 민주적 공동체의 연관 관계를 뼈저리게 느낄 수밖에 없다. 개인의 권리가 침해당할 때, 비로소 우리는 권력의 양면성을 인식하게 된다. 개인 없이는 어떤 사회도 존립할 수 없다는 진부한 진리는 여기서 본래의 모습을 드러낸다. 개인의 삶이 공동체를 통해 실현될 수 있는 것처럼, 공동체는 개인의 권리를 보호할 때에야 선으로 인식된다. 우리의 삶은 이처럼 개인과 사회, 개인의 권리와 공공선 사이의 균형적 긴장 관계에 묶여 있다. 어느 한쪽이 지나치게 강조되면, 우리가 자유로울 수 있는 공간은 심각하게 훼손될 수 있다. 개인의 극단화가 공동체를 침식시킨다면, 공동체의 절대화는 개인의 권리를 침해한다.

최근 영미 철학에서 활발하게 논의된 공동체주의는 지나친 개인주의화가 민주적 공동선을 해칠 수 있다는 인식에서 출발했다. 그렇지만 공동체주의가 공동선에 우선성을 부여한다고 해서 개인의 권리와 개인주의를 전면 부정하는 것은 결코 아니다. 개인의 권리는 오로지 이를 보호하고 배양할 수 있는 공동체적 문화를 통해서만 올바로 실현될 수 있다는 인식의 결과가 바로 공동체주의다. 그렇기 때문에 서양의 공동체주의자는 한국의 어떤 자유주의자보다 더 자유주의적이고, 한국의 자유주의자는 서양의 어떤 공동체주의자보다 더 공동체주의적이다.[4] 서양의 현대인들이 개인주의의 한계를 인식하고 이를 비판적으로 성찰한다고 해서 개인주의와 민주주의의 친화 관계를 부정하는 것이 아니라면, 우리는 서양의 자기비판에 편승해 개인주의 자체를 매도하는 우를 범해서는 안 될 것이다. 우리 사회처럼 개인의 권리보다는 사회적 의무를 강조하는 사회에서는 민주적 평형 관계를 위해서도 더욱 개인의 권리를 강조해야 하지 않을까?

프라이버시에 관한 논의를 시작하면 일종의 문화적 충격을 경험하게 된다. 모든 사람이 민주주의는 외치면서도 정작 인권, 인간 존엄, 개인이 갖는 권리의 가치와 중요성은 제대로 인식하지 못하는 것처럼 보인다. 어떤 경우에는 개인주의로 인해 공동체가 붕괴될 수 있다는 우려가 민주주의의 윤리적 토대인 인권에 대한 부정적인 태도로 나타나기도 한다. 여성, 장애인, 노동자, 소외 계층처럼 개인의 권리를 주장하는 사람들은 대부분 인권과 권리에 호소하기 때문이다. 이러한 현상은 민주주의의 문화적 정착을 위해서도 극복되어야 한다. 우리 사회에서 인권과 개인의 권리를 아무리 주장해도 지나치지 않는 이유가 여기에 있다.

물론 개인의 권리와 공동체의 선은 민주적인 제도와 문화를 통해 균형을 이루어야 한다. 이런 관점에서 보면 개인주의와 공동체주의 역시 대립적 관계로 파악될 필요가 없다. 공동체주의가 공동체의 관점에서 개인주의의 단점과 약점을 보완하려는 사회철학적 관점이라면, 전통 사회의 특징인 집단주의의 결함을 극복하려면 거꾸로 개인주의의 관점이 필요하지 않겠는가? 서양의 공동체주의는 권리보다는 공동선에 우선성을 부여하지만, 개인의 자유를 기본 가치로 설정한다는 점에서 개인의 권리를 인정하지 않는 집단주의로 오해해서는 안 된다. 개인주의와 공동체주의의 논쟁에서 중요한 것은 '자유의 가능성의 조건'이다. 우리는 개인의 자유를 어떻게 공동체를 통해 실현할 수 있는가? 우리가 특정한 공동체 속에서 살아가기 때문에 피할 수 없는 사회적 구속에도 불구하고 가능한 자유의 모습은 어떤 것인가?

이 책은 이 질문에 대한 철학적 대답을 시도한다. 그것은 개인의 자유를 진지하게 생각하지 않는 어떤 공동체도 민주적일 수 없다는 점에서 '자유주의적'이고, 어떤 개인적 자유도 공동체를 통해 실현될 수밖에 없다는 점에서 '공동체주의적'이다. "좋은 사회는 개인의 권리와 사회적 책임, 자유와 공동선 사이의 균형을 신중하게 만든다"는 주장은 우리의 논의를 처음부터 끝까지 동반할 것이다.[5] 우리가 프라이버시를 '사회적 선'과 '도덕적 가치'로 파악한다고 할지라도, 그것은 항상 공동선과 균형 관계를 이루어야 한다.[6] 물론 우리는 한국의 현실에서 민주주의를 문화적으로 정착시키려면 개인의 권리를 더욱 진지하게 받아들여야 한다는 입장을 견지하기 때문에 언뜻 개인과 프라이버시를 강조하는 것처럼 보일 수 있다. 그렇다고 해서 개인과 공동선의 관계에서 양자 중 어떤 것에도 선험적 특권과 우선성을 부여해서는 안 된다는 기본 입장이 변하는 것은 결코 아니다.

우리가 민주주의를 원한다면, 그리고 다른 사람과 더불어 개인의 자유를 실현하고자 한다면, 우리는 프라이버시를 진지하게 생각해야 한다. 개인이 없다면, 즉 개인의 삶이 이루어지는 프라이버시가 없다면 자유는 없기 때문이다. 이 책에서 우리는 프라이버시에 네 단계로 접근할 것이다. 1장에서는 사회의 투명화로 인식되는 민주주의의 이중적 측면을 분석함으로써 개인주의와 민주주의의 관계를 살펴볼 것이다. 민주주의가 발전할수록 과연 개인의 자유는 증대하는가? 사회의 투명화는 오히려 자유의 토대인 프라이버시를 파괴할 수 있는 것은 아닌가? 이러한 질문들을 통해 현대 사회에서 프라이버시는 어떻게 생성되었으며, 어떤 상태에 있는가를 알아볼 것이다. 이 과정에서 우리는 한국 사회에서 부정적으로 인식되고 있는 개인화 또는 개인주의화가 민주주의의 필연적 이면임을 인식하게 될 것이다.

2장에서는 사적 영역과 공적 영역의 이원론을 역사적으로 재구성함으로써 프라이버시의 사회적 의미와 역할을 살펴볼 것이다. 전통적 정치철학이 이제까지 사적 영역보다는 공적 영역에 우선성을 부여했다는 것은 의심의 여지가 없다. 여기서 우리는 한나 아렌트를 통해 공론 영역의 고전적 모델을, 그리고 위르겐 하버마스를 통해 현대적 공론 영역을 비판적으로 재구성함으로써 오히려 사적 영역이 왜 정치적 자유를 위해 중요한가를 서술할 것이다.

3장에서는 프라이버시가 개인적인 자유의 조건이라는 전제 아래 개인의 삶과 행위에서 중요한 몸, 소유, 그리고 인격의 문제를 다룰 것이다. 여기서 우리는 근대 자유민주주의의 이론적 토대를 마련한 홉스, 로크, 칸트를 현대적 관점에서 재해석함으로써 개인주의의 새로운 의미를 인식하게 될 것이다. 우리의 몸이 훼손된다면 자유가 과연 가능하겠는가? 우리가 자유를 실현할 수 있는 물질적 토대인 소유가 없다면, 자유가 의미 있겠는가? 우리가 다른 사람에게서 평등하게 인정받을 수 있는 인격이 없다면, 우리의 공동체적인 삶이 가능하겠는가? 어떻게 보면 진부하게 들릴 수 있는 이런 질문들이 초기 자유주의자들의 철학적 출발점이 되었다는 사실은 프라이버시와 관련해 많은 것을 말해 준다. 자유의 가능성의 조건으로서의 프라이버시는 바로 우리의 몸, 소유, 그리고 인격이기 때문이다.

끝으로 4장에서는 우리의 사적 영역을 침해하는 현대 사회의 조건을 비판적으로 고려하면서 프라이버시의 윤리와 정치를 제시할 것이다. 프라이버시는 근대 개인주의의 중심이었던 몸, 소유, 그리고 인격에 따라 각각 '공간'의 프라이버시, '정보'의 프라이버시, 그리고 '결정'의 프라이버시로 구별된다. 왜 우리 모두는 나만의 공간을 필요로 하는가? 왜 우리는 나 자신에 관한 지식과 정보를 스스로 통제할 수 있어야 하는가? 왜 우리는 자신의 삶을 스스로 결정할 수 있는가? 이 질문에 대한 답은 우리 모두가 추구하는 자유와 직결된다. 자유가 여전히 우리 모두에게 주어진 하나의 '문제'고 '과제'라면, 이러한 질문들이 더 이상 진부하게 생각되지는 않을 것이다. 자신의 삶을 새롭게 시작할 수 있는 능력이 다름 아닌 자유라고 한다면, 프라이버시는 바로 자유의 가능성의 조건이고 윤리적 토대다. 이러한 인식이 한국 사회에서 민주주의의 문화적 정착에 얼마만큼 기여할 수 있을지는 모르지만, 이 논의를 통해 프라이버시를 더 이상 진부하게 생각하지 않게 되기를 기대해 본다.

주

1 David Brin, *The Transparent Society: Will Technology Force Us to Choose Between Privacy and Freedom?* (Reading, Mass.: Addison-Wesley, 1998).

2 Richard A. Spinello, "The End of Privacy", *America* 176 (1997), 9~13쪽; Robert Emmet Long, ed., *Rights to Privacy* (New York: H.W. Wilson Co., 1997), 25~32쪽에서 인용.

3 이에 관해서는 이진우, 『이성정치와 문화민주주의』(한길사, 2000)를 참조할 것.

4 이에 관해서는 이진우, 「공동체주의의 철학적 변형」, 『철학연구』 제42집(1998 봄), 243~273쪽과 「자유의 한계 그리고 공동체주의」, 『철학연구』 제45집(1999 여름), 47~60쪽을 참조할 것.

5 Amitai Etzioni, *The Limits of Privacy* (New York: Basic Books, 1999), 5쪽.

6 프라이버시를 사회적 선으로 파악하는 입장에 대해서는 Alan Westin, *Pivacy and Freedom* (New York: Atheneum, 1967); Priscilla M. Regan, *Legislating Privacy* (Chapel Hill: University of North Carolina Press, 1995)를 참조할 것.

1장

왜 '프라이버시'는 개인 자유의 출발점인가?

오늘날 지배적인 신념은 사람들 사이의 친밀함이 도덕적 선이라는 생각이다. 오늘날 지배적인 열망은 다른 사람과 친밀함과 따뜻함을 나누는 경험을 통해 개인의 인격을 발전시키겠다는 것이다. 오늘날 강력한 영향력을 갖고 있는 신화는 사회의 악은 모두 비인격성, 소외, 차가움의 악으로 이해될 수 있다는 것이다.

–리처드 세네트Richard Sennett, 『The Fall of Public Man』

프라이버시 파괴는 인간 파멸의 길로 접어드는 첫걸음이었다.

–볼프강 조프스키Wolfgang Sofsky, 『Verteidigung des Privaten』

모든 압제 정치와 마찬가지로 전체주의 정부도 분명 삶의 공적 영역을 파괴하지 않고는, 즉 인간을 고립시킴으로써 그들의 정치 능력을 파괴하지 않고는 존재할 수 없다. 그러나 통치 형태로서 전체주의 지배는 이 고립으로 만족하지 않고 사생활도 파괴한다는 점에서 새롭다. –한나 아렌트Hannah Arendt, 『전체주의의 기원』(The Origins of Totalitarianism)

I

투명 사회와 프라이버시

(1) 자유 사회와 '잃어버린 프라이버시'
: 지금 우리에게 프라이버시가 있는가?

'나는 아직도 네가 지난여름에 한 일을 알고 있다' I Still Know What You Did Last Summer. 이 영화 제목이 우리의 현실이라면 어떨까? 우리는 분명 다른 사람들과 함께 살아가지만, 다른 사람들이 우리의 삶과 행위를 잘 알지 못할 것이라고 생각한다. 다른 사람들이 없을 때 하는 나만의 행위, 마음속에 비밀스럽게 품고 있는 생각, 끊임없이 일어나는 욕망, 그리고 감추고 싶은 이기적인 본성. 다른 사람들이 이런 모든 것을 속속들이 알고 있다고 생각하면, 우리는 이 사실을 소름이 돋을 정도로 끔찍스러워 한다. 우리를 보는 눈과 시선의 절대화는 — 제레미 벤담의 파놉티콘panopticon이 시사하는 것처럼 — 우리의 자유를 압살한다. 우리 삶의 완전한 투명화가 부정적인 까닭이 여기에 있다.

다른 한편으로 우리는 다른 사람들의 존재와 그들의 시선 없이는 살아갈 수 없다. "법 없이도 살 사람이다"라는 말도 있고, 또 인간의 착한 본성을 전제하는 철학적 입장도 없지 않지만, 도덕은 항상 타인의 존재와 시선을 전제했다. 어떤 도덕은 모든 사람을 포괄적으로 볼 수 있는 아르키메데스적 관점을 전제하고, 어떤 도덕은 특정 지역에서 살아가는 특정 집단의 관점만을 전제한다. 아무튼 우리 인간은 약한 존재기 때문에, 다른 사람들의 눈이 없다면 모두 이기적으로 행동할 것이라는 생각이 훨씬 설득력이 있어 보인다. 그렇지만 사람들을 공동의 삶으로부터 분리시키는 고립 역시 우리에게서 자유를 빼앗아 간다. 다른 사람들과 함께 살아가면서도 자신의 영역을 가질 수 있도록 보장하는 것이 바로 도덕이다.

자유는 분명 다른 사람들과의 '사이'에 있다. 절대적 고립과 투명화는 모두 우리를 자유롭지 못하게 만든다. 그렇다면 자유민주주의를 특징으로 하는 우리 사회의 현주소는 어떤가? 모든 것이 점점 더 투명해지는 현대 사회에서 우리에게 프라이버시는 있는 것인가?

첫째, 우리는 우리 사회를 관통하는 빈틈없는 감시를 거의 인지하지 못하고 있는 것처럼 보인다. 우리의 행동은 어디에서나 관찰되고 기록되고 평가된다. 지금 이곳에 오기까지 얼마나 많은 카메라가 우리의 모습을 기록했을지 생각하는 사람이 얼마나 되겠는가. 카메라는 점점 더 넓은 공적 공간을 감시하고, 우리가 어디로 가는지 또 누구와 만나는지를 기록한다. 정보 보호 관련 영국 관청의 보고서에 따르면, 모든 개인은 매일 300번까지 카메라에 찍힌다고 한다.[1] 물론 이런 경향이 증가 추세에 있음은 두말할 나위가 없다.

카메라는 안전을 약속하고, 편의를 보장한다. 유리알처럼 투명해진 현대인들은 가끔 불쾌감을 느낄지는 모르지만 디지털 시대의 편의를 높이 평가하는 것처럼 보인다. 우리는 카메라를 통해 감시당함으로써 개인의 자유를 잃어버릴 수도 있다는 생각을 미처 하지 못하는 것처럼 보인다. 많은 사람들이 프라이버시가 다른 편의를 희생하고라도 지켜야 하는 고유한 가치라는 것을 인식하지 못한다. 선거철이 돌아와도 프라이버시는 결코 표를 모을 수 있는 정치적 주제가 되지 못한다.

이런 현상은 우리 사회가 미디어 사회로 발전함으로써 더욱 가속화된다. 우리가 현대 사회를 흔히 유목민적 사회로 부르는 것처럼, 현재의 서구 사회를 지배하는 것은 변화와 무상의 법칙이다. 진정한 의미에서 새로운 것은 없다는 점을 역설적으로 보여주려는 듯 미디어는 매일매일 더욱 새로운 것을 찾는다. 유행이 왔다 가는 것처럼 인간관계도 피상적이고, 사상도 정착되기 전에 사라져 버린다. 이렇게 덧없이 흘러가는 현대의 속도 사회에서 현대인들은 어떤 형태로든 흔적을 남기려 한다. 현대인들은 마치 어떤 희생을 치르고라도 기억에 남고자 하는 것처럼 카메라 앞에 서려 하고, 다른 사람에게 보이기를 원하며, 자신의 삶이 공개되기를 바란다. 자신의 삶을 공중파 방송을 통해 보여주는 '리얼리티 TV'는 현대인들의 과시 현상을 잘 말해 준다. 미국 지상파 방송 폭스Fox 채널의 게임 쇼 〈진실의 순간〉The Moment of

Truth에는 5억 원에 사생활을 파는 사람들이 즐비하지 않은가? '덧없는 인기에 대한 천박한 병적 욕망은 프라이버시를 파괴하며',[2] 다른 사람들의 주의를 끌고자 하는 과시 경제는 프라이버시 파괴가 자유의 부정으로 이어진다는 정치적 위험을 못 보게 만든다. 이처럼 현대인들은 관찰되는 것을 두려워하지 않고, 오히려 관찰되지 않는 것을 두려워하는 것처럼 보인다.

둘째, 다른 사람들이 우리 자신에 관한 정보를 우리보다 더 많이 가지고 있다. 현대의 발전된 정보 기술은 우리의 모든 삶과 활동을 기록하고, 보관하고, 유통시킨다. 우리가 잘 알고 있는 것처럼 디지털 기술은 무한한 '축적 가능성'과 '유통 가능성'을 특징으로 한다. 그뿐만 아니라 컴퓨터로 만들어진 이미지와 시뮬레이션이 현실보다 더 현실 같은 상황에서 정보 기술은 조작 가능성을 무한히 확대시켰다. 우리가 홈페이지에 올린 개인 정보는 언제든지 조작되어 우리도 모르게 유통될 수 있지 않은가? 어쩌면 '세컨드 라이프'Second Life처럼 우리의 전자화된 개인 사진과 프로필이 독자적인 삶을 살아갈지도 모를 일이다.

우리 사회는 점점 더 거대한 감시 체제로 전환되고 있다. 우리는 그 부정적인 결과를 경험할 때에야 비로소 이 감시 체제의 존재를 인식한다. 우리의 전자우편함이 쓰레기로 가득 차고, 매일매일 스팸메일로 시달리며, 유출된 개인 정보로 계좌에서 돈이 빠져나갈 때 우리는 비로소 우리의 삶이 포괄적인 그물망에 갇혀 있음을 깨닫는다. 어디 그뿐인가? 우리가 개인적으로 주고받은 편지, 우리의 행적과 거래 상황, 삶의 모든 정보들이 어디에선가 기록되고 유통될 수 있다.

셋째, 현대인들은 정보가 흘러넘치는 사회에서 자신의 삶을 스스로 결정하지 못한다. 직업을 선택하고 배우자를 결정할 때, 그리고 투표를 할 때, 우리는 과연 진정한 의미에서 자율적으로 결정하는가? 독일의 사회학자 벡은 현대 사회에서 모든 것을 스스로 결정해야 하는 개인들의 고통과 문제를 예리하게 서술한다. 전통 사회의 핵가족에서는 어떤 사람이 혼기가 되면 짝을 찾아 주고 결혼을 주선해 주는 부모가 있었지만, 현대 사회에서는 이런 보조적인 사회제도가 붕괴되었기 때문에 현대인들은 모든 것을 스스로 담당해야 한다는 것이다. 그런데 개인들은 가상으로 만들어진 여론에서 도움을 받으려 한다. 인터넷에서 유용한 정보를 얻는 것처럼, 현대인들은 미디어를 통해 만들어진 여론에 의지해 교육을 받고, 직장을 구하고, 배우자를 고르기도 한다. 만약 현대의 복지국가가 개인의 모든 삶을 책임져야 한다면, 국가가 개인의 모든 사적인 영역에 침투해 들어오는 것은 시간 문제다.

우리는 분명 투명한 자유민주주의 사회에 살고 있다. 그렇다면 우리는 정말 자유로운 것인가? 이 물음에 답하기 위해 우리는 하나의 명제로부터 출발하고자 한다. 총체적 테러로 개인의 자유 공간을 파괴했던 전체주의처럼, 사회의 완전한 투명화도 프라이버시를 파괴해서 자유의 가능성을 없애 버린다. 그럼에도 우리는 자유 사회에 살고 있다는 현실적 착각으로 말미암아 프라이버시의 파괴를 제대로 인식하지 못하는 것처럼 보인다. 2006년 정보보호대회에 참여한 한 시민운동 단체의 대표는 이러한 현실을 이렇게 비유적으로 표현했다.

"펄펄 끓는 물속에 개구리를 넣으면, 개구리는 반사적으로 바로 뛰어나온다. 그러나 찬물이 담긴 냄비 속에 개구리를 넣고 서서히 덥히면, 개구리는 그 안에 가만히 머문다. 처음엔 따뜻해지는 물에 기분이 좋아지기도 한다. 그러나 물이 점점 더 뜨거워지면 개구리는 마비되고, 비등점에 이르면 결국 죽고 만다."[3]

현대 사회가 점점 더 거대한 감시 사회로 전환되는 과정에서 우리의 삶이 마치 개구리와 같은 모습을 하고 있는 것은 아닌가? 위험은 곳곳에 도사리고 있다. 한편에는 기술의 발전, 경제적 이해관계, 복지국가의 배려가, 그리고 다른 한편에는 자신의 프라이버시를 더 이상 진지하게 생각하지 않는 우리의 태도가 손을 맞잡고 있다. 우리에게서 프라이버시에 대한 감각이 사라지는 것이다. 만약 투명 사회가 또 다른 형태의 '부드러운 전체주의'를 가져올 수 있다는 의심이 든다면, 우리는 어쩌면 이런 위험한 상태에서 깨어날 수 있을지도 모른다.

(2) 전체주의의 종말과 개인주의의 컬트

현대 사회는 일반적으로 '투명 사회'로 이해된다. 특히 현대성의 기원일 뿐만 아니라 상징으로 인식되는 유럽과 북미 사회에서 개인의 자유는 권력을 민주적으로 조종하고 통제하는 투명한 민주제도와 밀접하게 결합되어 있다. 현대 사회를 특징짓는 민주주의가 설령 인류에 의해 발명된 최선의 제도는 아니라고 할지라도, 우리는 오늘날 더 이상 자유를 억압하고 압살하는 전체주의를 두려워하지 않는 것처럼 보인다. 오히려 전체주의를 역사적으로 경험했기 때문에 권력과 국가를 더욱더 투명하게 만들려고 하는지도 모른다. 우리는 '누가' 우리의 삶과 연관된 중대 문제를 결정하는가를 투명하게 알고자 하며, 궁극적으로는 이러한 의사결정이 특정한 개인과 집단에 의해 이루어지기보다는 개인의 기호와 욕구에서 분리된 비인격적인 제도 및 과정에 의해 이루어지기를 바란다. 이처럼 투명성은 민주주의의 발전과 더불어 정치적 선이 되었으며, 공공성은 투명 사회의 필연적 전제 조건이 되었다.

국가 권력으로 개인을 완전히 통제하려 했던 전체주의는 현대 사회에서 거의 사라진 것처럼 보인다. 히틀러와 스탈린의 이름은 이미 박제되어 역사 속으로 사라지지 않았는가? 민중의 이름으로 민중을 억압했던 현존하는 사회주의 체제는 베를린 장벽과 함께 붕괴되지 않았는가? 우리의 정치적 상상력이 또는 인류의 역사 과정이 한계에 도달했는지는 모르지만, 현재 자유민주주의 외에 다른 대안은 없는 것처럼 보인다. 전체주의가 어떤 사적인 것, 개인적인 것도 용납하지 않는 권력 체제였다면, 자유민주주의의 승리는 사적인 것의 해방을 의미할 것이다. 자유민주주의 시대가 이념으로서뿐만 아니라 현실적으로 도래한 것인가? 그러나 한나 아렌트는 전체주의의 기원을 분석하면서, "나치 독일의 몰락으로 전체주의가 사라지지 않듯이 스탈린의 죽음으로 사라지는 것이 아니라는 결론"에 도달한다. 우리 시대가 직면한 곤경이 진정한 모습을 드러내는 것은 어쩌면 "전체주의가 과거지사가 될 때"[4]일지 모른다고 경고한다.

그렇다면 전체주의의 위험이 사라진 지금 우리의 자유를 위협하는 것은 도대체 무엇인가? 근대와 함께 탄생한 개인주의와 자유주의가 비로소 진정한 형태로 실현되고 있는 지금, 우리는 무엇을 두려워해야 하는가? 현재 강력한 영향을 떨치는 것은 전체주의의 지배 대상이었던 대중이 아니라, '개인주의의 컬트'이지 않은가? 현대 사회는 실제로 개인주의의 극장으로 인식된다. 서양에서 프로테스탄티즘과 자본주의의 양대 동력으로 발전한 개인주의의 숭배는 대부분 현대성, 특히 서양 현대성의 품질 증명으로 유통된다.[5]

우리는 현대의 투명한 자유민주주의가 개인의 자유와 프라이버시를 보장한다고 생각한다. 민주주의 제도가 권위주의적인 위계질서를 대체함으로써 개인 상호간의 관계는 수평화되었으며, 인물 숭배와 연결된 강제가 줄어드는 만큼 자율적인 참여와 협동은 증대한다. 자유민주주의는 또한 획일적인 삶 대신에 생활 양식의 다원성을 가져온다. 개인주의가 이처럼 발전할 수 있는 가장 커다란 이유는 국가가 비인격적인 법을 통해 개인 상호간의 사회적 갈등을 합리적으로 조정하고 통제하기 때문이다. 아렌트가 말하는 것처럼 "법이 인간들 사이에 설치한 공간은 살아 있는 자유의 공간"[6]이기 때문에, 법이 발전하면 할수록 개인의 자유 공간은 확대된다. 현대인은 이처럼 사회의 공공성과 제도의 투명성이 증대하면 할수록 개인의 자유 역시 더욱더 확대된다고 생각한다.

그러나 전체주의의 종말과 함께 억압의 역사가 끝나지 않은 것처럼, 자유주의의 승리와 함께 프라이버시가 완전히 보장된 것은 결코 아니다. 모든 지배는 그 형식이 어떠한 것이든 개인의 자유를 위협한다. 만약 우리가 이러한 인식에 동의한다면, 우리는 이렇게 물을 수 있다. 전체주의 이후의 사회에서 개인의 자유를 위협하는 것은 무엇인가? 현대 자유민주주의는 과연 개인의 자유를 보장하는가? 삶의 모든 영역과 문제가 공적 성격을 띠고, 또 공론화될 수 있는 현대 사회에서 개인의 사적 영역, 즉 프라이버시는 어떤 의미를 갖는가? 전체주의가 압살하려 했던 개인 생활, 개인 공간, 그리고 프라이버시는 고유한 가치를 갖고 있는가? 만약 현대 사회가 우리의 개인적인 삶과 관련된 모든 문제를 공론화하려는 경향을 갖고 있다면, 만약 현대의 민주 사회가 공공성의 이름으로 개인의 모든 행위와 생활을 투명하게 만들고자 한다면, 우리는 개인의 자유를 위해 프라이버시를 왜, 그리고 어떻게 보호해야 하는가?

이러한 질문을 제기하는 까닭은 우리가 포스트전체주의라는 역사적 현실에 매몰되지 않고, 살아 있는 정치 현실로서의 자유의 가능성을 끊임없이 찾고 싶기 때문이다. 전체주의는 끝나고, 자유민주주의는 현실이 되었다. 그렇지만 모든 지배 형식의 변화는 항상 권력 기술의 변화를 수반한다. 권력은 억압의 형식으로 강하게 행사되기도 하지만, 자발적 복종이라는 부드러운 수단으로 사용하기도 한다. 예컨대 전체주의는 개인이 자신의 삶을 독자적으로 시작할 수 있는 모든 자발성을 소멸시키고자 개인의 프라이버시를 공격한다. 모든 것을 총체적 감시와 테러로 통제하는 전체주의에는 개인 공간과 개인 생활이 결코 존재할 수 없다.

물론 자유민주주의 사회에서는 다른 법칙이 통용된다. 현대 사회에서 지배하는 것은 개인이 아니라 법이다. 그렇다면 법치국가는 개인의 자유와 프라이버시를 보호만 하고 침해하지는 않는가? 모든 지배체제가 그런 것처럼 민주적 법치국가 역시 국민의 '안전'을 위해 군대와 경찰을 필요로 한다. 민주국가에도 여전히 개인의 정보를 감시하고 통제하는 권력기관이 존재한다. 민주 사회가 얼마나 불안정한 토대 위에 건립되었는가를 잘 말해 주는 테러와의 전쟁, 환경 재난, 경제 위기와 같은 여러 재난은 국가 권력을 약화시키기는커녕 오히려 강화한다. 개인이 자신의 삶을 설계할 수 있는 사회적 공간을 마련하기 위해서도 우리는 국가를 필요로 하고, 생존과 생계의 물질적 자원을 확보하기 위해서도 국가는 필요하며, 국민의 생명을 보호하기 위해서도 국가 권력은 필수적이다. 국가의 역할이 증대할수록 개인의 자유를 침해할 수 있는 가능성 역시 증대한다. 오늘날 개인이 스스로를 보호하지 않아도 될 삶의 영역이란 결코 어디에도 존재하지 않는다.[7]

전체주의의 위험이 사라졌다고 생각하는 현대 사회에서 사람들은 "국가에 대한 보호가 아니라 국가를 통한 보호"[8]를 찾는다. 개인들은 자신의 삶이 위협받는다고 생각하면 더욱더 강한 국가를 요구한다. 개인을 위협하는 위험들이 강력하고 다양할수록 국가에 대한 국민의 요구 역시 강력하고 다양해진다. 이런 관점에서 보면 간섭에서 자유로워지려는 소망보다 사회적 인정과 통합, 보호와 복지에 대한 소망이 훨씬 더 국민의 지지를 받는다. 어쩌면 현대의 자유민주주의 사회에서 강력한 영향력을 행사하는 것은 "안전과 평등에 대한 동경이지 자유 정신이 아닐지도"[9] 모른다. 사회의 불안이 커질수록 국가의 간섭은 더욱 강력해지고, 그럴수록 개인적인 자유의 기회는 적어지기 때문이다.

그러나 현대 자유민주주의 사회에서 국가 권력은 결코 억압의 방식으로 이루어지지 않는다. 민주 사회의 국가 권력은 한편으로 복지 권력이다. 현대 국가는 모든 개인이 자신의 삶을 영위할 수 있는 평등한 기회를 보장해야 하고, 행복한 삶의 물질적 조건을 능동적으로 조성해야 한다. 국가 권력을 담당하는 정치인들은 국민에게 안전과 평화, 평등과 복지를 약속하기 때문에 이를 위협하는 사회적인 위험을 제거하기 위해 예방적 조치를 취할 수밖에 없다. 현대 국가는 이처럼 국가의 간섭은 전체주의 국가와는 달리 개인 생활과 개인 자유를 보장하기 위해서만 이루어진다고 주장한다.

다른 한편으로 민주적 국가 권력은 항상 법의 형식으로 이루어진다. 우리가 잘 알고 있는 것처럼 자유는 항상 무엇으로부터의 자유인 까닭에 부정적인 자유다. 자유는 강제와 간섭의 부재를 의미하고, 불안과 폭력으로부터의 해방을 뜻한다. 우리는 외부의 침해에 저항하고, 다른 사람과 집단의 간섭에 제한을 가하며, 위험으로부터 스스로를 보호할 때만 비로소 자유를 방어할 수 있다. 그렇다면 개인의 자유를 보호하기 위해 만들어진 국가가 국민의 삶을 위한다는 명분으로 개인의 자유를 훼손할 때는 어떻게 하는가? 현대인은 이 문제에 대해 국가 권력의 투명화로 대응하는 것처럼 보인다. 국가 권력을 담당하는 정치 계급 자체가 지속적으로 감시된다면, 국가 권력은 적어도 특정한 한계 안에서 작동한다는 것이다.

우리는 여기서 프라이버시와 관련된 결정적인 질문을 던지지 않을 수 없다. 법의 형식으로 실행되는 국가 권력은 과연 개인의 영역을 침투하지 않는가? 국가 권력을 투명화한다고 해서 개인 자유의 현실 공간인 프라이버시가 제대로 보호될 수 있는가? 우리는 여기서 자유와 민주주의가 동일하지 않음을 인식할 필요가 있다. 정치 계급이 민주적 선거를 통해 규칙적으로 순환한다고 해서 자유가 보장되는 것은 결코 아니다. 자유는 또한 다수결의 원칙을 통해 실현되지도 않으며, 기회의 평등을 의미하지도 않는다. 정치 질서의 자유는 국가의 간섭, 이웃의 침해, 적의 공격으로부터 개인을 보호할 수 있는 장벽의 강도를 통해 측정될 수 있다. 이에 반해 민주주의는 근본적으로 다수의 지배 형식이다. 최대 다수의 최대 행복이라는 이념에 사로잡힌 국가 권력으로부터 과연 개인의 자유를 기대할 수 있겠는가? 국가 권력이 언제, 어느 정도까지 개인의 사적인 영역을 통제하고 침해할 수 있는가를 결정하는 입법 과정 역시 다수결의 원칙에 따라 이루어진다면, 민주주의가 반드시 개인의 자유를 보호하는 것은 아니다. 자유민주주의 사회에서도 프라이버시에 대한 침해는 법에 따라 이루어진다.

(3) 개인주의의 역설

자유민주주의가 개인의 자유로부터 출발하는 까닭은 자유를 근본적으로 국가 권력과의 관계에서 이해했기 때문이다. 국가가 특정한 공동선을 구현한다고 생각했던 전통 사회와는 달리 자유민주주의의 정치 이념은 개인의 자유와 권리에 우선성을 부여한다. 자유민주주의의 기본 이념에 따르면, 정의로운 사회는 특정한 목표를 추구하기보다는 시민들로 하여금 다른 사람의 자유를 침해하지 않는 범위에서 자신의 목표를 추구할 수 있도록 하는 사회다. 어떤 사회가 정의롭다면 그것은 그 사회가 추구하는 목적 때문이 아니라, 경쟁적인 목적들 중에서 어느 하나를 선택하기를 거부하기 때문이라는 것이 자유주의의 기본 입장이다. 어떤 사회가 역사적으로 형성된 특정한 도덕적 선을 사회적인 목적으로 설정할 때 전체주의로 발전할 수 있다는 것이 전체주의가 우리에게 남겨 준 교훈이지 않은가.

자유민주주의 사회의 목적은 개인의 자유다. 모든 시민이 자신의 삶을 스스로 선택하고 영위할 수 있는 정치 질서를 수립하는 것이, 굳이 목적telos의 개념을 사용한다면, 자유민주주의의 목적이다. 샌들은 이러한 자유주의의 이상이 "권리the right는 선the good에 우선한다는 주장으로 요약될 수 있다"고 말한다. 자유민주주의가 전제하는 선에 대한 권리의 우선성은 두 가지 의미를 갖는다.

> 첫째, 개인의 권리는 일반적 선을 위해 희생될 수 없다(이 점에서 공리주의와 대립한다). 그리고 둘째, 이러한 권리들을 명확하게 규정하는 정의의 원리들은 좋은 삶에 관한 특정한 비전에 근거할 수 없다(이 점에서 일반적으로 목적론적 관념을 반대한다).[10]

여기서 우리는 개인이 권리의 주체라는 자유주의적 입장이 개인과 국가와의 '관계'에서 탄생했다는 사실에 주목하고자 한다. 샌들은 자유주의가 근본적으로 원자론적, 주의론主意論적 인간관에 기반을 두고 있기 때문에 모든 사람이 역사적으로 형성된 상황에 의해 구속을 받는다는 현실을 간과하고 있다고 비판한다.

자유민주주의가 개인의 자유에서 출발한다고 해서 개인의 사회구속성을 완전히 배제하지 않는 것처럼, 선에 대한 권리의 우선성이 반드시 원자론적 인간관을 전제할 필요는 없다. 자아에 관한 원자론적 관념과 권리 주체로서의 개인에 관한 일반적 관념 사이에는 "어떤 명백한 연관 관계도 없기"[11] 때문이다. 그뿐만 아니라 우리가 프라이버시를 개인적 자유의 전제 조건으로 설정한다고 해서 반드시 자유주의의 인간관을 수용할 필요도 없다. 간단히 말해 서구 자유민주주의의 인간관이 마음에 들지 않는다고 해서 프라이버시 권리에 관한 원칙마저 포기하는 것은 교각살우矯角殺牛의 우를 범하는 것이다. 우리에게 필요한 것은 오히려 인간이 역사적으로 형성된 사회 속에서 살아가는 존재라는 공동체주의적 비판을 수용하면서도 개인의 자유에 기여할 수 있도록 개인주의를 재해석하는 일이다.

이러한 재해석은 '개인의 이미지'보다는 개인과 국가, 개인과 사회의 관계에 초점을 맞춘다. 개인주의에 대한 공동체주의의 비판은 실제로 개인과 사회의 구체적인 관계에 대한 정치철학적 불편에서 기인한다. 그렇다면 우리는 어떤 정치적 현실에 불편해 하는가? 샌들은 우리가 "공적 생활에서 예전보다 훨씬 덜 연결되어 있지만, 훨씬 더 얽혀 있다"고 진단한다. 우리가 전통 사회에서처럼 특정한 선과 도덕적 가치, 단체와 공동체에 구속되어 있지는 않지만, 복잡하게 얽힌 사회적 그물에 빠져 있다는 것이다. 만약 자유주의가 전제한 독립적 자아가 현실이 된다면, 그는 "자유로워지기보다는 권한을 박탈당하고, 어떤 의지 행위와도 관련이 없는 책무와 분쟁에 얽혀 있으면서도 정작 이러한 일들을 견딜 수 있게 해주는 공동체적 정체성이나 개방적 자기규정으로부터 분리된다."[12] 개인주의는 결국 개인을 자유롭게 하기보다는 민주적 절차에 의해 만들어진 형식적인 책무들에 예속시키고, 정치 질서는 개인과 공동체의 정체성을 위해 필수적인 공동체적 가치와 목표를 무력화시킨다는 것이다.

우리가 불편해 하는 것은 결국 '개인주의의 역설'이다. 개인의 자유를 보장하기 위해 고안된 자유민주주의가 자유를 실현하는 공간인 공동체를 파괴할 뿐만 아니라, 궁극적으로는 개인의 자유를 구속한다는 것이다. 우리는 현대 자유민주주의 사회가 두 가지 경향을 갖고 있다는 사실을 부인할 수 없다. 하나는 민주주의의 현실 공간을 공동화시키려는 경향이며, 다른 하나는 개인주의에도 불구하고 여전히 중요한 공동체를 파괴하려는 경향이다. 개인이 권리의 주체라고 주장한다고 해서 개인의 자유가 현실화되지 않는 것처럼, 개인이 아무리 자신의 삶을 독립적으로 선택한다고 하더라도 선택된 삶은 항상 역사적으로 형성된 것이다. 우리가 개인의 자유를 위해 권리 주체인 개인으로부터 출발하지만, 자유는 항상 민주적인 제도를 통해 사회적으로 보장되고 실현된다. 자유는 이처럼 사회의 전제 조건이지만, 동시에 역사적으로 형성된 사회의 기능이다.

이러한 사실은 자유주의자와 공동체주의자 모두를 불편하게 만든다. 한편에서는 근대 개인주의와 함께 발전한 대중사회가 자유의 현실 공간인 공론 영역을 파괴했기 때문에 개인주의의 역설을 야기했다고 주장한다. 근대 사회의 발생을 공론 영역의 몰락 과정으로 서술하는 한나 아렌트는 표준화와 획일화 경향을 띠는 현대 사회에서 개인들은 단순히 경제적 생산자, 소비자 및 도시 거주민으로서 행동하고 상호작용을 할 뿐, 진정한 의미의 정치적 행위는 하지 않는다고 주장한다.[13] 이에 반해 위르겐 하버마스는 시장경제를 통해 국가가 사회화되고, 동시에 사회가 국가의 영향을 받음으로써 국가와 사회의 전통적 관계를 넘어선 새로운 공론 영역이 발전되었다고 분석하면서, 삶의 모든 영역과 문제가 공적 논의의 대상이 될 수 있다는 점을 분명히 한다.[14] 서양 정치철학은 실제로 시대적 차이에도 불구하고 '사적인 것' private과 '공적인 것' public을 구별함으로써 정치와 정치적인 것의 경계를 설정해 왔다. 이 과정에서 공적인 것이 사적인 것보다 높이 평가되고 우선시되었음은 두말할 나위가 없다.

다른 한편에는, 개인의 자유가 민주적 제도와 공론 영역을 통해서만 실현될 수 있다는 입장은 결국 사적인 영역에 대한 국가의 간섭을 정당화하고 확대할 수 있다는 인식이 자리 잡고 있다. 우리 사회에 독립적인 개인들이 공론 영역에서 벗어나려는 개인주의가 팽배한 것은 사실이지만, 민주 사회에서도 개인의 자율과 사적 영역에 대한 침해가 증대하면 했지 감소하지 않기 때문에 프라이버시는 여전히 자유를 실현하기 위해 필수적이다. 시민사회의 발전, 공론 영역의 구조 변동, 민주주의의 제도화는 한편으로 공적 의사결정 과정에 대한 시민들의 참여 가능성을 확대했지만, 동시에 '다른 권력 기술들'을 발전시켰다.

그뿐만 아니라 급속도로 발전하는 현대 과학과 테크놀로지는 프라이버시의 문제를 다시 한번 부각시키고 있다. "교묘한 감시 기술에서 생명공학에 이르는 최근의 기술혁신들은 '자궁, 유전자 등과 같은' 가장 사적인 영역으로 침투해 들어갈 수 있다. 이러한 기술들은 많은 사람들에게 예기치 못한 간섭의 가능성들로부터 개인의 프라이버시를 보호하는 일이 얼마나 중요한가를 일깨워 주었다."[15] 인터넷 같은 정보 기술, 유전자 조작 같은 생명공학은 자신의 몸과 자신에 관한 정보를 스스로 통제할 수 있는 개인의 권리마저 의심스럽게 만든다. 완전히 투명한 사회에서 우리는 과연 우리 자신의 주인일 수 있는가? 이러한 물음에 답하려면 우리는 정보사회, 지식기반사회, 다원주의 사회로 일컬어지는 포스트산업사회에서도 '사적인 것'과 '공적인 것'의 경계를 새롭게 설정할 필요가 있음을 인식해야 한다. 오늘날 프라이버시와 사적인 것은 어떻게 인식되고 있으며, 또 어떤 정치적 의미를 갖는가?

2

프라이버시의 구조 변동

(1) '자유의 사적 영역'으로서의 프라이버시

현대 사회에서 사적인 것과 공적인 것의 경계를 설정하려면, 우리는 우선 사적인 것과 관련된 부정적 편견과 가치 평가를 극복해야 한다. 현대 사회가 개인의 탄생과 더불어 시작했음에도 현대 사회를 분석한 많은 사회학자와 문화비평가들은 사적인 것에 비판적 혐의를 가졌다. 자유를 실현할 수 있는 공적 조건을 강조하면 할수록 사적인 것은 평가 절하되었다. 한편으로 개인주의는 종종 이기주의와 혼동되어 공적인 것은 좋고 사적인 것은 나쁘다는 인식을 퍼뜨렸고, 다른 한편으로는 공동체주의와의 대립 관계 속에서 항상 극복의 대상으로 여겨졌다.

'사생활', '가정 중심의 사회', '사유화'와 같이 사적 영역을 대변하는 말들은 일반적으로 부정적인 어감을 함축한다. 가정생활 또는 개인 생활로 이해되는 사생활은 오직 공공 생활의 희생을 통해서만 번영할 수 있다는 편견이 지배적이다. 사적인 노동자들은 봉급날 집에 가지고 갈 봉투에 영향을 주는 한에서만 자신이 소속된 집단과 공동체의 목적에 관심을 기울인다는 것이다. 사적인 시민들은 적극적으로 정치적 의사 형성 및 결정 과정에 참여하는 공민과는 달리, 자신의 정치적 활동을 투표 행위로 국한한다고 말하기도 한다. 사적인 것은 이처럼 정치로부터 분리되기 때문에 부정적으로 인식된다.

현대 사회에서 가장 사적인 것은 두말할 나위 없이 친밀성imtimacy이다. 리처드 세네트는 서구의 공공 문화가 친밀성의 이데올로기로 말미암아 몰락한다고 진단한다. "오늘날 지배적인 신념은 사람들 사이의 친밀함이 도덕적 선이라는 생각이다. 오늘날 지배적인 열망은 다른 사람과 친밀함과 따뜻함을 나누는 경험을 통해 개인의 인격을 발전시키겠다는 것이다. 오늘날 강력한 영향력을 행사하는 신화는 사회의 악이 모두 비인격성, 소외, 차가움의 악으로 이해될 수 있다는 것이다."[16] 인격적인 것은 친밀성의 사적 영역을 서술하고, 비인격적인 것은 사교성의 공적 영역을 구성한다.

세네트는 "따뜻함은 우리의 신이라는 친밀성의 이데올로기가 신이 없는 사회의 인본주의적 정신을 정의한다"[17]고 진단하면서도 이러한 인식을 끝까지 밀고 나가지는 않는다. 그는 친밀성의 현대 문화가 비인격성을 인간적인 관계의 총체적 부재라고 부정적으로 평가한다고 말하면서, 오히려 "비인격성을 공허함과 동일시하는 것 자체가 결핍"을 산출할 수 있다고 지적한다. 시민들이 사회에서 서로 교류하려면 근본적으로 비인격적인 거리를 필요로 하는데, 친밀성은 바로 이와 같은 공적 사교성을 파괴하기 때문이라는 것이다. 세네트에게 공적 영역은 결코 국가와 동일시되는 정치적 영역이 아니다. 공적 영역은 근본적으로 다양한 사람들이 교류할 수 있는 사교의 공간이다. 친밀성은 개인들이 가면을 쓰고 연기할 수 있는 비인격적 공간, 즉 극장으로서의 사회theatrum mundi를 허용하지 않기 때문에 전제정치를 초래한다는 것이다. "친밀성의 전제정치"[18]의 핵심은 사람들이 가까워질수록 덜 사교적이 된다는 것이다.

우리는 여기서 사적인 것과 공적인 것, 친밀성과 사교성이 동전의 양면임을 어렵지 않게 알 수 있다. 현대 개인주의 문화가 비인격성보다는 친밀성을 선호한다면, 세네트는 이를 단순히 뒤집어 본질적인 관점에서 보면 비인격성이 친밀성보다 우선한다고 주장한다. 왜 친밀성은 어떤 관점에서 보면 도덕적 선이 되고, 또 어떤 관점에서 보면 공공의 적이 되는가? 우리는 친밀성을 사회적인 관계의 전제 조건으로 파악할 수는 없는가? 공적인 관계와 책무에서 잠시라도 벗어날 수 있는 사적 영역이 없다면, 우리는 과연 자신의 정체성을 갖고 다른 사람과 관계를 맺을 수 있는가?

이 물음에 답하려면 친밀성과 사교성, 사적인 것과 공적인 것을 연관 관계에서 파악해야 한다. 다시 말해 자유를 실현하기 위해 필요한 공적인 것이 무엇인가를 정확하게 규정하기 위해서도 우리는 사적인 것을 보호해야 하고, 무엇이 사적인가를 알기 위해서도 사적 영역의 공적 의미를 파악해야 한다. 우리는 여기서 사적인 것과 공적인 것의 구별은 자유 실현을 위해 반드시 필요하다는 인식에서 출발하고자 한다. 우리가 살고 있는 사회는 어느 시대든 항상 "개인들의 사회"[19]인 까닭에, 개인을 넘어선 사회와 개인을 구별할 수밖에 없기 때문이다. 물론 사적인 것과 공적인 것의 구체적인 내용은 양자의 관계에 따라 시대적으로 변화한다.

이런 관점에서 보면 프라이버시는 특정한 성격을 서술하기보다는 근본적으로 '관계'와 '영역'의 공간적 개념이다. 사적인 것과 공적인 것의 구별이 단일하지 않고 변화무쌍한 것은 바로 이 때문이다. 사적인 것과 공적인 것은 상호 환원될 수도 없지만, 완전히 분리되지도 않는다. 이 관계를 보는 관점과 인식에 따라 사적인 것과 공적인 것은 각각 달리 규정된다. 동일한 현상이라도 문제의식에 따라 사적인 것으로 서술될 수도 있고, 공적인 것으로 파악될 수도 있다. 자유민주주의 사회는 이처럼 사적인 것과 공적인 것의 상호 침투를 특징으로 한다.

하버마스는 현대적 공론 영역은 "국가와 사회의 긴장 관계" 속에서 발전하지만, 이렇게 발전된 공론 영역 자체는 항상 "사적 영역의 부분"으로 남는다고 말한다.[20] 이처럼 "내면성과 공공성의 변증법"[21]은 현대 시민사회의 고유한 특징이다. 개인주의의 친밀성을 비판한 세네트도 근본적으로는 "공공 생활과 사생활 사이의 균형"[22]을 언급하면서 공공 문화의 몰락은 이 미묘한 균형 관계가 붕괴하는 과정이라고 말한다. 우리의 본성을 실현하기 위해 특정한 종류의 열정을 다하는 곳이 공공성의 비인격적 영역이라고 한다면, 친밀성의 인격적 영역은 우리가 동일한 본성을 실현하기 위해 다른 종류의 열정을 바치는 곳이다. 사회적 존재로서 우리에게 주어진 정치적 본성이 자유라고 한다면, 우리는 자유를 실현하기 위해 사적인 영역과 공적인 영역 모두를 필요로 한다.

프라이버시의 규범적 성격은 바로 프라이버시가 자유 실현을 위해 필요한 현실 공간이라는 데서 기인한다. 프라이버시는 개인이 자신의 것을 보호할 수 있는 요새다. 그것은 오로지 개인의 자기 통제만을 받을 뿐 외부의 간섭을 받지 않는 영역이다. 프라이버시는 다른 사람과 관계없는 모든 것을 포괄한다는 점에서 공적이지도 않고 공개적이지도 않다. 간단히 말해 프라이버시는—어빙 고프만이 정확하게 서술한 것처럼—'자아의 영역', 즉 개인이 "소유하고, 통제하고, 사용하고, 처분할 수 있는 권한"[23]을 주장할 수 있는 보호 구역이다.

자아의 사적 영역들은 개인들이 서로 의사소통할 수 있는 일종의 언어로서 기능한다. 자신의 것이 하나도 없는 사람이 과연 다른 사람과 의사소통을 할 수 있겠는가? 자기 몸을 갖지 않은 사람은 사람이 아니라 유령이고, 사유재산이 없으면 시민이되 정치에 참여할 가능성이 박탈된 주민등록상의 시민에 불과하며, 인격적 정체성이 없다면 의사소통이 불필요한 획일화된 형식적인 인간에 지나지 않는다. 프라이버시에서 중요한 것은 이 사적 영역이 실제로 독자적으로 유지되는가의 여부가 아니라, 이 사적 영역에서 일어나는 일을 스스로 결정할 수 있는가의 여부다. 프라이버시는 이처럼 자유를 실현하기 위해 반드시 전제된다는 점에서 고유한 규범적 가치를 갖고 있다.

프라이버시가 일차적으로 자유를 실현하는 공간적 영역으로 이해된다면, 이 영역에 대한 통제 능력은 프라이버시의 규범적 내용을 서술한다. 이는 프라이버시 권리에 관한 다양한 해석들을 관통하고 있다. 우리 자신에 관한 정보가 언제, 어떻게, 어느 정도까지 다른 사람에게 유통될 수 있는지를 스스로 결정할 수 있는 능력이 바로 프라이버시다.[24] 우리 자신의 정체성 욕구에 대한 통제, 우리 자신에 관한 정보에 접근할 수 있는 가능성에 대한 통제, 언제 그리고 누구에게 우리 자신의 어떤 측면을 보여줄 것인가에 관한 통제는 프라이버시에서 핵심적 요소다. 공동체주의자들이 일반적으로 비판하는 것과는 달리 프라이버시는 선택(의지) 주체로서의 개인에 대한 존중이라는 추상적 원리 '이상의 것'을 표현한다. 또한 프라이버시가 전제하는 것은 개인의 비밀과 독립 '이상의 것'이다. 그것은 바로 프라이버시가 자유를 실현하는 구체적 조건을 제공한다는 점이다.

> "특정한 개인적인 문제에 대한 선택적 자율권을 부여하는 프라이버시 권리들은 개인에게 자기 정의self-definition, 그리고 자신의 어떤 측면을 언제 누구와 함께 활용할 것인가에 관한 결정과 관련된 '윤리적 능력'의 법률적인 인정을 보장한다."[25]

우리가 어떤 존재기를 바라는가를 스스로 결정할 수 없다면, 또 우리가 이 존재를 실현하기 위해 어떤 자원을 사용할 것인가를 스스로 선택할 수 없다면, 우리는 어떤 사회에서도 결코 자유로울 수 없다. 프라이버시는 우리가 우리 존재의 주인이라는 점을 인정받고 보장받을 수 있는 사회적 조건을 구성하고 동시에 보호한다. 우리 외에 누가 우리의 주인이 될 수 있단 말인가. 우리는 도덕적 의미에서 우리에게 속한 것이다. 그러나 우리가 여기서 자기 소유의 비유를 사용한다고 해서 프라이버시가 양도하고 처분할 수 있는 소유물과 같은 것이라고 오해해서는 안 된다. 우리가 우리 자신의 주인이라는 것은 우리가 자아, 행위자 또는 개인적 정체성에 관한 감각과 관념을 유지할 수 있는 능력을 갖고 있다는 것을 의미할 뿐이다. 이처럼 프라이버시는 개인의 진정한 정체성을 형성하고 유지하는 데 필수적인 개인의 경계로서 상호 주관적인 인정을 통해 사회적으로 설정된다. 그것은 자아의 영역이지만, 사회적 상호작용을 가능케 한다는 점에서 동시에 공적인 의미를 갖는다.

(2) 프라이버시의 세 가지 양태: 정체성, 자율성, 그리고 인격성

프라이버시는 개인의 존엄과 인격을 보호하는 정치적 공간이다. 프라이버시를 공간과 영역의 개념으로 이해하면, 우리는 프라이버시와 관련된 추상적인 논의의 함정을 피할 수 있다. 한편으로 프라이버시 권리를 주장하는 입장은 프라이버시를 정치적·도덕적으로 의미 있는 개념으로 이해하고 이에 규범적 의미를 부여한다면, 다른 한편에는 프라이버시에 대한 회의적·비판적 견해들이 상존한다. 이들은 프라이버시에는 무엇인가 특별한 것이 없으며, 프라이버시 권리가 존재하지 않는다고 주장한다. 이들에 따르면 프라이버시로서 보호되는 어떤 이해관계도 사유재산권과 신체권 같은 권리들, 그리고 인권과 같은 기본권을 통해 충분히 설명되고 보호될 수 있다는 것이다.[26]

이처럼 프라이버시에 관한 논의는 프라이버시가 기본적 가치와 권리를 함축하고 있다는 정합설Coherentism과 다른 도덕적 가치와 권리를 통해 프라이버시를 설명하고 보호할 수 있다는 환원주의Reductionism의 두 방향으로 분열되어 있다.

"'프라이버시 문제들'이라는 제목 아래 전통적으로 함께 묶여 있는 관심사들에는 무엇인가 근본적이고 통합적이고 특유한 것이 있다. 어떤 사람들은 이러한 입장에 반대하면서, '프라이버시 문제들'로 분류된 경우들은 다양하고 이질적이기 때문에 단지 이름으로만, 그리고 피상적으로만 결합되어 있을 뿐이라고 주장했다. 또 다른 사람들은 프라이버시 권리 요구가 도덕적으로 방어되어야 할 때, 이를 정당화하기 위해 궁극적으로 프라이버시와는 아무런 관계없이 독립적으로 서술될 수 있는 원리들을 언급해야 한다고 따졌다. 결과적으로, 프라이버시에는 도덕적으로 고유한 어떤 것도 없다는 논쟁이 계속되고 있다. 나는 대부분의 프라이버시 권리 요구에 공통적인 무엇인가가 있다는 입장을 '정합설적 명제'라고 부르고자 한다. 프라이버시 권리 요구들은 프라이버시의 고유한 원리들에 의해 도덕적으로 변호되어야 한다는 입장을 나는 '고유성 명제'로 이름 붙일 것이다."[27]

우리는 여기서 프라이버시가 공론 영역과 함께 자유 실현의 영역을 구성한다는 점에서 출발해, 프라이버시가 다른 도덕적 가치와 권리로 환원될 수 없는 독자적인 성격을 가지고 있다는 점을 분명히 하고자 한다. 그뿐만 아니라 프라이버시를 자유의 공간으로 이해하면, 프라이버시와 관련된 여러 권리에 대한 규범적 토대를 쉽게 발견할 수 있다.

프라이버시를 통해 보호되어야 하는 것은 개인이며, 개인은 자유를 실현하기 위해 프라이버시에 대한 권리를 요구해야 한다. 여기서 말하는 개인은 결코 정신 및 영혼으로 서술되는 추상적 자아가 아니라, 몸을 갖고 현실 속에서 살아가는 구체적 자아를 의미한다. 자유 영역으로 이해된 프라이버시는 개인에 대한 소유, 개인주의 또는 주의주의의 입장으로부터 출발하는 것이 아니라 '구체적 장소에 묶여 있고, 몸으로 구현되어 있으며, 상호작용적인 개인'에 관한 개념에 기반을 둔다. 우리 모두는 몸으로 구현된 자아들이다.[28] 니체와 하이데거가 철학적으로 해명하고자 했던 것처럼, 우리의 몸은 우리의 존재 양식이다. 우리의 몸은 우리가 어디를 가든 마치 지갑처럼 들고 다닐 수 있는 그런 것이 아니다. 우리는 우리의 몸을 스스로 선택하지 않았지만, 우리 몸과의 관계를 스스로 설정함으로써 우리가 어떤 삶을 살 것인가를 선택할 수 있다. 그러므로 우리의 몸에 대한 상징적 해석과 우리의 몸에 대한 통제는 우리 자아의 정체성, 자율성, 그리고 인격성에 있어서 핵심적이다.

개인의 정체성identity은 그의 독립성이나 양심을 인정하는 것으로 시작하지 않는다. 정체성의 핵심이 민주주의와 함께 우리의 입에 자주 오르내리는 존엄에 있지도 않다. 우리의 정체성은 바로 우리 몸의 불가침성에 있다. "실존은 본질에 우선한다"는 사르트르의 말을 변형시켜 말하자면, 신체적 불가침성은 인격적 불가침성에 우선한다. 그것은 프라이버시라는 사적 영역의 신경중추이며, 동시에 사회의 도덕적 기초다. 왜냐하면 우리가 '도덕적'이라고 부르는 것은 '보호와 배려를 통해 인격의 극단적인 훼손 가능성에 대처하기 위해서 우리가 어떻게 해야 가장 잘 행동하는 것인가 하는 문제에 관해 우리에게 말해 주는 모든 직관들'이기 때문이다.

> "도덕은 인간학적 관점에서 보면 사회문화적 생활 형식들 속에 구조적으로 설치되어 있는 훼손 가능성을 보완하는 보호 장치로서 이해될 수 있다. 이런 의미에서 상처받을 수 있고, 보호를 필요로 하는 것은 오직 사회화 과정을 통해서만 개인화되는 생명체들이다."[29]

도덕은 사회에 내재한 훼손 가능성에 대한 보호 장치라는 직관과 프라이버시는 개인을 보호하는 보호 장벽이라는 직관 사이에는 긴밀한 연관 관계가 있다. 간단히 말해 프라이버시는 개인에게 자유 공간을 제공하는 도덕적 보호 장벽이다. 프라이버시는 개인이 속해 있는 두 세계를 구별하는 장벽에 의해 설정되고 보호된다. 어쩌면 장벽은 바퀴, 쟁기, 문자와 함께 인간이 고안한 가장 위대한 발명품 중의 하나일지도 모른다.[30] 장벽은 사람들 사이의 거리를 확보하고, 공격과 간섭으로부터 보호한다. 프라이버시 장벽 안에서 우리는 공론 영역에서 다른 사람들의 기대와 간섭에 대응하기 위해 무장했던 무기들을 내려놓을 수 있다. 집에서 우리는 거추장스러운 정장을 벗어던지고 내복 바람으로, 또는 벌거벗은 채 돌아다닐 수 있지 않은가. 이처럼 프라이버시는 개인의 자유를 최소한 보장할 수 있는 사적 공간이다.

사적 영역과 공적 영역의 경계는 일차적으로 몸으로 체험할 수 있는 감각적인 것이다. 공공성이 모든 사람이 들을 수 있고 볼 수 있는 것을 포괄한다면, 공공성으로부터 벗어난 모든 것은 사적인 것이다. 우리 자신이 듣고 볼 수 있는 것을 똑같이 듣고 볼 수 있는 다른 사람들이 있다면, 우리는 우리 자신의 정체성을 위해 사적인 것과 공적인 것의 경계선을 설정해야 한다. 여기서 우리는 몸과 관련된 많은 신체적 체험들을 프라이버시로 분류한다. 성, 생식, 사랑, 병, 고통, 죽음은 모두 프라이버시의 영역에 속한다. 실제로 우리의 내면에서 일어나는 모든 현상들보다 더 사적인 것이 어디 있겠는가? 우리가 느끼는 감정, 생각하는 사상, 쾌락과 욕망, 꿈과 소망, 기억과 희망들. 우리의 정체성을 구성하는 이 모든 내면적 체험과 현상들을 누가 다른 사람에게 마음대로 내맡기겠는가? 로크가 말한 것처럼 한 인격의 정체성이 정신적 실체의 정체성에 있지도 않고 물질적 실체의 정체성에 있는 것도 아니라 동일한 의식에 있는 것이라면, 우리의 정체성은 우리 몸과의 지속적인 관계와 이 관계의 지속적인 기억을 통해 형성된다.

프라이버시가 보호하는 정체성이 몸으로 체험된 자기 자신과의 관계 또는 자신의 상징적인 해석이라고 한다면, 공적 영역과의 관계에서 파악된 프라이버시는 '자신에 관한 통제권'으로 이해될 수 있다.

흔히 자율권으로 이해되는 이 프라이버시 권리는 본래 낙태와 관련된 미국 대법원 판결로 논의되기 시작했다. 통상 '로 대對 웨이드' Roe v. Wade[31] 판례로 알려진 1973년 낙태에 관한 대법원 판결에 따르면, 여성은 임신 초기 6개월 동안 낙태에 관한 헌법적 권리를 가진다는 것이다. 이때부터 프라이버시에 관한 헌법적 권리는 성관계, 결혼, 가정, 생활 양식에 관한 개인적인 결정을 할 수 있는 선택권으로 이해된다. 간단히 말해 프라이버시는 자신의 삶을 스스로 선택할 수 있는 자율권을 보장한다.

물론 삶에 대한 자율적 선택은 역사적으로 형성된 구체적인 생활세계 속에서 이루어진다. 따라서 자율권은 항상 사적 영역과 공적 영역의 구별을 전제로 한다. 자유민주주의의 모델에 따르면 국가는 공적 영역으로 구성되고, 국가 이외의 모든 영역은 사적인 것으로 파악된다. 이런 시각에서 프라이버시 권리는 "국가가 사생활에 간섭하지 않는 한 자율적인 개인들은 자유롭고 평등하게 상호작용할 수 있다는 전제"[32]에 기반을 두고 있다. 이러한 인간관은 근본적으로 초기 자유주의의 원자론적 입장으로 되돌아간다. 우리는 결코 개인을 국가 및 사회로부터 분리된 독립적 개인으로 파악하지 않는다. 정체성을 위해 필요한 프라이버시를 '혼자 있을 권리' right to be let alone로 파악할 때도, 프라이버시는 항상 두 영역의 관계 속에서 이해되어야 한다.

프라이버시의 자율권에 대한 두 가지 중요한 비판은 이러한 점을 반영한다. 프라이버시 권리에 대한 페미니즘적 비판과 공동체주의적 비판이 그것이다. 페미니즘은 프라이버시를 공적 평등권과 분리함으로써 오히려 공적 영역과 사적 영역에 관한 자유주의적 이원론을 강화해, 이 이원론과 결합되어 있는 전통적인 가정 내의 가부장적 권력과 성적 불평등을 정당화한다고 비판한다. 반면, 공동체주의는 프라이버시에 관한 헌법적 권리는 낙태의 예에서 볼 수 있듯이 공동체적인 가치와 연대감을 파괴한다는 것이다.

이러한 비판들은 앞서 우리가 언급한 개인주의의 역설과 밀접한 관련이 있다. 공동체에서 고립된 원자적 개인으로부터 출발한다면, 우리는 '프라이버시의 권리의 모순'에 빠질 수밖에 없을 것이다.

> "첫 번째 논증에 따르면, 가정 프라이버시의 결점을 더 많은 프라이버시로 수정하려는 시도는 돈키호테와 같이 비현실적인 것처럼 보인다. 어떻게 (여성들에 대한) 사적 권력이 프라이버시 권리에 의해 침식될 수 있는가? 다른 한편으로, 공동체주의적 관점에 의하면 프라이버시 권리를 수단으로 가정 문제에서 여성들에게 결정의 자율권을 부여하는 것은 공동체 연대감을 대가로 개인적인 선택권을 구매하는 것이다."[33]

개인의 권리를 강화하기 위해 도입한 프라이버시 권리가 오히려 프라이버시의 권력 관계를 강화하고, 프라이버시를 통해 성취하려던 정체성의 유대 관계를 훼손한다는 것이다. 이 비판들이 공통적으로 지적하는 것은 '프라이버시의 모순'이다. "개인들을 국가 권력으로부터 보호하기 위한 수단이고자 하지만, 프라이버시 권리들은 현대 사회의 해체하고, 원자화하고, 표준화하는 경향을 다시 강화한다."[34] 프라이버시의 지나친 강조와 확대는 오히려 사람들을 정부에 의한 규제에 예속시킨다는 것이다.

그렇다면 프라이버시는 정말 개인의 자율권을 보장하지도 못하면서 오히려 가족 공동체를 파괴하는가? 프라이버시의 자율권은 도대체 무엇을 담고 있는가? 자유의 영역으로 해석된 프라이버시는 원자론적 자율권이 아니라 '선택적 선택권' decisional autonomy을 의미하며, 이는 궁극적으로 내가 어떤 관계를 맺을 것인가를 스스로 선택할 수 있다는 것을 뜻한다. 페미니즘 비판자들이 말하는 것처럼 가정은 폭력, 부부간 강간, 노동 착취, 성적 불평등일 수 있지만, 가정의 실체는 시대에 따라 다양한 형식으로 변화할 수 있다.[35] 개인주의에 의해 철저하게 변화된 '포스트모던 가정'이 어떤 모습일지는 모르지만, 그것이 전통적 가정과는 달리 "자유롭게 떠다니는 커플"[36]에 의해 대체될 것임은 틀림없어 보인다. 이는 우리가 어떤 가정과 어떤 친밀성을 가질지를 스스로 선택하고 결정할 수 있다는 것을 의미한다. 분명한 것은 다른 형식의 가정 및 친밀성이 부당한 국가적 간섭과 규제로부터 보호된 프라이버시의 혜택을 받을 것이라는 점이다.

선택적 프라이버시는 우리가 친밀한 사회 관계를 구성하는 옛 방식을 포기하더라도 사회 내에서 사적 영역과 공적 영역의 경계를 어떻게 설정할 것인가의 문제를 끊임없이 제기한다. 프라이버시는 결코, 공동체주의자들이 지적하는 것처럼 공동체와 분리해서 규정할 수 있는 것이 아니다. 개인의 선택적 자율권을 보호하는 프라이버시는 개인의 정체성 형성 과정을 수반하는 공동체적 상호 주관성과 양립할 수 있다. 자유 영역으로서의 프라이버시는 우리의 정체성을 구성하는 가치들의 역사성과 공동체적인 성격을 인정한다. 이러한 가치들은 물론 공동체로부터 온 것일 수도 있지만, 그렇다고 해서 이들 가치에 대한 우리의 입장과 태도가 외부적으로 미리 결정되어서는 안 된다.

끝으로, 프라이버시가 보호하는 고유한 가치는 개인의 인격성 personality이다. 여기서도 우리는 인간 존엄을 선천적으로 부여받은 추상적 자아보다는 구체적 자아로부터 출발한다. 구체적인 생활 세계에서의 인격은 항상 복수의 다른 사람들과 관계를 맺는 구체적 자아다. 개인을 다른 사람과 구별하는 개성은 일차적으로 단수를 의미하지 않는다. 개성은 선천적으로 주어진 것이기보다는 자기 활동, 즉 개인의 자기실현의 결과기 때문에 항상 타인과의 관계를 통해 구성된다.[37]

개인의 인격 및 개성과 관련해서 우리는 바로 차이를 주목해야 한다. 전통적 자유주의가 원자론적 인간관으로 궁지에 빠진다면, 공동체주의는 개인의 자율권을 포기할 경우 한편으로는 개인 상호간의 차이, 그리고 다른 한편으로는 개인적 정체성과 집단적 정체성 사이의 차이로 인해 야기되는 문제들로 곤란을 겪는다. 그렇다면 개인적 차이는 어떻게 형성되고, 또 어떤 역할을 담당하는가? 리처드 세네트는 공론 영역의 사교성을 강조하면서 모든 인간이 본성적으로 갖고 있는 자기표현의 능력을 부각시킨다. 극장 세계theatrum mundi로 표현되는 사회 속에서 개인은 자신의 취향, 경향과 가치를 연기함으로써 자신의 개성을 획득한다는 것이다. 인격의 라틴어 어원persona이 가면을 뜻하는 것처럼, 우리는 사회 속에서 우리 자신을 드러내는 (또는 감추는) 연기를 통해 타인과 구별되는 인격을 형성해 간다. 연기는 연기할 수 있는 공간과 거리를 필요로 하기 때문에 공론 영역인 "도시는 비인격적 삶의 도구고, 또 개인들, 관심들, 취미들의 다양성과 복잡성을 사회적으로 경험할 수 있게 해주는 뼈대다."[38] 공론 영역의 다원성은 개인들의 차이를 전제로 한다.

그렇다면 자유 영역으로서의 프라이버시는 다원성과 어떤 관계에 있는가? 현대의 분화된 다원주의 사회에서 개인들은 다양한 집단에 속하고, 여러 상이한 역할들을 수행하며, 사회구조의 다양한 층위에서 이루어지는 다양한 집단적 정체성을 갖는다. 개인의 정체성을 형성하는 문화적 자원들은 다양하고 이질적인 것이다. 개인들이 다양한 영역, 역할, 책무에 연결됨으로써 얻는 개인적인 역동성은 개인에게 더욱더 강한 자기 정체성을 발전시키라고 요구한다. 다양할 뿐만 아니라 때로는 서로 갈등하는 역할을 수행하면서 자신의 정체성에 대해 회의해 본 적이 없는 현대인이 과연 있겠는가? 우리 사회가 개인에게 어떤 자기 이해와 자기 정체성도 허용하지 않을 정도로 공적이라고 한다면, 우리는 과연 행위하고 연기하는 인격으로 존재할 수 있겠는가? 현대 사회의 다원성을 유지하기 위해서도 우리는 모든 것을 획일화하는 사회적 기제로부터 벗어나 자신의 인격을 발전시킬 수 있는 프라이버시를 가져야 한다.

도시가 다원성을 표현하는 장소라면, 프라이버시는 다원성을 산출하는 장소다. 세네트의 말대로 공적 연기를 위해서는 거리를 필요로 한다. 개인의 인격을 위해서는 자신과의 관계를 설정하고, 자신을 해석하고, 어떤 존재로 살 것인가를 결정할 수 있는 프라이버시의 영역이 필수적이다. 우리가 경험하는 다양한 문화적 자원들을 어떻게 창조적으로 결합해 다른 사람과 구별되는 우리만의 개성을 만들 것인가를 스스로 통제할 수 있는 자기 정의 능력은 사회가 분화될수록 더욱더 중요해진다. 이런 점에서 프라이버시는 개인적 차이를 존중하고 보호할 수 있는 최소한의 조건을 구성한다. 간단히 말해 프라이버시는 '신성한 인격'inviolate personality의 보호 영역이다.[39]

3

개인화의 도덕적 의미

(1) 개인과 사회의 변증법

프라이버시는 자유를 실현하기 위해 반드시 필요한 영역임에도 불구하고 항상 이데올로기적 편견을 받아 왔다. 이러한 이데올로기가 개인과 국가의 관계를 규정하는 권력에 의해 만들어졌다는 것은 분명하다. 현대 국가의 성장과 더불어 프라이버시의 영역은 침식되었으며, 개인은 현대 사회에서도 국가 권력에 대항해 자신의 영역을 확보할 수밖에 없다. 국가 권력이 사회의 모든 영역을 공적인 것으로 만들고자 하는 "내면적 제국주의"[40]는 자유민주주의 사회에서도 결코 예외가 아니다. 국가가 개인의 복지까지 책임지는 현대 사회에서 개인과 개인주의, 프라이버시와 사적인 것은 모두 부정적으로 평가받는다. 정치적 무관심, 선거 불참, 참여 거부는 민주주의에 대한 배신으로 인식되며, 권력의 유희에 동참하지 않는 사람은 공동체의 배신자거나, 아니면 개인적 욕망만을 좇는 고루한 소시민으로 낙인찍힌다.

개인을 둘러싼 이런 부정적인 편견은 도대체 어디에서 기인하는가? 개인에 관한 일상적 편견과 개인주의에 대한 이데올로기적 선입견을 제거하지 않는다면, 우리는 자유 영역으로서의 프라이버시의 도덕적·정치적 의미를 올바로 파악할 수 없다. 모든 편견이 그렇듯이 개인에 대한 편견 역시 '절대적 대립'에서 나온다. 부분과 전체의 관계에서 전체에 도덕적 우선성을 부여한다면, 부분이 부정적으로 파악되거나 단지 파생적 의미만을 갖는다는 것은 명약관화한 일이다. 마찬가지로 개인과 사회의 관계에서 사회를 절대화하면, 개인은 오로지 사회에 대한 기여로만 평가될 수 있을 것이다.

그렇지만 이런 절대적 이원론을 극복하기가 그렇게 간단치 않다. 개인에 대한 편견은 인류의 역사와 함께할 정도로 뿌리가 깊기 때문이다. 개인이 사회를 구성하는가, 아니면 개인들이 사회에 의해 구성되는가 하는 문제는 진부하지만 여전히 복잡한 문제다. 노르베르트 엘리아스는 이 문제의 난해성이 그 평범함에 있다고 분석하면서 이렇게 진단한다. "우리가 '개인'이라고 부르는 개별적 인간에 대한 다수의 관계, 그리고 우리가 '사회'라고 부르는 다수의 사람들에 대한 개체의 관계는 현재 전혀 명확하지 않다."[41] 우리는 분명 우리가 개인으로 살아간다는 사실에 대해 특정한 생각을 갖고 있으며, 또 우리가 사회라는 말을 들을 때 이 말에 관한 특정한 이미지를 떠올린다. 현실 속에서는 개인과 사회의 간극이 존재하지 않음에도 양자에 관한 관념들은 서로 잘 맞지 않는다.

개인과 사회의 관계는 대립적인 것이 아니라 상호 구성적인 것이다. 이러한 인식에 따라 우리는 전통과 현대, 현대성과 포스트현대성을 구별할 수 있다. 고전 철학이 개인과 사회를 대립적인 관점에서 파악했다면, 현대 철학은 개인과 사회의 연관 관계에서 양자를 파악하려고 한다. 그렇지만 현대성을 발전시킨 고전적 자유주의가 여전히 이원론에 묶여 있다면, 포스트모더니즘은 개인과 사회를 철저하게 상호작용의 관점에서 파악한다. "개인들은 하나의 사회를 형성하고, 모든 사회는 개인들의 사회"[42]라는 의심할 여지없는 평범한 사실은 새로운 해석을 통해 프라이버시에 새로운 의미를 부여한다. 이 단순한 명제는 개인과 사회가 상호 의존적이고 상호 구성적이라는 사실을 표현한다. 모든 개인이 함께 생활하면서 충분히 만족할 경우에만 공동생활은 갈등과 장애 없이 이루어진다. 또 공동생활을 가능케 하는 사회적 구조가 긴장과 갈등으로부터 벗어나 비교적 자유롭게 기능할 때, 개인은 만족한 삶을 영위한다. 그러므로 우리는 한편으로는 개인적 욕구와 경향, 다른 한편으로는 사회 전체의 기능을 위해 개인에게 제기되는 요구와 책무들 사이의 관계를 어떻게 조화롭게 만들 것인가 하는 문제에 봉착한다.

개인과 사회의 관계에서 핵심적인 문제는 현실적인 사회 질서 속에서 항상 개인 아니면 사회 한쪽이 경시되거나 손해를 본다는 데 있다. 그렇지만 '이것 아니면 저것'이라는 절대적 이원론이 지배하는 한,

개인과 사회의 관계를 생산적으로 재해석할 수는 없다. 물론 이와 같은 이원론은 '전체가 부분의 합과는 다른 어떤 것'이라는 인식에 기초한다. 이 명제의 요점은 전체는 항상 고유한 법칙을 갖고 있으며, 또 이 전체의 법칙은 그 부분을 관찰하는 것만으로는 결코 해명될 수 없다는 인식이다. 그럼에도 불구하고 아리스토텔레스 이후 서양의 정치철학은 항상 전체에 규범적 가치를 부여함으로써 전체는 부분의 합보다 질적으로 우선한다는 인식을 각인시켰다. 개인이 열등한 가치로 이데올로기적 혐의를 받는 까닭이 여기에 있다.

부분에 대한 전체, 즉 개인들에 대한 사회의 질적 우선성은 양자의 대립적 이원론과 맥을 같이한다. 전통적 집단주의가 사회를 본질적인 목적으로, 그리고 개인을 단순한 수단으로 파악했다면, 근대의 고전적 자유주의는 개인을 보다 본질적인 목적으로, 그리고 사회를 수단으로 평가하려는 경향을 갖고 있다. 만약 우리가 개인과 사회 모두를 본질적인 것으로 파악하고자 한다면, 우리는 우선 이와 같은 이원론을 타파할 필요가 있다.

> "'더욱 중요한 것'으로서, '최고의 목적'으로서 사회 아니면 개인을 정당화하는 데 기여하지 않는 것은 비본질적이고 비현실적이며, 생각할 수고의 가치조차 없는 것으로 보인다. 그런데 이러한 '이것 아니면 저것'을 타파하고, 또 이와 같이 얼어붙은 대립을 녹일 때에야 비로소 개인과 사회의 관계에 대한 더 좋은 통찰을 얻을 수 있다면, 어떻게 할 것인가?"[43]

개인과 사회를 더 이상 대립 관계로 파악하지 않고 상호 연관 관계에서 이해한다면, 이미 개인과 사회의 이원론을 극복할 수 있는 첫걸음을 내디딘 것이다. 그렇다면 개인과 사회의 연관 관계를 어떻게 이해해야 하는가? 사회는 개인들의 단순한 결합 이상이라고 말할 때, '이상의 것'은 도대체 무엇을 말하는가? 그것은 개인들이 누리는 선택과 활동의 자유에도 불구하고 감각적으로는 파악할 수 없는 숨겨진 사회적 질서가 있음을 의미한다. 흔히 '보이지 않는 손'으로 불리는 사회적 기제가 사람들의 단순한 결합을 비로소 사회로 만든다. 길거리에서 아무런 관계도 없이 낯설게 스쳐 지나가는 개개인이 '보이지 않는 고리'로 서로 연결되어 있다는 직관적 인식에 반대할 수 없다면, 사회는 근본적으로 상호 의존의 네트워크다.

이 상호 의존의 그물은 독자적인 구조와 법칙을 갖고 있다. 사회 질서가 소위 말하는 개별적 의지 행위의 결과, 즉 사회계약론의 주장처럼 다수의 공동 결정이 아닌 까닭이 여기에 있다. 사회 질서는 결코 사회계약contrat social의 산물이 아니다. 그렇지만 사회 질서와 구조가 개별적 의지 행위의 산물이 아닌 것처럼, 행위의 주체인 개인들을 제외하고는 존재할 수 없다는 점도 확실하다. 우리가 사회 질서 속으로 끊임없이 설정하는 개인적 목표들은 근본적으로는 이 사회 질서로부터 유래한다. 수많은 개인의 개별적인 행위와 의지 표현들은 사회적 질서를 통해 상호 의존의 긴 고리로 결합되며, 이 결합은 동시에 기존의 사회 질서를 새로운 것으로 변화시킨다. 개인은 이런 과정을 통해 자신의 의미를 실현하는 것이다. 노르베르트 엘리아스가 발전시킨 이 사유 모델을 '변증법적 관계주의'라고 부를 수 있다. 상대주의relativism가 관계를 맺는 두 개 이상의 실체를 전제한다면, 관계주의relationalism는 관계를 맺는 두 실체가 관계를 통해 변화할 수 있다는 점에서 더 이상 실체가 아니라고 주장한다. 이는 관계를 맺는 개인들뿐만 아니라 사회적인 관계 역시 역사적으로 변화한다는 사실에서 기인한다.[44] 개인들은 상호 의존 관계를 통해 사회를 변화시키고, 사회는 동시에 개인들을 변화시킨다.

우리가 자유 실현을 위해 필요하다고 누차 역설한 프라이버시 역시 관계적 개념이다. 우리 사회에는 여전히 자기의식의 사유 모델이 팽배해 있다. 나는 바깥의 다른 사람들과는 전혀 관계없는 독립적인 자아를 갖고 있다는 자기의식의 패러다임이 강할수록, 우리는 프라이버시를 마치 사회적 관계와 무관한 독립적인 자아의 영역으로 오해한다. 그렇지만 이러한 사유 모델 역시 사회적인 연관 관계의 발전 과정을 통해 형성된 개인 모델의 특정한 표현에 불과하다. 그러나 우리가 포스트모던 사회에서 자유 실현의 도덕적 기초로 설정한 개인주의는 근본적으로 관계의 관점에서 파악된 것이다. 이러한 입장은 다음과 같은 명제로 서술될 수 있다.

① 태초에 상호 의존적인 관계에 있는 개인들이 있었다.
② 개인들의 상호 의존 관계는 개인들의 의지로 환원되지 않는 고유한 법칙성을 갖는다.
③ 개인들은 다른 사람들과의 관계에서 스스로를 통제함으로써 개성을 발

전시킨다.

④ 사회는 획일화의 사회적 기제와 개인화의 기제를 동시에 갖고 있다.

⑤ 사회가 분화되면 될수록, 개인화될 가능성 역시 더욱더 증대한다.

우리의 언어는 어쩌면 개인과 사회의 상호 연관 관계를 제대로 표현할 수 있을 정도로 탄력적이지 않은지도 모른다. 개인의 행위가 오로지 사회와의 연관 관계에서만 올바로 파악될 수 있다는 점을 강조하기 위해 종종 '춤'과 '그물'의 비유가 사용되기도 하지만, 이것도 한계가 있다. 여러 올의 실이 서로 엮여서 그물의 조직을 만들지만, 전체 조직의 강도와 밀도에 따라 개개의 실의 형태 역시 변화한다. 춤의 경우에도 개인이 어떻게 행동해야 하는가가 춤추는 사람들의 관계에 의해 결정되지만, 사람들은 춤을 추면서 새로운 규칙을 만들어 춤의 형식을 바꾸기도 한다. 개인과 사회의 관계도 이와 같다. 개인이 아무리 위대하고, 그의 의지가 아무리 강하다고 하더라도 사회관계의 고유한 법칙을 쉽게 파괴하지 못한다. 그렇지만 이러한 개인들을 서로 결합시키는 것은, 관계의 관점에서 보면 사회적 구속이기보다는 그 반대라고 할 수 있는 개인적 자유, 즉 매우 다양한 개인적 방식으로 결정할 수 있는 능력이다. 어떤 사람의 개인적 활동이 다른 사람에게는 사회적 구속이 되기도 하지만, 이 모든 것은 궁극적으로 상호 의존 관계의 형식에 따라 결정된다. 그렇기 때문에 사회는 모든 개인을 획일화시키기만 하는 것이 아니라, 동시에 개인화시키기도 한다. 프라이버시는 이러한 상호 의존 관계를 스스로 결정할 수 있는 자유의 사적 영역이다.

(2) '개인화'와 다원주의의 도덕적 기초

개인의 발견에서 시작한 현대 사회의 문제점은 개인화로 압축된다. 전통적인 관습과 신화로부터 해방된다는 측면에서 종종 생활 세계의 합리화로 묘사되는 현대화 역시 개인화와 동일시된다. 개인은 행위의 판단 근거를 더 이상 전통적인 관습에서 찾지 않고 개인의 합리적인 판단에 의존하기 때문이다. 개인은 자신의 삶을 스스로 결정해야 한다는 것이 현대 사회가 우리에게 짊어지운 운명이다. 바로 여기서 개인화 또는 개인주의에 대한 불편함이 시작한다.

현대인들이 직면한 도덕적인 문제는 개인화로 인한 "다원주의와 불확실성"[45]에서 비롯된다. 다원주의는 옳고 그름에 관한 다양한 관점들이 존재하기 때문에 결코 하나의 절대적인 선과 악이 있을 수 없다는 것을 의미한다. 이른바 바벨탑의 문제로 인식되는 이 문제는 우리가 처한 도덕적 상황을 잘 말해 준다. 절대적 가치는 존재하지 않는다는 것이 다원주의의 필수 조건은 아니지만, 경쟁적 관점과 가치들 간의 갈등을 어떻게 해결할 것인가에 대한 불확실성은 다원주의 자체를 도덕적인 문제로 만든다.

관점의 다원성을 인정한다고 해서 반드시 모든 사람이 동의할 수 있는 일반적인 관점이 존재할 가능성마저 부인하는 것은 아니다. 다양한 가치들의 존재 자체가 절대적 가치의 존재 가능성을 부정하지도 않는다. 근본적으로 모든 사람의 동의를 받을 수 있으며, 또 모든 사람에게 적용될 수 있다는 보편화 능력이 없이는 도덕은 성립하지 않는다. 이러한 보편적 관점에 대한 태도에 따라 전통과 현대가 갈라진다. 전통은 기존의 보편적 관점에서 출발해 개별적 경우들을 판단하는 반면, 현대는 개별적 상황에서 출발해 보편적 관점에 도달하는 합리적인 과정에 초점을 맞춘다. 물론 현대에도 다양한 도덕적 입장들이 존재하지만, 다원주의가 항상 현대 사회의 도덕적 전제 조건임을 부인할 수는 없다.

우리가 개인과 개인주의로부터 출발한다고 해서 반드시 보편적 도덕 관점을 부정할 필요는 없다. 그렇다면 보편화의 길, 보편적 가치에 이르는 문을 열어 놓으면서도 개인을 존중할 수는 없는가? 이 물음을 뒤집으면 이렇게 표현할 수 있다. 개인의 도덕적 자율성을 인정하면서도 보편적 합의에 도달할 수는 없는가? 이러한 현대 사회의 도덕적인 문제는 근본적으로 '생활 세계의 다원주의와 규범의 보편성의 양립 가능성 문제'로 압축된다. 그렇다면 우리는 한편으로는 우리 자신이 스스로 판단할 수 있다는 점에서 자유롭고 평등한 존재지만, 다른 한편으로는 도덕적인 문제들을 공정하게 판단할 수 있는 도덕적 관점을 획득하기 위해 협동해야 한다. 하버마스는 담론윤리가 전통적 관습에 비해 강점을 갖고 있다고 주장하면서 이 점을 특히 강조한다.

> "논증을 할 때 논증 참여자들은 모든 당사자가 원칙적으로 자유롭고 평등한 사람으로서 협동적인 진리 탐구에 참여한다는 사실로부터 출발해야 하는데, 이 진리 탐구 과정에서는 오직 '더 좋은 논증'만이 강제의 힘을 발휘할 수 있다."[46]

여기서 우리는 사회의 도덕적 기초로서의 개인이 공동의 진리를 찾아가는 사회 과정과 분리될 수 없음을 분명히 인식할 수 있다. 서로 다른 의견과 가치를 가진 개인들이 진리 탐구라는 협동 과정을 통해서만 획득하는 것이 도덕적 관점만은 아니다. 이 과정을 통해 개인은 동시에 자신의 자율성을 형성한다. 주체는 오직 사회화를 통해서만 개인화된다.

"개인화가 진행되면 될수록 개별 주체는 호혜적 의존성과 노출된 보호 필요성의 — 더 촘촘해지고 동시에 더 미묘해지는 — 그물망 속으로 더욱더 얽혀 들어간다. 그렇기 때문에 인격은 의사소통을 통해 만들어진 상호 인격적인 관계에 스스로를 표현하는 정도만큼만 자신의 내면적 중심을 형성한다. 훼손 가능한 정체성에 대한 위협과 그것의 만성적 취약성은 이러한 사실로 설명된다. 그런데 도덕은 바로 이 정체성을 보호하는 데 맞추어져 있다."[47]

'사회화를 통한 개인화'라는 간단한 표현은 도덕적 관점을 획득하는 데서도 개인과 사회가 결코 분리될 수 없음을 분명히 말해 준다. 이러한 인식은 개인화가 완전히 전개되고 있는 현대 사회에서 더욱더 필요하다. 현대화가 개인화 과정을 수반했지만, 개인화와 개인주의가 더욱더 완성된 형태로 효력을 발휘한 것은 21세기에 들어와서다. 마르크스K. Marx, 베버M. Weber, 뒤르켐E. Durkheim, 퇴니스F. Tönnies, 파슨스T. Parsons 같은 사회이론가들 역시 전통 사회가 현대 사회로 변해가는 구조 변동을 개인화의 증대 과정으로 서술했지만, 현대 사회의 발전 과정은 개인화를 더욱 완성시키고 있다.

현대 사회의 특성을 명쾌하게 분석한 독일의 사회학자 울리히 벡 Ulrich Beck은 개인화를 심화시키기는 요인을 세 가지로 분석한다. 노동, 이동성, 교육을 통한 현대적 생활 형식의 문화적 진화는 개인의 공간을 획기적으로 확대했다는 것이다. 우선, 현대인들의 삶의 기회는 늘어난 생애, 줄어든 노동 시간, 그리고 증가한 수입으로 비교할 수 없을 정도로 확대되었다. 현대인들은 수입과 여가 시간이 늘어남으로써 자기실현을 추구할 기회를 더 많이 갖게 되었으며, 이러한 생활 양식의 변화는 가정 중심의 전통적 사회관계를 근본적으로 변화시켰다는 것이다. 둘째, 현대 사회의 특징인 사회적 유동성은 생활 양식을 분화시켰을 뿐만 아니라 — 직업과 수입에 따라 가정에서의 권력 관계가 결정되는 것처럼 — 개인의 사회적, 상징적 위상을 변화시킨다. 끝으로, 교육 기회 확대는 개인에게 다양한 직업을 선택할 가능성을 제공할 뿐만 아니라 개인의 자기실현과 자기 성찰의 기회도 확대한다.[48]

현대 사회에는 분명 "생활 상태와 생활 양식의 개인화와 다양화 과정"[49]을 가동시키는 기제가 내재하고 있다. 개인화는 다양화를 전제하고, 사회의 다양화는 개인화를 필수적으로 수반한다.[50] 그렇다면 우리가 살고 있는 실존 상황과 실존 양식이 개인화되었다는 것은 무엇을 의미하는가? 그것은 자기 자신의 물질적 생존을 위해 스스로를 자기 삶의 계획과 실현의 중심으로 설정해야 한다는 것을 뜻한다. 현대화로 가능해진 '더 많은 여가 시간, 더 많은 돈, 더 많은 유동성과 교육'이 개인의 활동 공간을 확대했다는 것은 의심의 여지가 없다. 그렇다면 개인이 결정할 수 있는 공간의 확대가 정말 개인의 자유 공간, 즉 도덕적 자율의 증가로 이어지는가?

여기서 우리는 현대 사회에 대한 벡의 핵심 명제에 주목할 필요가 있다. "발전된 현대에서 '부'의 사회적 생산은 '위험'의 사회적 생산을 체계적으로 수반한다." 이 명제를 원용하자면, 현대 사회는 개인의 결정 공간을 확대할 뿐만 아니라 개인의 자율을 침해할 수 있는 위험을 동시에 발전시킨다. 이런 맥락에서 벡은 '개인주의화 과정의 내재적 모순들'을 언급한다.

> "진보한 현대에서 개인주의화는 개인적 자율화를 더욱더 불가능하게 만드는 사회화 과정의 일반적인 조건하에서 전개된다. 개인은 전통적인 속박과 부양 관계에서 벗어나지만, 그 대신 노동시장 안의 존재와 소비자로서 제약을 받으며, 또한 그 안에 포함되어 있는 표준화와 통제의 제약을 받는다."[51]

개인은 전통적인 구속과 공동체로부터 해방되어 개별적 의지 주체로 개별화되는 만큼, 동시에 사회적으로 불확실한 외부 환경의 결정 과정에 의존하게 된다. 우리를 둘러싸고 있는 정치적·경제적·행정적 조건들은 우리의 삶 깊숙이 영향을 미쳐, 처음에는 해방된 것처럼 보였던 삶과 생활 양식은 어쩔 수 없이 이차적으로 외부 환경에 적응해야만 한다. 해방된 개인들은 교육에 의존하고, 수입에 의존하며, 소비에 의존하고, 궁극적으로 노동시장에 의존할 수밖에 없다. 개인들은 자신의 삶을 계획하고 살아가면서 경제적 환경, 정부의 정책, 도시 계획, 소비 패턴, 유행 등등에 의존하게 된다. 간단히 말해 "개인주의화는 삶의 모든 차원에서 시장에 종속됨을 의미한다."[52] 선진화된 현대 사회에서 개인화는 이처럼 전통적인 사회관계로부터 주체를 해방시키는 것과 동시에 외적 통제에 의한 생활 형식의 표준화라는 이중적 의미를 갖는 것이다.

그렇다면 사회의 분화로 증대된 개인적인 결정 공간이 표준화의 위험에도 불구하고 개인의 자율화에 기여할 수 있는 길은 없는 것인가? 여기에서 우리는 프라이버시의 도덕적 의미를 생각해야 한다. 프라이버시는 결코 가정 이외의 시장 또는 공적 영역과 분리된 공간이 아니다. 프라이버시는 사회와의 관계 속에서 개인의 자율을 위해 보호되고 발전시켜야 하는 자유의 공간이다.

> "사적 영역은 겉으로 보이는 것, 즉 환경과 분리된 영역이 아니다. 그것은 관계와 결정들, 즉 텔레비전, 교육 체계, 기업, 노동시장, 교통 체계 등등과 같은 다른 곳에서는 생애와 관련된 사적 결과를 염두에 두지 않은 채 이루어지는 관계와 결정들의 외부지만 사적인 것으로 전환되고 또 사적인 것 안에까지 영향을 미치는 외부다."[53]

현대 사회에서 개인주의화된 사적 영역은 언뜻 사회적인 외부 환경과 완전히 분리된 것처럼 보이지만, 실제로는 교육, 소비, 교통, 생산, 노동시장의 공적 영역들과 겹쳐 있을 뿐만 아니라 상호작용을 한다는 것이다. 우리가 사적 영역과 공적 영역, 개인화와 사회화를 형식적으로 파악하지 말고 역사적으로, 역동적으로 파악할 필요가 여기에 있다.[54] 개인과 사회의 역동적 관계에서 보면, 개인주의화는 근본적으로 다양화, 사적 영역화, 자율화의 세 측면을 갖고 있다. 첫째, 개인화는 개인이 결정할 수 있는 공간이 제도적으로 확대되는 과정에서 생활 상태가 점점 더 분화하는 것을 말한다. 둘째, 개인화는 개인들에게 정체성을 부여했던 공동체적인 관계가 파괴되는 과정에서 개인들이 점점 더 고립되는 것을 뜻한다. 셋째, 개인화는 개인에게 주어진 사회적 조건들을 성찰의 방식으로 선택하고 조합해서 사회와의 관계를 재설정하는 것을 의미한다.[55]

현대 사회의 도덕적 목표는 결코 개인의 해방이 아니다. 전통적 구속으로부터 벗어난 개인들이 사회 분화가 일어나면서 주어진 다양한 조건들을 통해 어떻게 사회와 새로운 관계를 맺을 것인가가 현대인의 도덕적 물음이다.[56] 우리가 현대의 다원주의와 이에 내재한 도덕적 기초를 진지하게 받아들인다면, 우리는 "개인화가 단지 사회화의 이면에 불과하다는 점"[57]을 분명하게 인식해야 한다. 그렇다면 우리는 더 이상 개인화와 개인주의를 부정적인 것으로 오해하지 말고, 이제는 개인주의가 어떤 이점을 가져오는가를 이해하기 위해 노력할 필요가 있다. 물론 이러한 오해는 인류의 역사, 특히 서양 문명과 정치철학의 역사를 관통하는 사적 영역과 공적 영역의 이원론에서 비롯된다. 우리는 이러한 이원론의 역사를 재구성함으로써 개인과 개인주의, 사적 영역과 프라이버시가 자유 실현의 필수 불가결한 조건임을 밝힐 필요가 있다.

주

1 Information Commissioner, *A Report on the Surveillance Society*, September 2006. 이에 관해서는 Peter Schaar, *Das Ende der Privatsphäre*, Der Weg in die *Überwachungsgesellschaft* (München, 2007)를 참조할 것.

2 Wolfgang Sofsky, *Verteidigung des Privaten* (München: C. H. Beck, 2007), 15쪽.

3 Peter Schaar, *Das Ende der Privatsphäre*, 같은 책, 11쪽에서 재인용.

4 Hannah Arendt, *The Origins of Totalitarianism* (San Diego/New York/London: A Harvest Book Harcourt, 1985), 593쪽. 한국어판: 한나 아렌트/이진우 · 박미애 옮김, 『전체주의의 기원 2』(한길사, 2006), 255쪽 이하.

5 이에 관해서는 Nicholas Abercrombie, Stephen Hill, and Bryan S. Turner, *Sovereign Individuals of Capitalism* (London: Allen & Unwin, 1986)을 참조할 것.

6 Hannah Arendt, *The Origins of Totalitarianism*, 466쪽. 한국어판: 한나 아렌트/이진우 · 박미애 옮김, 『전체주의의 기원 2』, 264쪽.

7 독일의 사회학자 볼프강 조프스키는 오늘날 정치를 관통하는 지배 이념은 자유, 평등 또는 유대가 아니라 '안전'이라고 단언한다. Wolfgang Sofsky, *Das Prinzip Sicherheit* (Frankfurt am Main: S. Fischer, 2005), 17쪽.

8 Wolfgang Sofsky, *Veteidigung des Privaten* (München: C. H. Beck, 2007), 21쪽.

9 Wolfgang Sofsky, *Das Prinzip Sicherheit*, 148쪽.

10 Michael Sandel, "The Procedural Republic and the Unencumbered Self", Political Theory 12, no.1 (February), 81~96쪽. 여기서는 Shlomo Avineri and Avner de-Shalit(eds.), *Communitarianism and Individualism* (Oxford: Oxford University Press, 1992), 12~28쪽 중 13쪽.

11 Jean L. Cohen, "Rethinking Privacy: Autonomy, Identity, and the Abortion Controversy." *In Public and Private in Thought and Practice: Perspectives on a*

Grand Dichotomy, edited by Jeff Weintraub and Krishan Kumar (Chicago & London: The University of Chicago Press, 1997), 133~165쪽 중 148쪽.

12 Michael Sandel, "The Procedural Republic and the Unencumbered Self." In *Communitarianism and Individualism*, 28쪽.

13 Hannah Arendt, *The Human Condition* (Chicago: University of Chicago Press, 1973). 한국어판: 한나 아렌트/이진우 · 태정호 옮김, 『인간의 조건』(한길사, 1996).

14 Jürgen Habermas, *Strukturwandel der Öffentlichkeit* (Frankfurt am Main: Suhrkamp, 1996).

15 Jean L. Cohen, "Rethinking Privacy: Autonomy, Identity, and the Abortion Controversy", 같은 책, 134쪽.

16 Richard Sennett, *The Fall of Public Man* (New York/London: W. W. Norton & Company, 1992), 337쪽.

17 같은 곳.

18 같은 책, 337쪽 이하. 특히 '친밀성의 전제정치'(The Tyrannies of Intimacy)라는 제목의 결론을 볼 것.

19 Norbert Elias, *Die Gesellschaft der Individuen* (Frankfurt am Main: Suhrkamp, 2001).

20 Jürgen Habermas, *Strukturwandel der Öffentlichkeit*, 225쪽.

21 같은 책, 17쪽.

22 Richard Sennett, *The Fall of Public Man*, 338쪽.

23 Erving Goffman, "Territories of the Self", in Relations in Public (New York: Harper, 1971), 28쪽.

24 이에 관해서는 A. Westin, *Privacy and Freedom* (New York: Atheneum, 1967)을 참조할 것.

25 Jean L. Cohen, "Rethinking Privacy: Autonomy, Identity, and the Abortion Controversy", 같은 책, 157쪽.

26 J. Thomson, "The Rights to Privacy", *Philosophy and Public Affairs* (1975, 4), 295

~314쪽.

27 Ferdinand David Schoeman(ed.), *Philosophical Dimensions of Privacy* (Cambridge: Cambridge University Press, 1984), 5쪽

28 이에 관해서는 John O'Neill, *Five Bodies: The Human Shape of Modern Society* (Ithaca, New York: Cornell University Press, 1985); John O'Neill, *The Communicative Body* (Evanston, IL: Northwestern University Press, 1989)를 참조할 것.

29 Jürgen Habermas, *Erläuterungen zur Diskursethik* (Frankfurt am Main: Suhrkamp, 1992), 14쪽. 한국어판: 위르겐 하버마스/이진우 옮김, 『담론윤리의 해명』(문예출판사, 1997), 21쪽.

30 W. Sofsky, *Verteidigung des Privaten*, 30쪽.

31 Roe v. Wade, 410 U.S. 113 (1973).

32 Frances E. Olsen, "'A Finger to the Devil: Abortion, Privacy and Equality", *Dissent* (summer), 377~382쪽. 여기서는 378쪽.

33 Jean L. Cohen, "Rethinking Privacy: Autonomy, Identity, and the Abortion Controversy", 같은 책, 138쪽.

34 같은 곳.

35 이에 관해서는 Krishan Kumar, "Home: The Promise and Predicament of Private Life at the End of the Twentieth Century", in *Public and Private in Thought and Practice: Perspectives on a Grand Dichotomy*, edited by Jeff Weintraub and Krishan Kumar (Chicago & London: The University of Chicago Press, 1997), 204~236쪽을 참조할 것.

36 Edward Shorter, *The Making of the Modern Family* (London: Fontana, 1977), 273쪽.

37 이에 관해서는 J. Habermas, *Nachmetapysisches Denken* (Frankfurt am Main: Suhrkamp, 1988), 190쪽. 한국어판: 위르겐 하버마스/이진우 옮김, 『탈형이상학적 사유』(문예출판사, 2000), 208쪽. 특히 8장 '사회화를 통한 개인화. 조지 허버트 미드

의 주관성 이론'을 참조할 것.

38 R. Sennett, *The Fall of Public Man*, 339쪽.

39 이에 관해서는 Samuel D. Warren and Louis D. Brandeis, "The Right to Privacy (1890)", in Ferdinand D. Schoeman(ed.), *Philosophical Dimensions of Privacy*, 85쪽을 참조할 것.

40 W. Sofsky, *Verteidigung des Privaten*, 22쪽.

41 Norbert Elias, *Die Gesellschaft der Individuen* (Frankfurt am Main: Suhrkamp, 2001).

42 같은 책, 21쪽.

43 같은 책, 25쪽.

44 같은 책, 46쪽. 개인을 다른 사람들과 구별하는 인격과 개성의 '역사성'이 사회가 무엇인가를 해명하는 데 있어 핵심적 열쇠라고 주장한다.

45 Robert Kane, *Through the Moral Maze: Searching for Absolute Values in a Pluralistic World* (New York: North Castle Books, 1996), 13쪽.

46 J. Habermas, *Erläuterungen zur Diskursethik*, 13~14쪽. 한국어판: 위르겐 하버마스/이진우 옮김, 『담론윤리의 해명』, 20쪽.

47 같은 책, 69쪽. 한국어판, 86쪽.

48 Ulrich Beck, *Risikogesellschaft: Auf dem Weg in eine andere Moderne* (Frankfurt am Main: Suhrkamp, 1986), 122~130쪽을 참조할 것.

49 같은 책, 122쪽.

50 같은 책, 25쪽.

51 같은 책, 211쪽. 한국어판: 울리히 벡/홍성태 옮김, 『위험사회: 새로운 근대(성)을 향하여』(새물결, 1997), 215~216쪽을 참조할 것.

52 같은 책, 212쪽.

53 같은 책, 214쪽. 한국어판, 218쪽.

54 벡은 개인주의화에 대한 비역사적 모델이 개인 또는 개인주의에 관한 오해와 편견을 가져왔다고 진단한다. 같은 책, 206쪽을 참조할 것.

55 이에 관해서는 같은 책, 206쪽을 볼 것. 벡은 이 세 측면을 '전통적 지배 관계로부터의 해방, 전통적 안전의 상실, 새로운 방식의 사회적 결합'으로 서술한다.

56 이에 관해서는 Axel Honneth, *Desintegration: Bruchstücke einer soziologischen Zeitdiagnose* (Frankfurt am Main: Fischer, 1994), 제2장 '개인주의화의 양상', 20~28쪽을 참조할 것.

57 J. Habermas, *Erläuterungen zur Diskursethik*, 1997. 한국어판: 위르겐 하버마스/이진우 옮김, 『담론윤리의 해명』, 120쪽.

2장

개인의 탄생과 '사적 영역'

인간의 생활은 진척되는 문명화와 더불어 점점 더 분명하게 사적인 영역과 공적인 영역, 사사로운 행동과 공적인 행동으로 나누어진다. 이와 같은 분열은 인간에게 너무나 자명하게 여겨질 뿐 아니라 불가항력의 습관이 되어, 그것을 의식조차 못하게 된다.

—노르베르트 엘리아스Norbert Elias, 『문명화 과정 1』[1]

정치적 자유에 있어 결정적으로 중요한 것은 그것이 공간과 결합되어 있다는 점이다. 자신의 폴리스를 떠나거나 추방되는 사람은 자신의 고향이나 모국을 상실할 뿐만 아니라, 그 안에서만 오로지 자유로울 수 있는 공간을 잃는다. 그는 자신과 같이 평등한 사람들의 사회를 상실하게 된다.

—한나 아렌트Hannah Arendt, 『Was ist Politik?』[2]

보장된 사적 자율은 공적 자율의 생성을 확실하게 보장한다. 이는 반대로 공적 자율의 적절한 실행이 사적 자율의 생성을 보장하는 것과 같다.

—위르겐 하버마스Jürgen Habermas, "Paradigmen des Rechts"[3]

I

사적 영역과 공적 영역의 이원론

(1) 공/사 구별과 프라이버시의 일상적 의미

프라이버시에 관한 어떤 철학적 논의도 사적 영역과 공적 영역의 이원론을 떠날 수 없다. 공과 사를 구별하는 것이 유독 서양만의 특성이라고 할 수 없을 정도로 인류 문명의 보편적인 현상이기는 하지만, 이에 대한 정치철학적 담론의 강도와 의미를 고려하면 서양과 서양 정치의 핵심을 이룬다고 할 수 있다. 노르베르토 보비오가 말한 것처럼, 사적 영역과 공적 영역의 구별은 서양 정치철학을 관통하는 "거대한 이원론들"[4] 중의 하나임에 틀림없다. 그렇지만 모든 이원론이 그런 것처럼 공/사의 구별 역시 권력 문제와 밀접하게 결합되어 있다. 사적 영역과 공적 영역을 어떻게 구별하고, 두 영역 사이의 경계를 어떻게 설정하며, 또 이 경계를 통해 두 영역을 어떻게 규정할 것인가는 모두 권력의 문제다.

우리가 권력에 대해 흔히 품고 있고, 또 품어야 하는 의심의 눈으로 공/사의 구별을 바라보면, 이렇게 구별하는 것은 그 도구적 유용성에도 불구하고 명확하지 않은 것처럼 보인다. 무엇이 사적인 것이고, 무엇을 공적인 것으로 이해해야 하는가? 내가 누구와 함께 살고, 어떤 옷을 입느냐는 사적인 문제다. 나의 개인적인 서신과 일기장은 두말할 나위 없이 사적인 것이고, 내가 친구와 함께 카페에서 차를 마시는 일도 사적인 것이다. 전적으로 사적인 문제로 보이는 이런 일상생활들도 물론 공적인 의미를 가질 수 있다. 어떤 의원이 청바지를 입고 국회에 등원하는 것은 공적일 수 있으며, 개인적인 메모라고 할지라도 공적인 내용을 담고 있으면 공개 여부 자체가 공적인 문제로 비화할 수 있다. 무엇이 사적이고 공적인가는 이처럼 공적 평가를 통해 이루어질 수 있다.

서양의 역사는 공적인 것과 공적 영역에 우선성을 부여하고, 이로부터 사적인 것을 규정하고 이해했다. 공/사 이원론이 개인과 공동체, 시장과 국가, 가정과 사회의 형식으로 변해 왔지만, 사적인 것에 대한 공적인 것의 우선성은 이론과 실천에서 결코 변하지 않았다. 이러한 이원론에 물음표를 붙인 것은 개인과 개인주의가 완성된 형태로 실현되고 있는 21세기 들어와서다. 그렇다면 우리는 개인과 개인주의의 관점에서 전통적인 공/사 이원론을 재구성할 수는 없는가? 이러한 재해석 과정을 통해 프라이버시와 사적 영역의 의미를 재평가할 수도 있지 않겠는가? 우리는 이러한 물음에 답하면서, 동시에 왜 우리가 자유를 위해 프라이버시와 사적 영역을 보호해야 하는가를 답하고자 한다.

최근 프라이버시와 사적 영역은 한결같이 개인주의화되어 가는 과정에서 문제가 되고 있다. 우리는 우선 최근 철학적 또는 사회학적으로 논의되는 여러 입장을 정리하고, 이들 모두가 암묵적으로 프라이버시의 공간적 의미를 강조하고 있음을 밝히고자 한다. 프라이버시에 관한 최근의 논의들은 대체로 세 가지로 분류될 수 있다. 첫째, 공론영역에 관한 '정치철학적 논의'는 공공성에 속하지 않는 모든 개인영역을 사적 영역으로 규정한다. 여기서 공과 사를 구별하는 핵심 문제는 아렌트의 정치적 행위든 하버마스의 의사소통적 행위든 주로 '행위'의 성격이다. 그렇지만 동일한 행위라고 하더라도 그 성격과 양태에 따라 공적인 의미를 갖기도 하고 사적인 것으로 파악되기도 한다. 최근 사람들의 입에 많이 오르내리는 사유화 또는 민영화 privatization라는 용어처럼, 한때 공적인 것으로 파악되던 문제들이 이제는 사적인 이해관계에 따라 처리되고 있지 않은가.

둘째, 공/사 구별에 관한 사회과학적 논의는 사적 영역의 생성과 발전을 사회 변동의 관점에서 서술하면서 사적 영역을 전통적인 의미에서 '사생활의 장소'로 규정한다.[5] 고대에서부터 현대에 이르기까지의 다양한 변동 과정에도 불구하고 사적인 것은 가정, 친밀성, 가정생활 domesticity과 동일시된다. 그렇지만 가정생활의 사적 영역은 우리가 생각하는 것처럼 결코 고립된 개인들과 개인주의의 영역이 아니다. 정반대로, 가정은 특정한 감정적 연대와 책무로 결합되어 있는 집단적인 성격을 띤다. 이런 점에서 현대 가정은 자기 이익과 이해관계에 기반을 둔 시민사회에 대한 피난처로 이해된다. 아리에스가 현대 사회에서 "승리를 거둔 것은 개인주의가 아니라 바로 가정이라고"[6] 역설한 것은 이 때문이다.

가정과 결합된 친밀성, 사생활, 가정생활을 사적인 것으로 정의할 때도 공/사의 구별은 그렇게 간단하지 않다. 프라이버시에 대한 페미니즘 비판은 가정을 주로 전통적인 권력과 지배의 공간으로 이해한다.[7] 우리가 전통적 지배 관계로부터 벗어나 새로운 젠더 관계를 설정하고자 한다면 가정을 공적인 문제로 접근해야 한다는 것이다. 그뿐만 아니라 친밀성의 영역으로 구성된 공간이 공적인 것으로 파악되는 경우도 있다. "문자적 의미에서 집Heim은 본질적으로 사적인 것이다. 넓은 의미에서의 집이라고 할 수 있는 고향Heimat은 공적인 것이다."[8] 여기서 우리는 동일한 감정적 유대감 위에 건립되었다고 할지라도 그것이 구체적으로 형성되었는가, 아니면 사회적으로 구성된 것인가에 따라 사적인 것과 공적인 것으로 구별될 수 있음을 알 수 있다.

셋째, 프라이버시에 관한 법적 논의는 개인이 통제할 수 있는 것을 사적인 권리로 이해한다.[9] 여기에도 공간은 중요한 의미를 갖는다. 문화에 따라 사적인 권리의 내용은 달라지지만, 프라이버시의 권리가 개인의 인격이 훼손되어서는 안 된다는 전제로부터 출발한다는 점에서는 일치한다. 개인이 자신의 삶을 영위하는 주택이 전통적인 사적 공간이라고 한다면, 개인의 몸은 어떤 의미에서 개인주의화 시대의 최소 공간이라고 할 수 있다. 모든 사람이 드나들 수 있는 공간이 공적이라고 한다면, 나만이 출입할 수 있고 접근할 수 있는 공간은 사적인 것이다. 그뿐만 아니라 내가 갖고 있는 지식과 정보에 관한 접근도 나만이 결정할 수 있다는 점에서 사적이라고 할 수 있다.

프라이버시에 관한 이러한 논의들은 대체로 공/사 구별에 관한 일상적, 상식적 견해와 일치한다. 우리는 공공의 목적을 위해서가 아니라 사적인 욕망과 이해관계에 따라 움직이는 '행위'를 사적이라고 규정하며, 성적 관계와 같은 친밀성과 감정적 유대가 이루어지는 '공간'을 사적이라고 말하기도 하고, 또 정보나 지식, 소유물처럼 자신에게 속해 있는 것을 언제 어떻게 어느 정도 다른 사람에게 열어 놓을 것인가를 스스로 결정할 수 있는 '통제' 능력을 사적인 것으로 설명하기도 한다.

프라이버시는 이처럼 특정한 공간과 이 공간과 관련된 행위 및 권리를 지칭한다. 우리가 일상생활에서 공/사를 구별하고 프라이버시를 이해하는 데는 근본적으로 두 가지 모델이 있는 것처럼 보인다.[10] 하나는 프라이버시를 공간적으로 이해하고 공과 사를 구별하는 일종의 양파 모델이다. 개인의 훼손 불가능한 몸이 사적 영역의 핵심을 이룬다면, 그 밖의 모든 것은 공적인 것으로 분류된다. 반면에 이 개인이 자신의 친밀성을 가꾸어 나가는 가정을 사적 영역으로 파악하면, 이 공간을 둘러싸고 있는 다른 껍질들이 공적인 것으로 파악된다. 결과적으로 개인을 둘러싸고 있는 가정, 시민사회, 국가와 같은 껍질들은 무엇을 사적인 것으로 분류하느냐에 따라 그 성격이 결정되는 것이다.

다른 하나는 행위의 성격을 보고 공적인 것과 사적인 것을 구별하

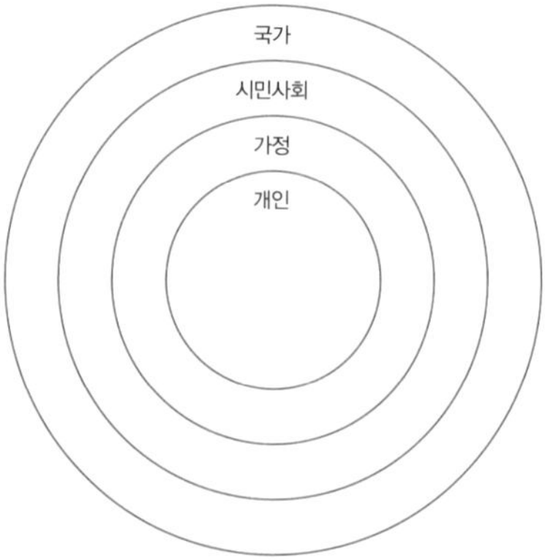

는 행위 모델이다. 우리가 어디에 있든, 즉 어떤 공간에서 활동하든 우리가 계획하고 실행하는 행위 또는 결정들에 부여하는 속성에 따라 공과 사가 구별된다. 우리가 집을 떠나 절이나 교회를 가는 것이 사적인 문제인 것처럼, 공공장소에서 이루어진다고 할지라도 사인으로서 행하는 결정과 행위들은 사적인 것이다. 특정한 공직을 수행하는 사람들조차도 공적 책임으로부터 벗어나고자 할 때는 사적인 견해임을 미리 밝히지 않는가. 이런 관점에서 보면 개인들이 사회적 또는 공적인 간섭을 받지 않고 행위를 하고, 또 그 행위에 대해 책임을 질 수 있도록 보장된 행위 영역이 사적인 공간이다. 여기서는 사적인 영역이 공간적으로 서술되기보다는 행위와 책임의 차원에서 정의된다.

언뜻 프라이버시에 관한 공간적 모델과 행위 모델이 서로 대립하는 것처럼 보이지만, 실제로는 밀접하게 연결되어 있다. 프라이버시에 관한 세 가지 논의에서 볼 수 있는 것처럼, 우리가 사적인 것으로 이해하는 것은 세 유형으로 구별될 수 있다. 첫째는 '공간'이고, 둘째는 특정한 '지식과 정보'이며, 셋째는 특정한 '행위 양식'이다. 이 세 유형에 따라 우리는 프라이버시와 관련된 다양한 현상들을 분류하고 해명할 수 있다.

프라이버시의 공간적 이해는 다른 사람에 대한 접근 여부에 따라 결정된다. 종종 프라이버시 권리로 서술되는 "혼자 있을 권리"right to be left alone[11]는 다른 사람들의 접근 불가능성을 전제한다. 이런 관점에서 보면 "개인은 다른 사람들에게 완전히 접근 불가능할 때 완벽한 프라이버시를 향유한다."[12] 여기서 우리는 접근 가능성을 물론 물리적으로만 이해해서는 안 된다. 다른 사람과 물리적으로 함께 있지 않고, 또 다른 사람의 주의를 받지 않는 생활 공간은 분명 사적인 것이다. 그렇지만 사적인 것은 공간으로만 국한되지 않는다. 우리가 사적이라고 부르는 것에는 그 밖에 지식과 정보도 포함된다. 우리는 자신에 관한 비밀을 다른 사람과 공유할 때 비로소 친밀한 관계를 발전시킨다. 이처럼 프라이버시는 "우리 자신에 관한 정보의 통제"[13]를 의미한다. 이런 관점에서 보면 사적인 것은 우리가 공적인 시선과 통제로부터 거두어들이기로 결정한 모든 것을 의미한다. 프라이버시와 관련된 세 가지 차원을 고려하면, 사적인 것은 다음과 같이 정의될 수 있다.

> 프라이버시는 우리 자신에 관한 것에 대한 타인의 접근을 스스로 통제할 수 있는 영역이다.

물론 접근은 한편으로 직접적이고 물리적인 의미를 갖고 있지만, 다른 한편으로는 비유적 의미에서 사용될 수도 있다. 그것은 내가 갖고 있는 소유, 지식, 정보가 공간적으로 이해될 수 있다는 것을 말한다. 나만이 접근할 수 있는 것은 사적인 것이고, 모든 사람에게 열린 것은 공적인 것이다. 여기서 우리는 사적 영역과 공적 영역을 구별할 수 있는 두 기준을 획득할 수 있다.

① 무엇이 숨겨진 것이고, 무엇이 개방된 것인가? (접근 가능성에 따른 공/사 구별)

② 무엇이 개인적인 것이고, 무엇이 집단적인 것인가? (통제의 성격에 따른 공/사 구별)

전자는 '가시성'visibility의 기준이라고 할 수 있고, 후자는 '집단성'collectivity의 기준이라고 할 수 있다.[14] 이 두 기준은 공/사 구별의 역사적 변천 과정에도 불구하고 지속성을 유지하고 있다. 물론 이러한 기준에 대한 해석은 시대에 따라 변화할 뿐만 아니라, 공/사 구별의 구체적인 내용도 달라진다. 프라이버시가 갖고 있는 세 측면은 시대에 따라 각각 다르게 강조되고 해석됨으로써 사적인 것과 공적인 것의 특정한 관계를 구성한다.

(2) 정치적 자유와 공/사 구별 패러다임의 변화

사적 영역과 공적 영역을 구별하는 경계선은 정치철학적 패러다임의 변화와 함께 변천했다. 예컨대 가시성과 집단성은 시대에 따라 다르게 이해될 뿐만 아니라, 그 결합하는 양식에 따라 다른 종류의 경계선을 만들어 낸다. 분명한 것은 사적인 것과 공적인 것은 서로 다른 종류의 사회적 영역과 그 안에서 이루어지는 다른 종류의 행위를 서술하기 위해 사용되는 용어들이라는 사실이다. 따라서 공/사 구별의 개념들은 때로는 서술적이기도 하고, 때로는 규범적이기도 하다.

프라이버시와 사적 영역의 의미를 올바로 파악하고자 한다면, 우리는 먼저 이 용어를 규범적으로 사용하는 것에서부터 해방시킬 필요가 있다. 공/사 구별에 규범적 의미를 부여하는 것은 대체로 공적인 것과 정치적인 것을 동일시하는 정치철학적 전통에서 비롯된다. 그렇지만 '공적'public이라는 개념과 '정치적'political이라는 개념 사이에는 어떤 필연적인 연관 관계도 존재하지 않는다. 다른 관점에서 보면, 우리가 가장 사적인 것이라고 이해하는 생각과 사상조차도 공적인 의미를 갖고 있지 않은가. 인간의 사상은 개인의 머리에서 발생하는 것이라기보다는 — 언어 및 문화적 상징과 같은 매체에서 알 수 있는 것처럼 — 본질적으로 '상호 주관적'이기 때문에 "사회적이고 동시에 공적이다."[15] 다시 말해 인간의 모든 행위는 그것이 설령 사적 영역에서 이루어진다고 할지라도 어떤 의미에서는 '공적'이라고 할 수 있다.

그렇지만 우리가 사적인 것과 공적인 것의 구별을 정치적 자유의 실현이라는 맥락에서 파악하면, 공/사 구별은 대체로 세 패러다임을 통해 발전해 왔다.

① '공적인 것'을 자유롭고 평등한 시민들의 정치적 공동체의 관점에서 파악하는 고전적 정치철학과 공화주의적 패러다임.
② 개인의 사적 이해관계를 중심으로 움직이는 '시장경제'와 이를 공공 이익의 관점에서 조정하는 '국가 행정'을 구별하는 자유주의적 패러다임.
③ 친밀한 사생활의 사적 영역과 다양한 형태의 유동적 사회성을 가능케 하는 공적 영역을 구별하는 사회학적·사회사적 패러다임.[16]

공/사 구별에 관해 역사적으로 가장 오래된 패러다임은 아리스토텔레스에 의해 서술되고, 특히 아렌트에 의해 재구성된 고전적 모델이다. 고전 정치철학은 자유롭고 평등한 시민들이 자유를 위해 논의하고 협동하는 폴리스의 모델을 출발점으로 삼는다. 폴리스polis는 현대적 국가와는 달리 자유롭고 평등한 시민들의 정치적 공동체political community다. 한나 아렌트는 "다른 어떤 형식의 공동생활보다 폴리스 내에서 사람들의 공동생활을 특징짓는 것은 바로 자유였다"고 단언한다. 현대인들은 여전히 정치 및 정치적인 것을 자유를 실현하는 수단으로 생각하는 경향이 있지만, 고대 그리스인들에게는 "자유롭게 존재한다는 것과 폴리스에서 산다는 것은 동일한 의미였다"[17]는 것이다.

폴리스가 시민들의 참여와 협동을 통해 자유를 실현하는 정치적 영역이라면, 가정oikos은 자유 실현의 전제 조건인 삶의 물질적 수단을 생산하는 필연성의 영역으로 파악된다. 간단히 말해 가정의 사적 영역은 종족 보존을 위한 '생식'과 개체 보존을 위한 '생산'의 장소다. 우리는 여기서 아리스토텔레스가 가정 경제를 정치적 자유의 수단으로 파악함으로써 폴리스의 공적 영역에 규범적 우선성을 부여했다는 점에 주목할 필요가 있다. 프라이버시와 사적 영역에 대한 평가절하의 역사는 바로 이 지점에서 시작한다. 시민은 (공적) 자유를 위해서는 이미 (사적 필연성으로부터) 자유로워야 한다는 것이다.

그뿐만 아니라 아리스토텔레스는 폴리스의 공적 영역을 정치적 영역으로 파악하면서, 정치의 핵심은 다름 아닌 '참여'라고 말한다. 현대인들이 생각하는 정치의 핵심 문제인 '지배'와 '통치'는 결코 정치적인 것이 아니다. 전제적 지배가 이루어지는 영역은 오히려 주인과 노예, 부모와 자식, 남편과 아내의 자연적 불평등이 지배적인 가정이다. 이와는 반대로 폴리스는 시민들이 집단적 자기 결정, 즉 자치에 참여하는 자유의 영역이기 때문에 시민들은 교대로 통치하고 동시에 통치받을 수 있는 능력을 가진 사람들로 이해된다. 여기서 우리는 이렇게 거꾸로 질문할 수 있다. 인간관계의 핵심 문제인 권력과 지배를 배제하고, 과연 진정한 자유 실현의 길을 찾을 수 있는가? 삶/생존에 필요한 물질적 조건을 배제하고, 우리는 과연 자유로울 수 있는가? 프라이버시는 오히려 인간의 자유를 정치적으로 실현하기 위해 반드시 고려하고 보호해야 하는 것은 아닌가?

공/사 구별의 두 번째 모델은 바로 이와 같은 물음에 대한 역사적 대답이라고 할 수 있다. 근대 사회는 물질적 욕구에 대한 충족 없이는 어떤 자유도 공허하다는 인식으로부터 출발한다. 헤겔이 『법철학』에서 정확하게 묘사하고 있는 '시민사회'civil society는 결코 폴리스의 시민 공동체와 동일한 것이 아니다. 그것은 자기 이익에 기반을 둔 개인들이 서로 경쟁하는 사회 세계를 가리킨다. 개인의 욕구, 이기주의, 비인격적인 계약 관계라는 특성을 가진 '시장'은 이제 사적 영역으로 서술된다. 이런 관점에서 보면 "시민사회의 철학 또는 변론"[18]이라고 할 수 있는 자유주의는 고전 모델과는 달리 프라이버시와 사적 영역의 의미를 재평가한다.

공적인 것은 이제 국가의 정책에 속한 것으로 이해된다. 우리가 오늘날 흔히 사용하는 '공공 부문'public sector과 '민간 부문'private sector의 구별은 자유주의적 경제학에서 기인한다. 그렇기 때문에 공/사의 구별은 필연적으로 관할권의 사법적인 문제를 함축한다. 어떤 행위와 서비스는 시장의 민간 부문에 맡겨야 하고, 정부는 어떤 문제에 개입해야 하는가 하는 물음이 공/사 구별의 핵심 문제로 등장한다. 우리는 시장을 신뢰해야 하는가, 아니면 국가의 간섭을 통해 시장의 기능을 조정해야 하는가? 한편에는 시장의 '보이지 않는 손'[19]을 통해 개인들의 이기적인 이해관계가 자연스럽게 조화를 이룬다는 관점(로크와 벤담)이 있는가 하면, 다른 한편에는 이기주의의 문제를 해결하기 위해 국가와 정부 규제라는 '보이는 손'이 필요하다는 기술 관료제적 입장(홉스)이 있다. 보이는 것은 공적인 것이고, 보이지 않는 것은 사적이라는 구별은 이 두 번째 모델과 밀접한 관련이 있다. 어떤 사람들은 경제 논리의 보편화가 정치적인 것을 훼손한다고 비판하지만, 경제를 자유 실현의 필연적 전제 조건으로 인식했다는 점은 여전히 간과할 수 없는 자유주의의 중요한 업적이다.

끝으로, 공/사 구별에 관한 사회학적·사회사적 모델은 사람들이 만나고 함께 살아가는 사회 공간의 다양성과 역동성에 주목한다. 여기서 사적인 영역은 가정의 친밀성으로 서술된다. 근대 사회가 발전시킨 가정은 두말할 나위 없이 공적인 책무와 시장의 비인격적 관계로부터 단절된 사적 영역이다. 그렇지만 우리는 친밀성만으로는 자유를 이룰 수 없다. 이러한 인식을 통해 현대인들은 다시 고대의 정치적 직관과 만나게 된다. "개별적으로 고립된 개인은 결코 자유롭지 않다. 그는 폴리스의 땅을 디디고 그 위에서 행동할 때만 자유로울 수 있다."[20] 여기서 폴리스는 어렵지 않게 사람들의 다양성으로 대체될 수 있다. 다시 말해 우리는 사회의 다원성을 통해서만 자유를 실현할 수 있는 것이다.

이런 맥락에서 공적인 것은 이제 더 이상 국가 및 정치와 동일시되지 않고, 다양한 사람들이 만나는 공간 및 사회적 조건으로 이해된다. 필립 아리에스는 "'공원' 또는 '공공장소'에서 사용되는 것처럼 서로 알지 못하는 사람들이 만나서 다른 사람과의 교제를 향유하는 장소를 지칭하기 위해 '공적'이라는 단어를 사용"한다고 말한다.[21] 이런 의미에서의 공공성은 국가의 집단적 의사결정과 아무런 관계가 없다. 공공성을 결정짓는 것은 사회성이다. 우리는 비인격적 관계로 묘사되는 현대 사회에서 어떻게 인간적, 평화적 관계를 맺을 수 있는가? 다양한 개인과 이질적인 집단의 지속적인 교제로부터 나오는 생동감, 다원성, 자발성은 자유를 실현하는 데 어떻게 기여하는가? 우리는 사생활의 특수한 친밀성과 이기적인 사회의 극단적 비인격성을 어떻게 매개할 것인가? 이 과정에서 개인의 정체성을 구성하는 프라이버시와 사적 영역은 어떤 역할을 담당하는가? 여기서 우리는 어쩔 수 없이 개인과 공동체, 개인과 국가를 매개하는 사회의 역할에 주목할 수밖에 없다. 우리는 공/사의 구별을 정치적 자유의 관점에서 재구성한 한나 아렌트의 정치철학과 사회를 통한 공/사의 교착을 분석한 위르겐 하버마스의 담론 이론을 재구성함으로써 사적 영역과 공적 영역의 상호관계와 상호작용을 해명할 것이다.

2

한나 아렌트와 공론 영역의 고전적 모델

(1) 가정과 정치의 본질적 이원론

사회의 발전으로 말미암아 상실된 정치의 의미를 되새기고, 우리가 정치철학의 전통 중에서 잃어버린 보물이 무엇인가를 한나 아렌트만큼 생생하게 상기시킨 정치철학자도 아마 없을 것이다. 한나 아렌트가 평생 가졌던 철학적 관심사는 두말할 나위 없이 자유와 정치의 관계, 즉 '정치적 자유'의 문제였다. "정치의 의미는 자유다"[22]라는 간단한 명제는 잃어버린 고전 정치사상의 복원 작업을 관통한다. 우리에게 자유란 무엇인가? 자유는 어떻게 실현될 수 있는가? 아렌트는 이러한 물음들이 정치의 공간인 공론 영역을 떠나서는 대답될 수 없다고 생각한다. 한나 아렌트가 그의 주저 『인간의 조건』에서 복원하고자 했던 것은 다름 아닌 잃어버린 "공론 영역"[23]이었다.

인간의 모든 활동의 근본적인 전제 조건은 우리 모두가 공동으로 살아간다는 사실이다. 인간이 사회적 동물이라는 자연적 사실을 누가 부정할 수 있겠는가? 그렇지만 아렌트는 인간만이 자유를 실현하는 진정한 의미의 행위를 할 수 있으며, 이러한 행위는 인간 사회를 벗어나서는 상상조차 할 수 없다고 단언한다. 인간은 "정치적 동물"zoon politikon이라는 아리스토텔레스의 정의에서 알 수 있는 것처럼, 인간의 삶과 활동은 동물적인 측면과 정치적인 측면의 양면성을 갖고 있다. 여기에서 우리는 오직 정치적 행위, 즉 자유 행위만이 인간에게 고유한 본질적인 행위라는 것을 간파할 수 있다.

인간은 한편으로 동물로서 생물학적 삶을 영위하고, 다른 한편으로는 인간으로서 정치적인 삶을 통해 자유를 실현한다. 이 두 가지 삶과 활동 사이에는 본질적인 차이가 있다. 따라서 이 두 활동이 이루어지는 공간과 영역 사이에도 마찬가지로 본질적인 차이가 존재한다는 것이 아렌트가 파악한 고전 정치철학의 핵심이다.

> "그리스 사상에 따르면, 정치적 조직체를 갖출 수 있는 인간의 능력은 그 중심이 가정oikia과 가족인 자연적 결사체와는 다를 뿐만 아니라 직접적으로 대립되어 있다."[24]

정치가 이루어지는 공론 영역과 삶이 보존되는 사적 영역 사이에는 규모와 범위 같은 양적 차이가 있는 것이 아니라 질적 차이가 있으며,

따라서 두 영역은 서로 대립한다는 것이다. 이처럼 사적 영역과 공적 영역의 구별은 가정과 폴리스의 구별과 일치한다.

> "사적 영역과 공론 영역이라는 구분은 가정과 정치적 영역의 구분에 상응하며, 이 두 영역은 고대 도시국가가 발생한 이래로 뚜렷이 구별되는 실체로서 존재해 왔다."[25]

근대 이후에 발전한 사회적 영역의 출현으로 이 구별은 물론 모호해지고 흐릿해졌다. 오늘날 우리에게는 가정과 국가, 경제와 정치를 구별하는 것이 오히려 낯설고 쉽게 이해되지 않는다. 그렇지만 아렌트는 고대의 정치사상은 사적 영역과 공적 영역의 구분에 의해서만 자명해진다고 말하면서, 오늘날 이러한 구분이 어떤 의미를 갖는지를 밝히고자 한다.

고전 정치사상은 물론 사적 영역과 공적 영역의 상호 연관성을 강조하지만, 자유가 실현되는 공적 영역에 질적으로 더 높은 가치를 부여한다. 그렇다면 사적 영역은 어떤 공간이며, 자유 실현과 어떤 관계가 있는가? 한나 아렌트에 의하면 사적 영역인 가정은 "필요와 욕구의 동인"[26]에 의해 이루어지는 특성을 갖고 있다. 우리가 단순히 살아가는 데, 즉 생존에 필요한 활동이 이루어지는 곳이 가정이라는 사적 영역이다. 우리는 개체로서 생존하기 위해 '노동'을 하고, 인류라는 종족을 보존하기 위해 '번식'을 한다. 개체 유지를 위해 남자가 노동하고, 종족 보존을 위해 여자가 출산을 하는 곳이 가정이다. 이렇게 행위

유형의 관점에서 보면 인간이 생존하는 데 필요한 활동이 이루어지는 필연성의 영역은 근본적으로 사적 영역이라고 볼 수 있다.

이에 반해 공적 영역은 자유의 영역이다. 여기서 아렌트가 말하는 자유가 무엇인가를 논한다는 것은 주제를 뛰어넘는 방대한 작업을 요구한다. 중요한 것은 필연성의 영역을 넘어선 사람만이 공론 영역에서 이루어지는 자유 실현에 참여할 수 있다는 사실이다. 그렇다면 공론 영역에서는 어떤 행위가 이루어지는가?

첫째, 공론 영역에서는 진정한 의미의 언어lexis와 행위praxis가 이루어진다. 아렌트는 모든 시민이 공통의 관심사에 관해 평등하게 논쟁하고 합의에 이르는 언어 행위를 공론 영역의 특성으로 파악한다. 아렌트에게 행위는 본질적으로 언어 행위다.

둘째, 공론 영역은 "공중 앞에 나타나는 모든 것을 누구나 볼 수 있고 들을 수 있는"[27] 공공성의 장소다. 공론 영역에서 사람들은 행위하고 말하면서 자신을 보여주고 능동적으로 자신의 고유한 인격적 정체성을 드러내는 출현의 장소다. 이곳에서 사람들은 보고 싶어 할 뿐만 아니라 보이기를 원하며, 듣고 싶어 할 뿐만 아니라 들려지기를 원한다. 우리가 보는 것을 함께 보고 우리가 듣는 것을 함께 듣는 다른 사람들이 존재하는 곳이 바로 공론 영역이다. "공론 영역에서는 보고 듣기에 적절한, 그리고 그럴 가치가 있다고 생각되는 것만이 공적인 빛을 견딜 수 있다. 따라서 그렇지 못한 것들은 자동적으로 사적인 문제가 된다."[28]

셋째, 공적public 영역은 개인의 사적인 것과는 구별되는 공통적

common인 것의 영역이다. 여기서 말하는 공통적인 것은 도대체 무엇을 의미하는가? 그것은 결코 우리 모두가 함께 거주하는 제한된 공간, 즉 국토를 의미하지도 않고, 엄밀한 의미에서 공익과 공동 가치를 의미하지도 않는다. 한나 아렌트는 여기서 공통적인 것에 관한 독특한 개념을 도입한다. 그것은 다름 아닌 불멸성이다. 세계가 공적 공간을 가지려면 세계는 결코 한 세대를 위해서만 건립되어서도 안 되고, 살아 있는 자들만을 위해 계획되어서도 안 된다는 것이다. 서로 다른 사람들을 결합시키고 공론 영역을 형성하게 만드는 것은 바로 이와 같은 세계의 영속성 때문이라는 것이다. "이러한 지상의 잠재적 불멸성으로의 초월이 없다면, 정치도 또 엄격히 말하자면 어떤 공동 세계나 공론 영역도 불가능하다."[29] 우리가 살고 있는 바로 이 세계를 영원하게 만들고 싶다면, 우리는 다음 세대가 자신의 삶을 스스로 시작할 수 있는 자유의 공간을 보장해야 한다.

여기서 우리는 바로 아렌트의 자유 개념과 맞닥뜨린다. 아렌트가 말하는 자유는 현대적 의미에서의 의사 표현의 자유 같은 것이 아니다. 그것은 근본적으로 다른 사람들의 실존과 그들의 의견에 의지할 수밖에 없는 상황에서 "새로운 시작을 할 수 있다"[30]는 것을 의미한다. 모든 것이 획일적이라면, 그래서 다른 사람들의 의견을 들을 필요조차 없다면, 우리는 새롭게 시작할 수 없다. 다원성은 이처럼 정치적 자유의 전제 조건이며, 동시에 지상적 불멸성의 토대다. 공동 세계가 우리 모두에게 공동의 장소를 제공할지라도 여기에서 살아가는 사람들의 위치는 다르다. 그러므로 "타자에 의해 보여지고 들려진다는 것이 의미가 있는 것은 각자 다른 입장에서 보고 듣기 때문이다. 이것이 공적인 삶의 의미다."[31]

공론 영역만이 정치적 자유를 실현하는 공간이라고 한다면, 사적 영역은 엄밀한 의미에서 전前 정치적 영역이다. 아렌트가 재구성한 고전 정치철학은 사적 영역과 공적 영역을 대립적으로 파악하지만, 상호 연관되어 있다고 이해한다. 다시 말해 하나가 없으면 다른 것 역시 존재할 수 없다. 가정 내에서 삶에 필수적인 것이 충족되어야 비로소 폴리스에서 자유를 실현할 수 있다. 가정의 지배자인 가장은 가정을 떠나 모든 사람이 평등한 정치적 영역으로 들어갈 수 있는 힘을 가질 때만 비로소 자유로울 수 있기 때문이다.

사적 영역에서 공적 영역으로의 진입은 동시에 지배 방식의 전환을 의미한다. 가정은 가장과 아내와 자식, 가장과 노예의 불평등이 지배하는 영역이기 때문에 지배 방식도 근본적으로 폭력을 담고 있는 전제 정치다. 이에 반해 폴리스는 자유롭고 평등한 시민들이 교대로 지배하고 지배받는 — 현대적 용어로 표현하자면 — 민주 정치의 공간이다.

여기서 우리는 아렌트가 사적 영역과 공적 영역을 이원론적으로 구분한 고전적 모델에 지나치게 의존한다고 비판할 수 있다. 아렌트에 의하면 폴리스의 자유는 가정의 불평등한 지배를 전제한다. 사적 영역인 가정에서는 평등도 자유도 존재하지 않으며, 어떤 공적 문제도 존재하지 않는다. 그러나 현대 사회에서는 이러한 이원론은 더 이상 타당하지 않다. 삶과 생존에 필요한 노동을 담당하는 노예는 더 이상 존재하지 않으며, 가정의 부부 및 부자 관계도 평등의 관점에서 파악

	사적 영역	공적 영역
영역	가정(oikos)	폴리스(polis)
활동 유형	노동 / 생산	행위
삶	필연성	자유
삶의 조건	획일성	다원성
지배 방식	전제 정치	민주 정치

되고 형성된다. 그렇다면 이런 사회적 변동을 고려하더라도 고전적 모델은 여전히 의미를 갖는 것인가? 아렌트는 그렇다고 대답한다. 사적인 것과 공적인 것을 구별하는 경계선과 동시에 두 영역은 변화했지만, 두 영역의 구별은 자유의 의미를 파악하고 실현하기 위해서는 여전히 필요하고 타당하다는 것이다. 여기에서 우리는 사적 영역과 공적 영역의 구별을 불투명하게 만든 사회적 영역의 성격을 이해할 필요가 있다.

(2) 사회적 영역의 발생과 '사적 영역'의 성격 변화

사회의 출현은 가정에 국한되었던 노동과 생산 활동이 공개성을 특징으로 하는 공론 영역으로 나오게 되었다는 것을 의미한다. 오늘날 우리의 삶에 필요한 물품은 더 이상 가정에서만 생산되지 않는다. 삶의 물질적 수단이 생산되고 분배되고 소비되는 장소인 시장의 출현은 가정의 배타성을 약화시킨다. 이처럼 사회가 발생해 가정의 경제 활동이 공론 영역으로 부상함에 따라 이전의 사적 영역인 가족에 관련된 모든 문제들이 이제는 사회집단의 공동 관심사가 되었다. 사람들은 사회에서 직장 생활을 하며, 가장 사적인 문제라고 할 수 있는 부부간의 성과 가족계획은 산아 제한 및 인구 정책과 같은 공적인 문제가 되지 않았는가?

사회의 출현은 개인주의와 함께 근대적 현상이다. 아렌트는 언뜻 사회적 영역의 출현과 공론 영역의 쇠퇴를 동일시한다는 점에서 이러한 현대성에 반대하는 것처럼 보인다.[32] 그러나 아렌트는 사회적 영역의 출현으로 인한 사적 영역의 변동에 주목하면서, 어떻게 현대적 조건 속에서 공론 영역을 재구성할 것인가를 탐구한다. 고대 사회에서 자유로운 사람은 가정을 지배하던 가장에 불과했다면, 현대 사회에서는 모든 사람이 원칙적으로 자유롭다. 아렌트가 비유적으로 표현한 것처럼, "가정의 어두운 내부로부터 공론 영역의 밝은 곳으로 이전된 것"[33]은 모든 개인과 그들의 활동이다.

이러한 사회의 발생으로 사적 영역의 성격은 근본적으로 변화한다. 사적 영역에 대한 공론 영역의 가치 우선성은 '사적인'private이라는 용어가 어원적으로 '박탈된'이라는 의미를 갖고 있다는 점에서 잘 나타난다.

"완전히 사적인 생활을 한다는 것은 우선 진정한 인간에게 필수적인 것이 박탈되었음을 의미한다. 타인이 보고 들음으로써 생기는 현실성의 박탈,

공동의 사물 세계의 중재를 통해 타인과 관계를 맺거나 분리됨으로써 형성되는 타인과의 '객관적' 관계의 박탈, 삶 그 자체보다 더 영속적인 어떤 것을 성취할 수 있는 가능성의 박탈. 사적 생활의 이러한 박탈성은 타인의 부재에 기인한다."[34]

우리는 오늘날 대중사회에서 타인과의 관계가 없는 것을 고독으로 경험하지만, 결코 인간 본성을 실현할 수 있는 기회의 박탈로 이해하지는 않는다. 우리는 대체로 사회가 개인에게 자유를 보장하지만, 동시에 고독을 야기한다고 생각한다. 고대인들이 "공동의 세계 밖에서 오직 자기 자신idion의 사적 자유로 일생을 보내는 삶을 '백치와 같은 idiotic 삶'이라고 평가했다면, 현대인들은 공적인 일에 매달려 자기 자신의 삶을 갖지 못하는 사람이 오히려 바보라고 말한다.

그렇다면 사회가 출현하면서 가정의 사적 영역은 어떻게 변화했는가? 공론 영역에서 자유를 실현하는 조건이었던 노동과 생산이 사회적 영역으로 진입했다면, 가정의 사적 영역에 남아 있는 것은 무엇인가? 그리고 현대 사회의 조건에서도 사적 영역은 자유를 실현하는 조건이 될 수 있는가?

본래 사적 영역의 중심 활동이었던 노동과 생산이 사회적인 문제로 변화함으로써 사적인 것으로 남아 있는 것은 '친밀성의 영역'이다. 고대 그리스인들은 물론 이 영역을 경시했다. "가정과 가족생활이 내밀한 사적 공간으로 발전한 것은 로마인의 뛰어난 정치적 감각 덕택이다. 이들은 그리스인과는 달리 결코 사적인 영역을 공적인 영역을

고전적 모델

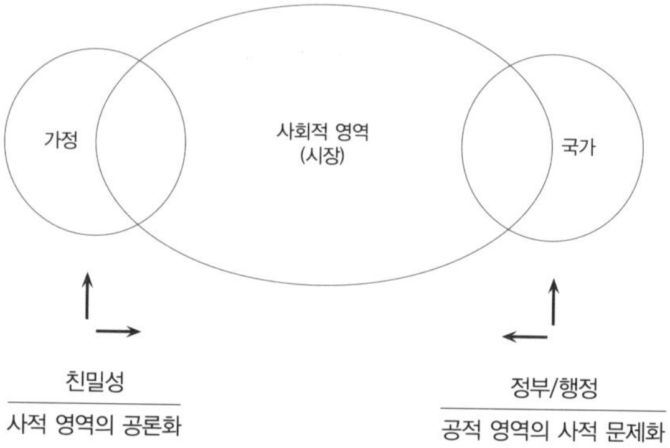

현대적 모델

위해 희생시키지 않았으며, 오히려 이들 두 영역은 공존의 형식으로만 존재할 수 있다고 생각했다."[35]

한나 아렌트는 시종일관 사적 영역과 공적 영역을 공존의 관계, 상호 의존의 관계로 파악한다. 그렇기 때문에 아렌트는 대중사회가 공론 영역뿐만 아니라 사적 영역도 파괴한다고 진단한다. "공론 영역 소멸의 마지막 단계가 필연적으로 사적 영역의 제거"[36]를 수반한다면,

우리는 사적 영역, 즉 프라이버시를 보호함으로써 거꾸로 공론 영역을 수호할 수도 있지 않겠는가? 우리가 사적 영역의 성격 변화에 주목해야 하는 까닭이 여기에 있다.

사회의 출현은 사적인 영역과 공적인 영역에서 각각 구조 변동을 야기한다. 사적인 영역은 이제 친밀성의 영역으로 축소되며, 공론 영역은 국가의 행정과 통치로 압축된다. 아렌트가 이러한 구조 변동 과정에서 가장 우려하는 것은 바로 정치적 자유의 핵심 전제 조건인 다원성의 소멸이다. 사적인 친밀성은 더 이상 공론 영역의 다원성의 토대로 작용하지 못하고, 사회의 시장 논리에 의해 평준화된다. 현대인은 사적 영역에서조차 확실한 자기 자리를 차지하지 못하기 때문에 결국 사회에 편히 있지 못하고 사회 밖에서도 살지 못하는 무능력을 표출한다.

그뿐만 아니라 사회의 획일성은 공론 영역마저 점령한다. 오늘날 삶에 필요한 재화의 생산과 소비는 공적으로 조정되고 통제된다. 이러한 활동이 최대 다수의 최대 행복이라는 공익에 의해 조직될 수도 있다. 그렇지만 아렌트는 생존을 위한 상호 협동과 상호 의존이 공적 의미를 획득한다고 해서 공론 영역의 의미가 충족되는 것은 아니라고 단언한다. 공론 영역은 자유에 관한 다양한 의견이 교환되고, 상호 경쟁하는 정치적 행위의 공간이기 때문이다. 만약 국부의 증대 및 경쟁력 제고라는 획일적 경제 원리만이 우리 사회를 지배하고 있다면, 우리 사회는 실질적으로 자유가 아니라 필연성에 의해 지배받는 것이다. '보이지 않는 손'에 의해 움직이는 시장의 익명의 지배는 사적인 친밀성이 개인적인 차이로 발전하지 못하도록 하며, 또한 경제적 논리를 절대화함으로써 공론 영역의 다원성을 파괴한다.

사회의 시장 논리가 한편으로는 사적 영역에 침투해 들어가고, 다른 한편으로는 공론 영역마저 지배함으로써 사적 영역과 공적 영역의 경계는 불투명해졌다. 프라이버시와 공론 영역 사이에는 역설적 관계가 존립한다. 프라이버시는 "공론 영역의 다른 측면, 어둡고 숨겨진 측면 같은 것"[37]이기 때문이다. 한 면이 왜곡되면 다른 면도 왜곡되고, 한 면이 파괴되면 역시 다른 면도 파괴된다. 프라이버시가 사적인 것으로 보호될 때 공론 영역이 온전하게 기능하며, 공론 영역이 공적 기능을 다해야만 프라이버시는 개인의 자유 공간이 된다. 공적인 것이 사적인 기능을 하는 까닭에 공적인 것이 사라지고, 사적인 것이 유일한 공동 관심사로 남기 때문에 사적인 것이 사라진다는 것은 분명하다.

아렌트는 사적 영역이 사라지면 인간의 실존도 위험에 처한다고 말한다. 고전 정치사상가 아렌트가 사적 영역보다 공적 영역에 우선성을 부여하는 것은 사실이지만, 자유에 대한 사적 영역의 의미를 결코 간과하지는 않는다. 그렇다면 오늘날에도 우리가 보호해야 할 프라이버시의 특성은 과연 무엇인가? 이 물음에 답하려면 사적인 것의 비박탈적 성격에 주목할 필요가 있다고 아렌트는 말한다. 하나는 삶의 필연성을 해결할 수 있는 '소유'의 성격이고, 다른 하나는 공적 세계로부터 숨을 수 있는 '은폐성'이다. 아렌트에 의하면 사적인 것은 현대 사회가 발견한 친밀성보다 우선한다. 그것은 삶을 위해 우리가 매일 사용하고 소비하는 사적 소유물이다. 다시 말하자면 삶의 필연적인 욕구를 충족시킬 수 있는 소유의 문제가 가장 사적이라는 것이다. 자유를 실현할 수 있는 물질적 수단 없이 과연 자아를 성취할 수 있겠는가? 안빈낙도의 생활도 삶의 기초적인 요구를 해결하지 않고는 불가능하다. 현대 사회가 자유민주주의 사회라고 해서 필연성의 영역이 제거되지 않는 것처럼, 필연성을 해결할 수 있는 사적 영역을 제거하는 것이 오히려 자유와 필연성의 경계를 불투명하게 만든다.

자유를 실현하기 위한 프라이버시의 두 번째 비박탈적 성격은 은폐성이다. 간단히 말해 프라이버시는 공적 세계로부터 숨을 수 있는 유일한 장소다. 아렌트는 프라이버시의 은폐성이 없다면 우리는 공론 영역으로 상승할 수 있는 정치적 능력도 상실한다고 말한다. 프라이버시의 관점에서 보면 사적 영역과 공적 영역의 구별은 "보여야만 하는 것과 숨겨야만 하는 것의 차이점"[38]에 기반을 둔다.

> "사회에 반항하는 근대에 들어와서야 비로소 숨겨진 영역이 친밀함의 조건에서 얼마나 풍부하고 다양하게 존재할 수 있는가를 발견할 수 있었다. 그러나 놀라운 것은 역사의 태초부터 지금까지 인간 실존의 신체적 부분, 삶의 과정 자체의 필연성과 관련된 모든 것이 언제나 사생활 안에서 숨겨지기를 요구했다는 점이다."[39]

아렌트는 여전히 자유를 실현하는 장소인 공론 영역에 우선성을 부여한다는 점에서 고전적 본질주의를 답습하지만, 사적 영역과 공적 영역의 상호 관계를 현상적으로 서술한다는 점에서 우리에게 많은 시사점을 준다. 아렌트의 관점에서 본질주의적 색채를 제거한다면, 우리는 프라이버시 역시 자유의 전제 조건으로서뿐만 아니라 자유를 실현하는 영역으로 파악할 수 있다. 사적인 영역은 이미 공적인 영역과 마찬가지로 사회의 논리에 의해 완전히 통제되어 그 구별이 모호해졌기 때문이다. 하버마스는 현대 사회에서 일어나는 사적 영역과 공적 영역의 상호작용에 주목함으로써 공론 영역을 공적 논의의 장으로 재구성한다.

3

위르겐 하버마스와 담론의 공론 영역

(1) 생활 세계의 합리화와 이성의 공론 영역

아렌트가 가정의 사적 영역과 폴리스의 공적 영역 사이의 본질적 연관 관계를 그 누구보다 예리하게 포착했음에도 불구하고 공론 영역에 본질적 가치를 부여함으로써 반反 현대주의자로 오해된다면, 위르겐 하버마스는 현대성의 조건하에서 공론 영역의 의미를 적극적으로 해석한 철학자로 인식되고 있다. 현대성은 인간의 이성이 사회 분화를 통해 역사적으로 발전해 간다는 기본 인식이다. 표면적으로 보면 부정적으로 인식될 수 있는 사회적 현상들도 실제적으로는 이성의 발전에 잠재적으로 기여할 수 있는 역량을 함축하고 있다는 것이다. 물론 사회적 발전 과정에 나타나는 모든 현상이 긍정적인 것만은 아니다. 앞에서 살펴본 것처럼 사회의 출현으로 사적 영역이 훼손되고 공적 영역이 왜곡될 수 있지만, 사회의 분화로 말미암아 축적된 이성적 잠재력을 올바로 활용한다면 두 영역을 조화롭게 결합시킬 수 있다는 것이 하버마스의 기본 입장이다.

이성을 올바로 사용한다는 것은 무엇을 의미하는가? 이성은 사회 분화를 통해 어떻게 발전하는가? 이성의 올바른 사용은 사회 분화로 인한 공론 영역의 구조 변동과 어떤 관계를 갖는가? 하버마스의 철학 전체가 이 물음에 대한 대답이라고 해도 과언이 아니다. 하버마스의 입장을 미리 간단하게 말한다면, 이성을 올바로 사용한다는 것은 — 그의 주요 저작 『의사소통적 행위 이론』[40]에서 밝히는 것처럼 — '공적으로' 사용한다는 것을 의미한다. 이성의 공적 사용은 하버마스의 철학 작업을 관통하는 핵심 주제다. 그의 초기 저작 『공론 영역의 구조변동』에 이미 담겨 있는 철학적 직관과 동기들은 훗날 여러 작업을 통해 체계적으로 발전한다. 이 과정에서 "정치적 공동체가 어떤 민주적 절차를 통해 이성적 합의와 의사 형성에 도달할 수 있는가?"라는 물음은 하버마스 철학의 중심을 이룬다. 공론 영역이라는 용어가 이 물음과 직접적으로 관련이 있다는 것은 두말할 나위가 없다. 여기서 공론 영역은 집단적 자기 이해와 자기 계몽의 매개 수단으로 개념화되며, 공론 영역에서 이루어지는 논의와 논쟁들은 정치적 질서 및 결정들을 정당화할 수 있는 토대로 기능한다. 하버마스에게 있어 공론 영역은 항상 '논증하는 공론 영역'으로서 현실을 비판할 수 있는 규범적 의미를 갖는다.

그러나 우리는 여기서 공론 영역의 규범적 의미와 역할보다는 근대 시민사회의 발전과 더불어 발생한 생성 과정과 구조 변동에 관심을 기울이고자 한다. 하버마스는 "현대성과 합리성 사이에는 내적 관계"[41]가 있다는 전제에서 출발해 현대 사회가 분화를 통해 어떻게 발전하는가를 서술한다. 현대화는 사회가 세 개의 독립적인 가치 영역, 즉 문화·사회·인격의 영역으로 분화되는 것을 의미한다. 이 과정은 통상 '생활 세계의 합리화'로 서술된다.

"이 경향들이 추구하는 소실점들은 **문화**에서는 해체되어 반성적 성격을 띠게 된 전통들의 지속적 수정으로, **사회**에서는 규범 정립과 규범 정당화의 형식적 절차에 대한 정당한 질서의 의존으로, 그리고 **인격**에서는 고도로 추상적인 자아 정체성으로 특징지어질 수 있다."[42]

문화의 관점에서 보면, 현대 사회에서 전통이 전통이라는 이유로 주어졌던 정당성을 상실한다는 것은 자명하다. 전통의 정당성은 오로지 전통을 해석하고 계승하는 공중의 해석과 창조적 관점에만 기반을 둔다. 사회의 영역에서 모든 사람에게 받아들여질 수 있는 규범 생산은 민주적 절차의 합리성에 의해 결정된다. 마찬가지로 인격의 영역에서도 개인의 정체성의 발전은 점점 더 관습적인 역할을 넘어 자신의 삶을 스스로 결정하는 태도에 의존하게 된다. 사회 분화의 세 관점에서 보면, 참여의 원리가 현대 사회의 중요한 전제 조건이라는 것을 쉽게 알 수 있다. 문화, 사회 및 개인의 모든 영역에서 개인의 반성적 태도와 적극적인 참여가 핵심 역할을 담당한다.

그렇다면 생활 세계의 합리화와 참여의 관점에서 보면 공론 영역은 어떤 구조를 갖고 있는가? 아렌트와 마찬가지로 하버마스도 공론 영역을 언어와 행위를 통한 의사소통의 영역으로 파악한다. 따라서 공론 영역은 근본적으로 여론의 공간이다.

"이 모든 것에도 불구하고 이 범주의 가장 흔하게 사용되는 의미는 여론, 격분한 공론 또는 적절한 정보를 갖춘 공론, 그리고 공중, 공개성, 발표하다와 연관된 의미다. 이 공론 영역의 주체는 여론의 담지자로서의 공중이다. 여론의 비판적 기능과 연관된 것이 공개성, 가령 공판에서의 공공성이다."[43]

하버마스가 공론 영역을 담론의 과정을 통해 형성되는 여론과 결합시키는 것은 상당한 의미를 갖는다. 우리는 일반적으로 공원, 광장, 시청과 같은 모든 사람이 접근할 수 있는 공공장소나 공공건물에서 이루어지는 일과 행사를 '공공적'이라고 부른다. 행사의 주체는 중세 봉건 사회에서 볼 수 있는 것처럼 제후 또는 군주와 기사일 수도 있고, 현대 사회에서처럼 국가의 공권력일 수도 있다. 이렇게 일반 공중이 '참관'만 할 뿐 직접적으로 참여하지 않는 행사의 공공성은—중세 군주의 궁정에서 이루어지는 것처럼—권력을 대표해 과시하는 "대표적representative 공공성"[44]에 불과할 뿐 진정한 공론 영역을 형성하지 않는다. 여기서 우리는 공개된 장소에서 이루어진다고 해서 반드시 공공성을 획득하는 것은 아니라는 점을 분명히 알 수 있다. 하버마스가 말하는 근대의 공론 영역은 참여를 전제한다.

현대적 의미에서의 공론 영역은 자본주의의 발전 장소인 시장과 함께 태어난다. 시장의 발생은 한편으로 가정과 직업의 분리를 가져왔으며, 다른 한편으로는 모든 개인을 자신의 사적 이익을 대변하는 부르주아와 공익에 참여하는 시민으로 분열시켰다. 시장은 한편으로는 가정에 대립하고, 다른 한편으로는 국가와 대립하는 중간 영역이다. 시장의 발생과 더불어 공공 기관이 반드시 공익을 대변하지 않는다는 인식이 생겨났을 뿐만 아니라, 새로운 시민 계층은 공익을 자신의 이익의 관점에서 바라보게 된다.

> "한편으로 국가에 대립하는 사회에 의해 사적 부문이 공권력에서 명확하게 분리되었고, 다른 한편으로 삶의 재생산이 사적 가정 권력을 넘어 공익의 일로 고양되었기 때문에, 지속적인 행정 계약의 지대는 그것이 **이성적으로 논의하는 공중**의 비판을 불러일으킨다는 의미에서도 '비판적' 지대가 된다."[45]

현대 사회는 자본주의의 발전과 더불어 이처럼 가정, 사회, 그리고 국가의 세 영역으로 분화된다. 현대화로 인해 지속되고 가속화되는 개인주의화의 관점을 반영하면, 가정은 별 문제없이 개인으로 대체될 수 있다. 여기서 개인은 물론 시장에 참여하는 개인과 공론 영역에 참여하는 개인으로 구별된다. 그러므로 현대 사회의 공론 영역은 "공중으로 결집한 사적 개인들의 영역"[46]으로 파악된다. 사회의 발생으로 분리된 개인들은 여론이라는 이성적 논의를 통해 공권력 자체에 대항하며, 이러한 공적 논의가 발생하는 공간이 바로 공론 영역이다. 그러나 공론 영역은 사적인 개인들이 구성하는 영역인 까닭에 넓은 의미에서 공권력과 대립하는 사적 부문에 속한다. 사적 부문은 협의의 사적 영역과 공론 영역을 포괄하는 것이다. 이런 관점에서 보면 우리의 주요 관심사인 사적 영역은 다시 사생활의 가족 영역과 상품 교환 및 사회적 노동의 영역으로 분할된다.

우리는 여기서 하버마스가 공론 영역과 시민들이 상품을 교환하는 시장 사회를 중첩적으로 이해하고 있음에 주목할 필요가 있다. 우리가 흔히 '사회'라고 부르는 장소는 한편으로 공론 영역을 형성하기도 하지만, 다른 한편으로는 근본적으로 삶에 필요한 노동의 장소기도 하다. 개인은 사회에 이중적으로 노출되어 있을 뿐만 아니라 이중적으로 분열되어 있다. 자본주의가 발전함에 따라 시장과 공론 영역의 구별이 힘들어지면 질수록 사적 영역은 개인의 프라이버시로 압축된다.

(2) 공론 영역과 사적 영역의 교착

고대 그리스는 사적 영역을 인간의 삶에 필요한 기본 욕구를 해결하는 필연성의 공간으로만 파악했을 뿐, 프라이버시의 핵심적 성격인 친밀성에는 커다란 가치를 부여하지 않았다. 현대의 사적 영역이 고대의 그것과 근본적으로 구별되는 것은 바로 친밀성의 의미와 역할이다. 하버마스가 말하는 것처럼 현대적 의미의 공론 영역은 시장의 발생 및 개인의 탄생과 함께 발전했다. 근대 이후 시민들은 자신을 적극적으로 이해하고 해석하는 주체로 발전한다. 이러한 주체를 양성하는 장소는 다름 아닌 핵가족이라는 사적 영역이다.

> "열정적으로 자기 자신을 주제화하는 공중이 사적 개인들의 공적 논의를 통해 상호 이해의 계몽을 추구하면서 갖게 된 경험은, 말하자면 특유한 주체성의 원천으로부터 흘러나온다. 문자 그대로의 의미에서 이 주체성의 정착지는 가부장적인 핵가족의 영역이다."[47]

사회에서 분리된 개인은 스스로 자신의 영역을 개발하기 시작했으며, 이 프라이버시의 영역을 핵가족에서 발견한다. 근대 이후에 이루어진 건축적 변화는 친밀성의 가치를 반영한다. 현대 사회의 가족은 자유로운 개인들의 자발성으로 이루어지며, 아무런 강제 없이 유지되는 것처럼 보인다. 그뿐만 아니라 가족이라는 사랑의 공동체는 교양 있는 인격의 발전을 보장하는 것처럼 보인다. 이런 관점에서 보면 인본성의 진정한 자리는 핵가족의 친밀성에 있는 것이지, 그리스의 모범에서 그러하듯이 공론 영역 자체에 자리하는 것이 아니다."[48] 이처럼 가족의 프라이버시는 교양, 자발성, 사랑 공동체와 같은 인간성의 가치와 밀접하게 결합되어 있다. 현대 사회는 친밀성의 사적 영역을 개척함으로써 개인을 탄생시킨 것이다.

그러나 프라이버시의 영역이 모든 사회적 연관에서 분리되어 순수한 인간성의 영역으로 스스로를 인식하고자 함에도 불구하고, 이 영역은 근본적으로 노동과 상품 교환의 영역인 사회에 종속되어 있다. 개인은 한편으로 공권력에 대항하는 독립적 주체지만, 다른 한편으로는 독립성을 유지하기 위해 사회의 영향에 저항할 필요가 있다. 이런 관점에서 보면 사적 영역과 공적 영역의 구별은 고대 그리스에서처럼 가정과 국가의 대립으로 나타나는 것이 아니라, 이러한 구별의 경계선은 — 하버마스가 비유적으로 표현하는 것처럼 — "집의 한가운데를 지난다."[49] 왜냐하면 가족 자체가 친밀성의 영역이기도 하지만, 동시에 사회와 직접적으로 연결되어 있기 때문이다.

오늘날 공론 영역은 국가와 사회의 긴장 영역에서 발전했지만, 그 자체가 사적인 성격을 보유하고 있다. 이는 가정의 양면성에서 잘 나타난다. 국가와 대립할 때는 시장 영역이 사적 영역이지만, 사적 영역의 핵심으로서 가족 영역은 친밀한 영역이다. 친밀성의 영역인 프라이버시는 시장으로부터 독립적이고자 하지만, 실제로는 시장의 욕구와 이해관계에 예속되어 있다. 가정이 핵가족으로 변화할 뿐만 아니

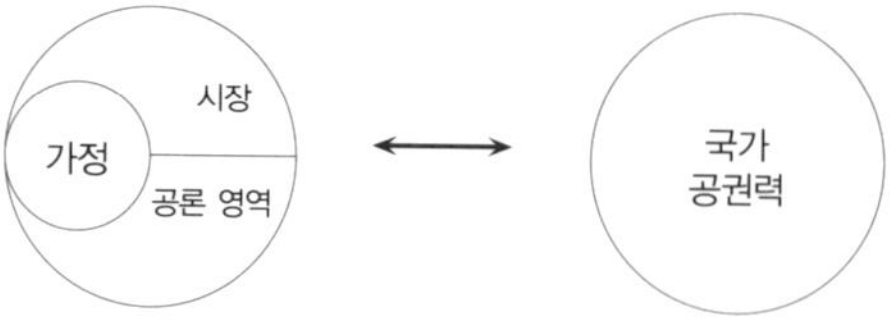

사적 영역 / 공적 영역

라 점점 더 일인 세대로 압축되는 경향을 감안한다면, 사적 영역과 공적 영역의 경계선은 어쩌면 개인 한가운데를 지나갈지도 모른다.

> "사회의 대리인이지만 동시에 일정한 방식으로는 사회로부터의 해방을 선취한다는 가족의 양면성은 가족 구성원의 지위에서 표현된다. 그들은 한편으로 가부장적 지배에 의해 결속되어 있다. 다른 한편으로는 인간적 친밀함으로 서로 결합되어 있다. 사인으로서의 부르주아는 한 몸 속의 둘이다. 즉 그는 재화와 사람에 대한 소유자인 동시에 다른 인간들 중의 한 인간이다. 즉 그는 부르주아bourgeois이자 인간homme이다. 공론 영역도 사적 영역의 이러한 양면성을 보여준다."[50]

현대 사회에서 개인들은 근본적으로 두 가지 역할을 한다. 하나는 소유자의 역할이고, 다른 하나는 인간 자체로서의 역할이다. 우리는 소유자의 역할을 담당함으로써 사적 영역에 속하고, 인간의 역할을 함으로써 인간성에 관한 공적 담론을 통해 공론 영역에 속한다.

하버마스는 이 두 역할, 두 영역의 변증법적 관계에 주목한다. 두 영역이 어느 한쪽으로 축소되지 않고 상호작용을 할 때, 비로소 인간의 이성은 공적으로 사용될 수 있다는 것이다. 그러나 사회, 즉 시장의 점진적 확대로 말미암아 국가는 점진적으로 사회화되고, 동시에 사회의 여러 문제가 국가화된다. 예컨대 민영화라는 개념에서 볼 수 있는 것처럼, 국가는 공공 관리의 임무를 기업 및 법인체로 이양함으로써 시장경제의 원칙을 수용한다. 반면, 국가는 이제까지 사적 수중에 맡겼던 육아, 의료, 복지와 같은 서비스를 넘겨받음으로써 사회의 여러 문제가 국가의 통제에 놓이게 된다. 하버마스는 이러한 사회와 국가의 상호 교착을 통해 전통적으로 공적인 것과 사적인 것이라는 구별에서 벗어난 새로운 영역이 발생하며, 이 영역은 비판적인 공중으로 결집한 사적 개인들의 공론 영역을 해체할 위험이 있다고 경고한다.

본래 사적 영역은 삶에 필요한 모든 기본적인 욕구가 해결되는 장소였다. 사적 영역은 노동과 동시에 번식의 장소였다. 사적 영역 자체가 친밀성의 영역과 경제 활동의 영역으로 분열될 수밖에 없는 이유가 여기에 있다.

> "국가와 사회가 상호 침투함에 따라 핵가족제도는 사회적 재생산 과정과 맺는 연관에서 벗어난다. 과거 사적 영역 일반의 중심이었던 친밀성 영역(프라이버시)은 사적 영역 자체가 사적인 성격을 상실하는 한에서, 말하자면 사적 영역의 주변부로 밀려난다. 자유주의 시대의 시민들은 직업과 가족에서 전형적으로 그들의 사적 생활을 영위했다. 상품 교환과 사회적 노동의 분야는 경제적 기능에서 직접 벗어난 '가정'과 마찬가지로 사적 영역이었다. 그 당시 동일한 종류로 구조화되었던 이 두 영역은 이제 각기 반대 방향으로 발전한다."[51]

하버마스에 의하면 가족은 점점 '사적'이 되고, 노동과 상품 교환의 시장은 점점 '공적'이 된다는 것이다. 그렇다면 가족이 점점 더 사적이 된다는 것은 무엇을 의미하는가? 현대 사회가 발전하면서 직업 영역은 점점 더 가족 영역에서 분리되어 시장의 논리를 따르게 되었다. 다시 말해 가족의 사적 영역은 사회적 재생산을 담당하는 노동 기능 체계로부터 분리된 것이다. 이는 가족이 생산 기능을 상실하고, 점점 더 단순한 소비 기능의 장소로 축소된다는 것을 의미한다. 오늘 가족은 위기에 처했을 때 스스로 해결할 수 있는 생산적 자생력을 갖추지 못하고 있다. 개인이 가정이라는 사적 영역에서 직면하는 고전적인 위험들, 즉 실업이나 사고, 질병, 노년, 사망과 같은 문제들은 대체로 복지국가의 사회체제에 의해 해결된다.

생산 기능을 상실한 사적 영역은 동시에 프라이버시의 핵심이라고 할 수 있는 인격적 내면화의 힘도 상실한다. 이제 사적 영역은 핵가족의 소비 공동체로 축소된다. 소위 말하는 사생활은 텔레비전을 보고, 여가 활동을 즐기고, 대중사회의 문화 상품을 소비하는 행위로 묘사된다. 우리는 사회적 재생산의 직접적인 맥락에서 분리될수록 우리의 프라이버시를 더욱더 강화한다고 생각하지만, 외관상으로만 강화된 프라이버시는 실제로 시장의 대중사회와 연결되어 있다. 이러한 사적 영역의 공동화는 현대적인 주택 설계와 도시 건설에서 건축학적으로 잘 표현된다. 우리는 우리의 프라이버시를 보호하고자 하지만, 동시에 공공성으로의 통로를 확보하려 한다. 오늘날 대부분의 현대인들이 살고 있는 아파트의 건축 구조는 이를 잘 말해 준다.

"얇은 벽은 필요하다면 타인의 시선을 차단하는, 그러나 결코 방음이 되지 않는 운동의 자유를 보장한다. 또한 이 벽은 사회적 통제와 구별하기 힘든 사회적 의사소통의 기능을 맡는다. 프라이버시는 거주에 의해 당연히 주어진 매체가 아니라, **번번이 만들어 내야만 하는 매체다.**" 52

집과 가정 같은 프라이버시는 공간적으로 보호된 사적 영역을 보장하지도 못하며, 현대화된 도시는 사적 개인을 공중으로 결집시킬 수 있는 자유 공간을 창조하지도 못한다. 사적 영역과 공적 영역이 시장에 의해 끊임없이 교착하는 현대 사회에서 우리는 프라이버시를 획득하기 위해 무엇인가를 해야만 한다. 개인은 프라이버시의 보호막이 없이는 공공성의 소용돌이에 빠지며, 그렇게 되면 결국 개인적 자율성을 박탈당하기 때문이다.

사적 영역이 사회화되고, 동시에 국가가 사회화됨으로써 붕괴되는 것은 프라이버시만이 아니다. 이런 과정을 통해 사적 영역이 생산 기능을 상실하는 것처럼, 국가의 사회화를 통해 공론 영역은 비판적 기능을 상실한다. 상품 교환과 사회적 노동의 영역을 지배하는 시장 법칙이 공론 영역에 침입해 들어오면, 공론 영역에서 이루어지는 논의 자체가 '소비'로 전환되는 경향을 보인다. 오늘날 대화와 논의 자체가 시장 논리에 따라 관리된다. 공개 토론, 좌담회, 원탁회의에서 이루어지는 사적 개인들의 논의는 라디오와 텔레비전에서 상업화된다. 시민들은 논의에 '참여'하는 것이 아니라, 대중매체의 문화적 상품들을 소비하는 '참관자'가 되는 것이다. 이처럼 대중매체에 의해 만들어진 세계는 표면상으로만 공론 영역처럼 보일 뿐이다.

"국가와 사회의 상호 침투가 사적 영역을 해체하는 만큼, 논의하는 사적 개인들의 상대적으로 동질적인 공중의 토대도 충격을 받는다. 조직된 사적 이해관계의 경쟁이 공론 영역에 침투한다. 사적 성격을 가졌기 때문에 계급 이익이라는 공통분모로 중립화되었던 개별적 이해관계가 한때는 공적 토론의 일정한 합리성과 아울러 능률성을 가능하게 했다면, 오늘날에는 그 대신 경쟁하는 이해관계의 시위 행사가 토론을 대체한다."[53]

시장의 논리가 공론 영역에 침투해 들어갈수록 공론 영역은 비판적 기능을 상실하고, 정치적·경제적 영향력을 행사하는 수단으로 사용된다. 상업화된 공론 영역은 개별적 이해관계의 전시에 공공성이라는 아우라를 부여할 뿐이다. 여기서 공중은 결국 비공공적으로 논의하는 소수 전문가들과 공공적으로 수용하는 소비 대중으로 분열된다. 이런 의미에서 비판적 기능과 공중의 특유한 의사소통 형식을 상실한 공론 영역은 단순한 과시와 전시 공간으로 전락함으로써 근대 이전의 상태로 재봉건화된다.

하버마스가 예리하게 분석한 프라이버시와 공론 영역, 친밀성과 공공성의 변증법적 관계는 우리에게 많은 시사점을 던져 준다. 사적 영역이 생산 기능을 상실하면 진정한 의미에서의 사적 성격을 상실하고, 공론 영역이 비판 기능을 상실하면 공공성의 가상 공간으로 전락한다. 우리가 프라이버시를 확보하고 보호해야 하는 까닭이 여기에 있다. 그렇다면 우리는 어떻게 현대적 조건에서 프라이버시의 생산적 기능을 회복할 수 있는가? 공론 영역의 비판적 기능을 회복하기 위해 보호되어야 하는 프라이버시는 어떤 성격을 갖고 있는가? 고대 이래로 프라이버시는 노동과 번식의 생산성과 개인적 정체성의 토대인 친밀성의 영역이었다. 그러므로 프라이버시는 근본적으로 개인의 생명, 소유, 그리고 인격에 토대를 둔다. 우리는 앞으로 근대 개인주의를 발전시킨 홉스, 로크, 칸트의 철학을 프라이버시의 관점에서 재구성함으로써 개인의 몸, 소유, 인격의 의미를 조명하고자 한다.

주

1 Norbert Elias, *Über den Proze der Zivilisation. Bd. 1: Wandlungen des Verhaltens in den westlichen Oberschichten des Abendlandes* (Frankfurt am Main: Suhrkamp, 1976), 262쪽. 한국어판: 노르베르트 엘리아스/박미애 옮김, 『문명화 과정 1』(한길사, 1996), 364쪽.

2 Hannah Arendt, *Was ist Politik?* (München: Piper, 2005), 41쪽.

3 Jürgen Habermas, *Faktizität und Geltung: Beiträge zur Diskurstheorie des Rechts und des demokratischen Rechtsstaats* (Frankfurt am Main: Suhrkamp, 1993), 492쪽.

4 Norberto Bobbio, "The Great Dichotomy: Public/Private", in *Democracy and Dictatorship: The Nature and Limits lof State Power* (Cambridge, 1989).

5 Philippe Ariès, *Centuries of Childhood: A Social History of Family Life* (New York: Vintage, 1962), 375쪽; Anthony Giddens, *The Transformation of Intimacy: Sexuality, Love and Eroticism in Modern Societies* (Stanford University Press, 1993).

6 Philippe Ariès, *Centuries of Childhood*, 393쪽.

7 J. B. Landes(ed.), *Feminism, the Public and the Private* (Oxford & New York, 1998).

8 Eric Hobsbawm, "Introduction to the section on 'Exile'", in *Special Issue: Home: A Place in the World*, edited by Arein Mack, *Social Research* 58, no.1 (spring), 67~68쪽.

9 Ellen Alderman and Caroline Kennedy, *The Right to Privacy* (New York: Vintage Books, 1997).

10 이에 관해서는 Beate Rössler, *Der Wert des Privaten* (Frankfurt am Main: Suhrkamp, 2001), 18쪽을 볼 것.

11 S. D. Warren & L. D. Brandeis, "The Right to Privacy" (1984); F. D.

Shoeman(ed.), *Philosophical Dimensions of Privacy* (Cambridge: Cambridge University Press, 1984), 76쪽.

12 R. Gavison, "Privacy and the Limits of the Law", in *Yale Law Review* 77 (1980), 428쪽.

13 C. Fried, "Privacy", in *Yale Law Journal* 77 (1968), 482쪽; "Privacy is (……) the control we have over information about ourselves."

14 Jeff Weintraub, "The Theory and Politics of the Public/Private Distinction", *Public and Private in Thought and Practice: Perspectives on a Ground Dichotomy*, 5쪽.

15 Clifford Geertz, "The Impact of the Concept on the Concept of Man", in *The Interpretation of Cultures* (New York: Basic Books, 1973), 45쪽.

16 이에 관해서는 Jeff Weintraub, "The Theory and Politics of the Public/Private Distinction", 같은 책, 7쪽을 참조할 것. 그는 이에 덧붙여 가정의 사적 영역과 이를 둘러싸고 있는 경제 및 정치 질서를 모두 공적 영역으로 파악하는 페미니즘의 입장을 독립적인 유형으로 서술하고 있다. 그러나 이 모델은 고전적 패러다임, 사회사적 패러다임과 중첩된다.

17 Hannah Arendt, *Was ist Politik?*, 38쪽.

18 Jeff Weintraub, "The Theory and Politics of the Public/Private Distinction", 같은 책, 13쪽.

19 Alfred D. Chandler, *The Visible Hand: The Managerial Revolution in American Business* (Cambridge, MA: Harvard University Press, 1977).

20 Hannah Arendt, *Was ist Politik?*, 99쪽.

21 Philippe Ariès · Georges Duby, et al.(eds.), *A History of Private Life*, 5 *vols.* (Cambridge, MA: Harvard University Press, 1987~1991), vol. 3, 9쪽.

22 Hannah Arendt, *Was ist Politik?*, 28쪽. "Der Sinn von Politik ist Freiheit."

23 영어판의 '공적 영역'(The Public Realm)이라는 용어가 독일어판에는 '공적인 것의 공간'(Der Raum des Öfentlichen)으로 표현되어 있다. 아렌트는 독일어 표현을 통해 정치 및 공적인 것의 공간적 의미를 더욱더 부각시킨다. Hannah Arendt, *Vita*

Activa oder Vom täigen Leben (Müchen: Piper, 1981), 27쪽.

24 Hannah Arendt, *The Human Condition* (Chicago: University of Chicago Press, 1973), 24쪽. 한국어판: 한나 아렌트/이진우·태정호 옮김, 『인간의 조건』(한길사, 1996), 76쪽.

25 같은 책, 28쪽. 한국어판, 80쪽.

26 같은 책, 30쪽. 한국어판, 82쪽.

27 같은 책, 50쪽. 한국어판, 102쪽.

28 같은 책, 51쪽. 한국어판, 104쪽.

29 같은 책, 55쪽. 한국어판, 108쪽.

30 Hannah Arendt, *Was ist Politik?*, 50쪽.

31 Hannah Arendt, *The Human Condition*, 57쪽. 한국어판, 111쪽.

32 이에 관해서는 Seyla Benhabib, *Situating the Self: Gender, Community and Postmodernism in Contemporary Ethics* (New York: Routledge, 1992), 90쪽을 참조할 것.

33 Hannah Arendt, *The Human Condition*, 38쪽. 한국어판, 90쪽.

34 같은 책, 58쪽. 한국어판, 112쪽.

35 같은 책, 59쪽. 한국어판, 113쪽.

36 같은 책, 60~61쪽. 한국어판, 114쪽.

37 같은 책, 64쪽. 한국어판, 118쪽.

38 같은 책, 72쪽. 한국어판, 126쪽.

39 같은 곳.

40 Jürgen Habermas, *Theorie des kommunikativen Handelns* (2 Bde.) (Frankfurt am Main: Suhrkamp, 1981). 이런 관점에서 하버마스는 '의사소통적 행위 이론'을 메타 이론으로 이해하기보다는 사회 이론으로 이해한다.

41 Jürgen Habermas, *Der philosophische Diskurs der Moderne* (Frankfurt am Main: Suhrkamp, 1985), 13쪽.

42 Jürgen Habermas, *Erläuerungen zur Diskursethik* (Frankfurt am Main:

Suhrkamp, 1992), 45쪽. 한국어판: 위르겐 하버마스/이진우 옮김, 『담론윤리의 해명』(문예출판사, 1997), 58쪽.

43 Jürgen Haberas, *Strukturwandel der Öfentlichkeit* (Frankfurt am Main, 1996), 55쪽. 한국어판: 위르겐 하버마스/한승완 옮김, 『공론장의 구조변동』(나남출판, 2001), 62쪽. 역자가 공론장으로 번역하는 '외펜트리히카이트'(Öfentlichkeit)는 공공성과 공론 영역의 이중적 의미를 갖고 있다. 우리는 여기서 공간적 의미를 강조하기 위해 공론 영역으로 사용하고 있음을 밝혀 둔다.

44 같은 책, 58~67쪽. 한국어판, 66~75쪽.

45 같은 책, 83쪽. 한국어판, 91쪽. 강조는 필자에 의한 것임.

46 같은 책, 86쪽. 한국어판, 95쪽.

47 같은 책, 107쪽. 한국어판, 118쪽.

48 같은 책, 116쪽. 한국어판, 128쪽.

49 같은 책, 109쪽. 한국어판, 120쪽.

50 같은 책, 120쪽. 한국어판, 132쪽.

51 같은 책, 238쪽. 한국어판, 258쪽.

52 같은 책, 245쪽. 한국어판, 264쪽. 강조는 필자에 의한 것임.

53 같은 책, 272쪽, 한국어판, 291쪽.

3장

개인주의의 재해석: 몸, 소유, 그리고 인격

"사람이 자신의 사지四肢를 보호하고 건강을 유지하며, 자신의 몸을 죽음과 고통으로부터 보존하려고 노력하는 것은 이치에 어긋나거나 비난할 만한 일도 아니고 '올바른 이성'에 반하지도 않는다."

—홉스Thomas Hobbes, 『시민론』De Cive

"비록 대지와 모든 열등한 피조물들이 모든 사람에게 공동으로 주어진 것이라 할지라도, 모든 사람은 자신의 인격person에 대한 소유property를 갖고 있다. 이 인격에 대해서는 그 이외의 어느 누구도 권리를 갖지 않는다. 그의 몸이 하는 노동과 그의 손이 하는 작업은 본래의 의미에서 그의 소유라고 말할 수 있다."

—로크John Locke, 「정부에 관한 두 번째 논고」The Second Treatise

"자율은 인간과 모든 이성적 존재자의 존엄의 근거다."

—칸트Immanuel Kant, 『도덕 형이상학 원론』Grundlegung zur Metaphysik der Sitten

I

홉스: 자기 보존의 원칙과 '급진적 자유주의'

(1) 몸의 발견과 개인주의

근대는 통상 '인간의 시대'로 불린다. 고대와 중세가 인간을 넘어서는 초월적 이념과 절대자에 우선성을 부여했다면, 근대는 인간이 자기 자신에 대해 관심을 가지면서 시작되었다. 우리가 신을 인식할 수 없다면, 우리는 과연 무엇을 할 수 있는가? 지상에서 신의 이념을 실현하는 것이 불가능하다면, 우리는 어떻게 인간 세계를 만들어 가야 하는가? 근대는 인간이 자신의 한계를 탐색하고, 동시에 자신의 세계를 개척하는 인본주의 시대였다.

오늘날 자유주의로 불리는 사상들은 모두 이런 시대정신에서 태어났다. 인간이 스스로를 발견하고, 또 자기 자신을 어떻게 해석할 것인가를 중심 문제로 생각하는 인본주의는 프라이버시의 출발점이다. 인간의 자기 발견은 근본적으로 인간 존엄, 즉 어떤 이유에서도 훼손될 수 없는 인간적 가치의 발견이다. 프라이버시는 이러한 인간적 가치를 보호하는 영역이다. 우리가 사적 영역과 공적 영역을 구별하고, 동시에 프라이버시를 보호하고자 하는 까닭이 여기에 있다.

그런데 근대인들이 초월적 영역으로 향했던 시선을 돌려 자기 자신을 바라보았을 때, 가장 먼저 본 것은 바로 자신의 '몸'이었다. 우리는 어떻게 느끼고 기억하는가? 우리는 어떻게 경험하고 판단하는가? 간단히 말해, 우리의 몸은 무엇이며 또 어떻게 작동하는가? 이런 물음은 근대 과학과 의학을 발전시켰을 뿐만 아니라, 정치적 · 철학적 인간학의 출발점이 되었다.

여기서 근대인의 '몸' 발견과 자유주의와의 연관 관계를 논하기에 앞서, 우선 몸과 프라이버시의 관계를 현상학적으로 간단히 살펴보고자 한다. 몸은 인간 존엄의 보고다. 우리의 몸이 훼손된다면, 그리고 훼손될 위험에 처한다면, 우리는 어떤 권리와 존엄도 주장할 수 없다. 이런 사실은 몸에 대한 우리의 일상적 경험에서 잘 나타난다. 우리가 신체의 위협 중에서 가장 두려움을 느끼는 것은 뒤통수를 맞는 것이다.[1] 어떤 사람이 갑자기 뒤에서 어깨를 잡거나 머리를 때릴 때, 공포와 두려움으로 인한 전율이 온몸에 흐르는 것을 느끼지 않는 사람이 어디 있는가? 이유는 지극히 간단하다. 우리가 저항할 수 없는 무기력한 상태에서 우리의 몸이 철저하게 훼손당할 수 있기 때문이다.

이러한 공포는 우리의 몸을 감싸고 있는 피부의 촉각과 밀접한 관련이 있다. 피부는 — 비유적으로뿐만 아니라 엄밀한 의미에서 — 우리의 내면을 보호하는 '성벽'이고, 동시에 우리와 세계를 구별하는 '경계선'이다. 피부는 우리의 생명을 감싸는 최대의 감각기관이다. 피부는 한편으로 추위와 더위로부터 보호하는 탄력적인 기관이지만, 다른 한편으로는 외부에 노출되어 있기 때문에 극도로 민감하고 다치기 쉬운 기관이다. 우리가 가진 어떤 감각기관도 피부의 촉각만큼 쾌락과 고통의 강한 자극을 일으키지 못할 것이다.

우리는 몸과 피부를 통해 세계와 접촉하고 동시에 세계와 단절한다. 우리는 다른 사람과의 접촉을 통해 보호와 결속의 감정을 느끼고, 또한 거부와 반감의 감정을 얻기도 한다. 그뿐만 아니라 우리는 피부를 통해 자기 자신과의 관계를 획득한다. 우리가 몸으로 살아가면서 동시에 촉각을 통해 자신의 삶을 다시 체험하기 때문이다. 그렇지만 우리가 청하지 않았는데도, 또 우리가 대응할 수 없는 상태에서 다른 사람이 우리의 몸과 피부를 만지거나 붙잡는다면, 우리는 우리를 압도하는 타인의 힘과 권력을 느낀다. "청하지 않은 접촉은 분명한 제압 행위다. 그것은 인격 전체를 구속한다."[2]

이처럼 개인의 프라이버시는 몸과 시작하고, 몸과 끝난다. 사람들이 다른 사람들의 눈앞에 나타나기 전에 자신의 모습을 고치는 것도 이 때문이다. 프라이버시 영역에서는 그렇지 않은 행위가 공공장소에서는 수치심을 불러일으키기도 한다. 사회적인 무대에서 가장 중요한 매개 수단은 두말할 나위 없이 몸이며, 우리는 이 몸의 비밀들을 사적인 것으로 보호한다. 우리의 몸이 다른 사람들의 시선에 노출되거나 다른 사람들에 의해 훼손된다면, 우리는 어떤 자유도 실현할 수 없다. 프라이버시에 대한 권리는 이렇게 개인의 몸, 즉 개인의 자유가 위협받는 곳에서 한계에 이른다. 이런 관점에서 보면 몸의 고통과 죽음은 진정한 의미에서 개인화의 원리principium individuationis다. 개인의 고통은 표현될 수는 있지만, 결코 다른 사람에게 전달될 수 없다. 고통의 끝은 죽음이다. 따라서 우리의 몸이 사라지는 죽음은 법과 국가의 문제가 아니라 순전히 개인의 문제다. 이런 점에서 타인에 의한 죽음이 자유의 완전한 박탈이라고 한다면, 자살은 반사회적이기는 하지만 가장 사적인 행위다. 자살은 사회를 거부하고 자신의 프라이버시를 지키고자 하는 가장 강력한 의지의 표현인 셈이다. 여기서 우리는 우리의 몸이 프라이버시와 개인 자유의 원천임을 분명히 알 수 있다.

이런 관점에서 보면 근대의 자유주의가 몸의 발견으로 시작한 것은 결코 우연이 아니다. 자유의 이념을 탐구한 근대 정치철학자들 중에서 특히 홉스는 몸의 문제에 집중하고, 몸에 관한 성찰로 획득한 인간학적인 토대 위에 자신의 정치철학을 건설한다. 홉스는 오늘날 우리가 아직도 해결하려고 애쓰는 정치철학적 근본 문제들을 제기하고 해명함으로써 갈릴레이, 데카르트와 더불어 근대 사상을 받치는 핵심 지주에 속한다.[3] 국가를 통해 개인의 자유를 어떻게 보호할 것인가를 철저하게 사유했다는 점에서 그는 근대 정치철학의 창시자이며, 또한 근대 "자유주의의 진정한 창시자"다.[4]

홉스는 어떤 점에서 자유주의 사상가인가? 홉스는 왜, 그리고 어떻게 자유주의 사상을 몸에 관한 철학적 사유와 연관시키는가? 홉스는 왜 진정한 의미에서 프라이버시의 철학자인가? 이러한 질문이 낯설게 여겨질 정도로 홉스라는 이름은 한편으로는 '리바이어던'이라는 절대 국가 권력과, 다른 한편으로는 사회계약론이라는 방법론과 너무 연결되어 있다. 우리는 여기서 홉스의 권력 이론과 정치철학이 인간의 몸에 관한 인간학적 성찰에 바탕을 두고 있다는 사실에 주목하고자 한다.

홉스의 인간학은 근본적으로 체계화된 감각 이론에 기반을 둔다. 홉스의 기본 문제는 우리가 자기 관찰을 통해 경험하는 변화하는 생각들과 그들의 연관 관계였다. 다시 말해 우리가 몸을 통해 세계를 경험할 때, 또는 어떤 대상을 좋아하거나 싫어할 때 우리의 몸속에서 어떤 일이 벌어지는가를 연구하는 것이 홉스의 감각 이론이 지닌 과제였다. 이런 과학적 관찰을 통해 홉스는 현실에 대한 인간의 정념 affectus, passiones, passions은 근본적으로 두 방향으로 일어나는 '욕망' appetitus, appetite, desire과 '혐오' aversio, aversion라는 사실을 발견한다.[5] 좋음과 싫음, 욕망과 혐오의 정념이 일어나는 우리의 몸이 개인 생명의 장소다.

홉스는 개인을 주체, 자아, 정신과 같은 추상적인 개념으로 파악하지 않고, 몸의 감각으로 구체적으로 이해한다.

> "지각의 주체는 지각하는 사람 자체, 다시 말해 한 생명체다. 눈이 본다고 말하지 않고 한 생명체가 본다고 말하는 것이 더 올바르다. 객체는 지각되는 것이다. 그렇기 때문에 우리가 빛을 보는 것이 아니라 해를 본다고 말하

는 것이 더욱 정확하다. 왜냐하면 우리가 감각적으로 느낄 수 있다고 부르는 빛, 색깔, 온기와 색조, 그리고 다른 특성들은 객체가 아니라 지각하는 사람들 안에서 일어나는 환영들이다."[6]

이 인용문에서 분명히 알 수 있는 것처럼, 우리가 다른 사람을 볼 때 그 사람 전체를 보는 것이지 결코 한 부분을 보는 것이 아니다. 마찬가지로 우리는 그의 영혼, 인격, 개성을 보는 것이 아니라 몸으로 나타난 사람 전체를 본다. 우리가 다른 사람들과 관계를 맺을 때 감각적으로 소통한다면, 프라이버시가 감각적으로 구성되고 지각되는 영역이라는 것은 명확하다.

그렇다면 이러한 감각이 인간의 자유와 어떤 관계가 있는가? 홉스의 지각 이론에 따르면, 주체와 객체는 밀접하게 결합되어 있다. 예컨대 내가 케이크 한 조각을 먹고 싶을 때 능동적으로 욕망하는 주체는 실제로 내가 아니라 나의 정념을 자극하는 케이크일 수도 있다는 것이다. 이 경우 나는 이 작용(유혹)에서 벗어나지 못할 뿐이다. 그렇다면 정념의 주체인 인간은 우리를 둘러싸고 있는 객체들에 의해 온전히 결정되어 자유의 공간을 갖지 못한다. 이 문제를 해결하기 위해 홉스는 숙고와 의지의 개념을 도입한다.

인간은 어떤 대상이 있을 때만 욕망을 갖는 것이 아니라, 그 대상이 존재하지 않아도 마음속으로 욕망을 품을 수 있다. 어떤 실질적 대상이나 또는 상상 속에 존립하는 대상과 관련해 욕망과 혐오 사이에서 왔다갔다하는 것을 홉스는 '숙고'deliberatio라고 명명하고, 이 숙고의 결과가 바로 '의지'voluntas라고 말한다.[7] 이러한 의지가 실천으로 옮겨진 것이 바로 행동actio이다. 홉스에 의하면 외부 세계에 대한 인간의 관계는 이렇게 '정념', '숙고', '의지', 그리고 '행동'의 인과적 연쇄 고리를 이룬다. 이런 관점에서 보면 홉스는 인간에게 결코 자유 의지를 부여할 수 없다. 왜냐하면 인간과 동물은 모두 환경에 구속당한다는 점에서 동일한 차원에 있기 때문이다.

> "원하거나 원하지 않을 자유는 또한 다른 모든 생명체들보다 인간에게서 더 크지 않다. 욕망이 발생하는 곳에는 그에 대한 완전한 원인이 있다. …… 필연성으로부터의 자유일 수 있는 그런 자유는 인간의 의지에도, 또 동물의 의지에도 부여되지 않는다. 그러나 우리가 자유를 의지의 능력으로가 아니라 실행의 능력으로 이해한다면, 그런 자유는 인간과 동물 양자가 확실히 갖고 있다."[8]

홉스는 자유를 '의지의 자유'로 파악하지 않고 순전히 물리적 차원에서 이해한다. 자유는 움직일 수 있는 운동의 능력이고, 따라서 움직일 수 있는 공간을 전제한다. 우리가 상상과 의지 능력을 갖고 있기 때문에 비록 좁은 감옥에 갇혀 있더라도 자유롭다고 말한다면, 그것은 홉스에게는 어불성설이다. 홉스에게 자유는 근본적으로 "외적 장애의 부재"[9]다. 장애는 한 인간에게서 그가 원하는 것을 할 수 있는 힘을 빼앗아 간다. 그렇지만 아무리 외부 장애가 강하다고 할지라도 그에게 남겨진 권력을 자신의 판단대로 행사하는 것을 막지는 못한다. 따라서 '인간의 자유는 그가 의지하는 것, 그가 열망하는 것, 그의 마음이 끌리는 것을 좇아갈 때 어떤 장애에도 부딪치지 않는 데' 있다. 간단히 말해 자유는 외면적 운동 장애로 이해되는 '저항의 결여'다.[10] 홉스는 자유에 철저하게 물리적인 의미를 부여하면서, 장애가 종종 우리에게서 권력의 일부를 박탈해 가지만 우리에게 남겨진 권력을 우리 마음대로 쓰는 것을 막지는 못한다고 말한다. 자유는 이처럼 운동의 자유면서 동시에 권력의 문제다. 우리가 자유롭게 움직일 수 있는 프라이버시의 공간이 없다면, 그리고 우리가 외부 권력에 대항해 자유를 지킬 수 있는 사적인 권력 공간이 없다면, 우리가 과연 자유롭다고 할 수 있겠는가? 모든 개인은 자신의 자유를 위해서도 프라이버시의 공간을 필요로 한다.

(2) 개인주의적 자연권과 자기 보존의 원칙

자연 상태에 관한 홉스의 사상은 인간학적 인식과 정치철학적 모델을 연결시키는 고리 역할을 한다. 자연 상태는 결코 역사적으로 확인될 수 있는 사실이 아니라, 우리가 왜 사회와 국가를 필요로 하는지를 명확하게 보여주는 방법론적 구성물이다.[11] 따라서 홉스는 '자연 상태'status naturae, status naturalis, state of nature를 "인류의 자연적 조건"[12]으로 이해한다. 자연 상태의 문제들은 우리가 살아가면서 항상 겪고 반드시 고려해야 하는 까닭에 '자연적'이라고 할 수 있다. 홉스는 전통적인 정치철학이 인간은 본래부터 정치적 동물이라는 이상주의적 전제에서 출발하기 때문에 실패했다고 지적하면서 인간은 본래, 즉 자연 상태에서는 비정치적 존재라고 주장한다.

> "인간은 본래 사회를 위해 사회를 찾는 것이 아니라, 사회에서 명예와 이익을 얻기 위해 사회를 찾는다. 인간은 우선 후자를 욕망하고, 전자는 이차적으로 원한다. 사람들이 서로 결합하는 의도는 그들이 결합한 뒤에 행하는 것에서 나온다."[13]

사람은 근본적으로 정치적 동물이기 이전에 욕망의 존재라는 것이다. 여기서 사회는 철저하게 개인의 욕망과 이익 때문에 존재하는 것으로 이해된다. 홉스는 사회적 선善을 사회로부터의 편의와 동일시함으로써 일면 에피쿠로스의 전통을 따른다고도 할 수 있다. 오늘날 대중 민주 정치가 국민의 복지와 쾌락 증대를 지향한다는 점을 생각하면, 이는 어쩌면 "정치적 쾌락주의의 창시자"[14]인 홉스와 궤도를 같이한다고 할 수 있다.

이처럼 홉스가 이룬 정치철학적 패러다임 전환은 혁명적인 인간학적 성찰에 기인한다. 홉스의 자연 상태를 구성하는 사람들은 욕망의 개인들이며, 이들은 철저한 경쟁 상태에 놓여 있다. 누구나 다른 사람을 이기고 능가하려 하며, 그를 제치고는 다음 적수를 상대하려 한다. 이러한 경쟁이 극단적인 경우에는 경쟁자에 대한 폭력적 살해로 이어지기도 한다. 설령 개인들 간의 상호 공격이 상호 파멸에까지는 이르지 않는다고 하더라도, 아무튼 개인들은 경쟁자의 억압과 배제를 통해 권력과 지배의 증대를 추구한다.

이런 의미에서 홉스는 자연 상태를 '만인에 대한 만인의 전쟁' bellum omnium contra omnes으로 묘사한다. 전쟁은 결코 국가 사이의 문제로 국한되지 않고, 훨씬 더 급진적으로 개인들 사이에서 벌어지는 상황을 서술한다. 물론 전쟁은 여기서 실질적인 전투 행위뿐만 아니라 일반적으로 평화의 부재를 의미한다.

> "나쁜 날씨의 본질이 한두 번의 소나기에 있는 것이 아니라 여러 날 동안 지속되는 비 올 경향inclination에 있는 것처럼, 전쟁의 본질은 실질적인 전투 행위에 있는 것이 아니라 사람들이 그 반대에 대해 안심할 수 없는 전체 기간 동안 있을 수 있는 전쟁의 태세disposition에 있다."[15]

전쟁은 개인들이 처해 있는 기후 같은 것이고, 경쟁자들 사이의 불신과 지속적인 위협이 도사리고 있는 공간이다. 이런 자연 상태에서는 "한마디의 말, 미소, 다른 의견"[16] 같은 사소한 일마저도 갈등과 전쟁의 불씨가 될 수 있다고 홉스는 말한다. 그러므로 자연 상태는 ① 모든 개인이 스스로를 위해 독립적이며, ② 모든 개인이 다른 사람의 적일 수 있는 인간의 근본적인 생활 조건을 의미한다.

홉스의 인간학적 인식은 인간의 사회성과 세계의 이성적 질서에서 출발하는 고전 철학에 정면으로 반기를 든다. 자연 상태의 인간은 철저하게 혼자고, 자기 자신에게 의지하는 독립적인 개인이다. 모든 개인은 이런 상황에서 생각하고 행동해야 한다는 것이다. 홉스의 인간관은 '급진적 개인주의'를 표방한다.[17] 홉스가 말하는 자연 상태는 근본적으로 국가의 지배가 존재하지 않는 사회 이전의 상태status hominum extra societatem civilem를 의미하기 때문에 무정부를 연상할 수도 있지만, 실제로는 모든 것을 지배하고자 하는 욕망이 만연한 상태다.[18] 이 경우 개인들은 의심과 공포의 장벽으로 분리되어 개별적으로 무장한 성곽처럼 서로 대치한다. 자연 상태의 개인은 한편으로는 사회성이 결여되고, 다른 한편으로는 인간에게서 가장 사적인 생존 의지로 압축된 생명체다.

홉스에게 생존은 자기 보존을 의미한다. 자연 상태의 개인들에게는 근본적으로 자기 보존의 권리, 즉 자연권이 주어져 있다는 것이다.

> "사람이 자신의 사지四肢를 보호하고 건강을 유지하고, 자신의 몸을 죽음과 고통으로부터 보존하려고 노력하는 것은 이치에 어긋나거나 비난할 만한 일도 아니고 '올바른 이성'에 반하지도 않는다."[19]

개인이 자신의 생명vitam을 보존하는 것은 자연적 권리의 토대다. 홉스는 여기서 권리와 자유를 연결시킨다. "권리라는 용어로 서술된 것은 다름 아닌 자유로, 모든 사람은 자신의 능력을 올바른 이성에 따라 사용할 수 있는 자유libertas를 가진다."[20] 자신의 생명을 보호하는 것이 올바른 이성의 목적이라면, 우리의 자유는 자기 보존을 위해 이성을 사용하는 것이다. 『리바이어던』에서 홉스는 이 점을 좀 더 분명히 밝힌다.

"문헌에서는 통상 jus naturale로 불리는 자연권right of nature은 자신의 고유한 본성을 보존preservation of his own nature하기 위해, 즉 자신의 고유한 생명을 보존하기 위해 자신의 고유한 권력his own power을 자신의 의지대로 사용하고, 따라서 자신의 고유한 판단과 이성에 따라 이러한 목적에 가장 적합한 수단으로 여겨지는 모든 것을 행할 수 있는 자유liberty다."[21]

홉스는 자기 보존conservatio sui, own conservation을 자유의 근본 전제 조건으로 설정함으로써 다시 한번 개인주의적인 관점을 강화한다. 절대 선을 전제했던 고전 철학과는 달리, 홉스는 자기 보존의 관점에서 선과 악을 상대화한다. 자기 보존에 기여하는 것은 선이고, 반대하는 것은 악이다. 무엇이 허용되고 올바른 것인가를 결정하는 것은 자연권의 주체인 개인이다. 개인은 자신의 문제에 있어 유일한 재판관이다.

그러므로 자기 보존은 최고의 선으로, 그리고 죽음은 최고의 악으로 파악된다. 그렇다면 자기 보존은 단순한 생존만을 의미하는가? 우리가 적나라한 생존 경쟁을 바라보면서 홉스를 떠올리는 것은 이 때문인가? 홉스는 욕망과 권력의 인간학적 관점에서 출발해 자기 보존을 '생존'뿐만 아니라 권력의 확장으로 파악한다. 생존이라는 단어에 '현재'의 관점뿐만 아니라 '미래'의 요소가 들어온다. 자연은 모든 사람이 자신의 안녕과 복지를 바라도록 만들어 놓았기 때문에 모든 개인은 생명과 건강이 "미래에도 보장되기를"securitatem futuri temporis[22] 원한다는 것이다. 우리는 지금의 삶이 보존될 뿐만 아니라 미래에도 안전하게 보장되기를 바라지 않는가? 그러므로 모든 개인은 '자기 보존' 뿐만 아니라 '자기 강화'를 추구한다.

물론 이러한 자연권의 절대화는 인간 상호간의 파괴를 통해 궁극적으로는 최고의 악인 죽음에 이른다. 이는 분명 올바른 이성에 반하는 일이다. 그렇기 때문에 개인들은 자기 보존을 위해서도 사회를 통해 서로 결합할 수밖에 없다는 것이다. 세계를 지배하고자 하는 최대의 자유는 세계를 폭력적으로 파멸시키는 최대의 부자유로 전락하고, 권력 증대를 통해 획득하는 최대의 행복은 죽음이라는 최대의 불행으로 전환하기 때문이다. 그러므로 합리적인 개인은 자기 보존을 위해 무조건 권력 증대를 추구하는 것이 아니라, 자신의 권력을 스스로 제한할 수밖에 없다. 그러나 권력을 도덕적으로 제한하는 것은 한계가 있기 때문에 결국은 국가를 통해 정치적으로 제한하게 된다.

여기에서 바로 자연법lex naturalis, law of nature이 개입한다. "자연법은 생명과 사지를 가능한 한 오랫동안 보존하기 위해 해야 하거나 하지 말아야 할 것과 관련해서 올바른 이성의 명령을 정의한다."[23] 자신의 생명을 파괴하거나 자기 보존을 위해 필요한 수단들을 박탈할 수 있는 행위를 하는 것이 자연법에 어긋남은 두말할 나위가 없다. 그러므로 사회의 관점에서 보면 평화는 자연법의 첫 번째 명령이다. 여기서 우리는 홉스가 말하는 자기 보존이 자기 강화일 뿐만 아니라, 동시에 자기 제한임을 쉽게 알 수 있다.

그러나 우리가 홉스를 급진적 개인주의자로 복원하는 주요 이유는 프라이버시 때문이다. 프라이버시는 몸의 불가침성에서 시작한다. 프라이버시의 기본 원칙은 자기 보존이다. 우리의 생명과 신체를 보존할 수 없다면, 우리가 어떻게 우리의 자유를 주장할 수 있단 말인가? 자기 보존은 모든 개인의 실존 조건이며, 동시에 모든 사회의 전제 조건이다. 그렇기 때문에 자기 보존은 우리에게 자연적으로 주어진 필연성이다. "모든 사람은 자연적-필연적으로 자기 **몸**과 그것을 보호하기 위해 필요한 것을 **방어**하고자 한다."[24] 우리의 몸을 보호하기 위해 필요한 것은 두말할 나위 없이 프라이버시다. 만약 우리가 인간의 권리를 정치적 기본으로 파악하고, 또 국가의 기능이 이러한 권리를 보호하고 보장하는 데 있다면, 홉스는 분명 "자유주의의 창시자"[25]이며 동시에 프라이버시의 철학자다.

2

로크: 자유주의와 '소유개인주의'

(1) 삶의 자연적 조건으로서의 '소유'

우리의 필수적인 생활 수단이면서도 가장 부정적으로 생각하는 것 중의 하나가 소유다. 소유, 특히 개인의 사적 소유는 평판이 좋지 않다. 비록 모든 사람이 소유를 추구하지만, 소유는 종종 부도덕한 것으로 여겨진다. 어떤 사람이 평균 재산의 몇 배를 소유하고 있다면, 이는 결코 정상적인 방법으로 이루어지지 않았을 것이라고 사람들은 생각한다. 부정한 방법으로 축적된 부와 재산은 증오와 적의를 야기한다. 돈이 사람을 망친다는 속담도 있지 않은가? 시기, 질투, 탐욕, 과시욕과 같이 소유는 인간의 가장 깊은 곳에 자리 잡고 있는 욕망과 정념을 건드린다. 어떤 사람도 부자면서 동시에 도덕적일 수는 없다는 생각이 상식으로 받아들여지고 있다.

소유에 대한 공격은 다양하다. 우리는 소유를 도덕적으로뿐만 아니라 모든 사회적 악의 근원으로 몰아세운다. 빈곤, 착취, 양극화, 경쟁과 전쟁의 원인을 찾아보면 항상 소유욕이 자리 잡고 있다는 것이다. 자연 상태에서 본래는 공동의 것이었던 땅을 점유하고 소유함으로써 인간의 불평등이 시작되었다는 이론은 이러한 인식을 대변한다. 간단히 말해 소유는 사회적 불의를 야기한다는 것이다. 그러므로 소유가 존재하는 한 어떤 정의도 있을 수 없다.

소유에 대한 이런 편견은 과연 타당한가? 소유는 사회적 악의 원인인가? 소유는 과연 개인의 자유를 불가능하게 만드는가? 이러한 질문에 대해 간단하게 그렇다고 대답하지 못하는 까닭이 있다. 우리는 사회주의를 통해 재화의 평등한 분배가 결코 정의를 가져오지 않는다는 사실을 경험했다. 다른 사람이 갖고 있는 것을 똑같이 갖는다면 대부분 모든 것을 조금만 갖게 되며, 이는 어쩌면 자신이 원하지도 필요하지도 않은 것을 너무 많이 갖게 될지도 모른다. 그뿐만 아니라 평등한 소유의 절대화는 결국 폭력적 전제 정치를 산출한다. 누구나 자신이 가진 것을 공개해야 하며, 필요한 것보다 더 많이 가진 것은 국가에 의해 즉각 강제로 징수되어야 한다. 삶, 자유, 인격에서뿐만 아니라 소유에서 어떤 차이도 인정하지 않는 정권은 전체주의 정권이다. 인간에게 차이와 차별화의 감각을 박탈하려는 평등 정치는 결국 프라이버시를 파괴함으로써 개인의 자유를 말살한다. 우리는 현대 사회에서 소유 없이는 어떤 삶의 가능성도 가질 수 없다는 것을 철저하게 경험하지 않는가? 소유하지 못하게 하는 것은 개인의 소멸을 의미한다. 마찬가지로 소유를 인정하지 않는 국민에게는 자유에 대한 감각과 소망도 결여되어 있다.

자유는 소유의 프라이버시와 함께 시작한다는 것을 최초로 인식한 철학자는 다름 아닌 로크다. 물론 고전 철학도 소유가 자유를 실현하기 위해 필요한 영역이라는 것을 인정했다. 그렇지만 이 경우 소유는 — 가정familia이라는 용어가 소유로 번역되는 것처럼 — 정치에 참여하는 가장이 "세계의 특정 부분에서 자신의 위치를 갖는 것"[26]을 의미했다. 고전 철학에서 소유는 내가 머물고 있는 '장소'지, 결코 증식될 수 있는 부가 아니었다. 이런 점에서 사물에 대한 소유권은 점유와 계약을 통해서가 아니라, 개인적인 노동과 업적으로 획득한다는 로크의 소유 이론은 혁명적이었다. 소유는 자연적으로 주어진 것을 점유하는 것이 아니라 인간의 생산적 창의성을 통해 이루어진다는 생각이 혁명적이었고, 재화는 유한한 까닭에 단순히 분배되는 것이 아니라 노동을 통해 무한히 증식될 수 있다는 생각이 혁명적이었으며, 이렇게 형성된 소유권은 다른 사람에 대한 것이 아니라 소유하는 대상에 대한 지배권이라는 생각이 혁명적이었다.[27]

이러한 혁명적 소유 이론을 통해 로크는 근대 자유주의의 창시자로 부상한다. 로크는 다수결 원리, 권력 분리론, 저항권 같은 근대 민주주의의 기초를 발전시킴으로써 자유 운동의 사상적 지주가 되었다. 로크는 잘 알려진 것처럼 프랑스 대혁명이 발발하기 전의 정신적 풍토에 많은 영향을 끼쳤다. "모든 사람은 평등하게 창조되었으며, 창조주에 의해 양도할 수 없는 권리를 부여받았다"는 미국 독립선언문의 자유주의 사상은 실제로 로크에게서 유래한다고 해도 과언이 아니다.[28] 자유주의 사상에 따르면 '생명, 자유, 그리고 행복 추구'의 권리가 천부적인 권리에 속한다.

그런데 자유주의적 기본권들은 근본적으로 로크가 「정부에 관한 두 번째 논고」(1690년)[29]에서 발전시킨 소유권에 토대를 두고 있다. 이런 사실을 올바로 인식하려면 우리는 먼저 로크가 서술하는 자연 상태를 이해할 필요가 있다. 로크도 다른 자연법 이론가들과 마찬가지로 자연 상태에서 모든 사람은 자연법을 실행하는 주체라는 사실에서 출발한다. 자연 상태에서 홉스의 인간들이 서로 경쟁하는 철저한 이기주의자들이라면, 로크의 개인들은 모든 사람을 구속하는 자연의 법칙에 예속되어 있다. 자연의 법칙이 지배하는 자연 상태는 홉스에게서처럼 만인에 대한 만인의 투쟁 상태가 아니라 "평화, 선의, 상호 원조와 보존의 상태"[30]처럼 보인다. 전쟁 상태는 엄밀한 의미에서 우리가 호소할 수 있는 공동의 권위와 권력이 없는 상태에서 다른 사람에게 폭력을 행사하는 것을 의미하며, 직접적인 폭력에 대항해서 폭력을 사용할 수밖에 없는 자기 방어권을 대표적인 예로 든다.

> "자연 상태에는 그것을 지배하는 자연의 법칙이 있는데, 이는 모든 사람에게 의무를 지운다. 이 자연법의 이성은 모든 사람은 평등하고 독립적이기 때문에 어느 누구도 다른 사람의 생명, 건강, 자유 또는 소유에 해를 입혀서는 안 된다고 가르친다."[31]

물론 로크도 홉스와 마찬가지로 자기 보존의 자연권이 자연의 법칙에 우선하는 것으로 파악한다. 자연 상태에서 인간은 "자신의 인격person과 소유possession에 대한 권리"[32]를 갖기 때문이다. 그렇다고 자연 상태의 개인이 자신의 생명과 자신이 소유하고 있는 생명체를 파괴할 자유를 갖는 것은 아니다. "모든 사람이 스스로를 보존하고 자신의 자리his station를 고의로 떠나지 말아야 할 의무를 갖는 것처럼, 그는 같은 이유에서 자신의 자기 보존이 문제되지 않을 때는 그가 할 수 있는 한 나머지 인류를 보존해야 한다."[33] 자기 보존은 자연권일 뿐만 아니라 인류가 공동으로 지켜야 할 자연법이기도 한 것이다. 여기서 우리는 소유가 자연권과 자연법의 공동 문제임을 쉽게 알 수 있다. 로크의 사상에서 소유는 항상 인격, 생명, 자유와 함께 등장한다. 그것은 우리가 우리의 인격과 생명을 보존하고 자유를 보장하기 위해 가장 필요한 것이 소유일 뿐만 아니라, 이들 자체가 소유로 이해된다는 것을 의미한다.

홉스가 삶의 자연적 조건으로 서술하고 있는 자연 상태는 철저하게 소유에 기반을 둔다. 인간은 시민사회로 결합해 정치적 결사체를 형성하기 전에도 이미 소유를 갖고 있었다. 사람들이 사회를 만들고 정치적 공동체를 형성하는 것은 바로 자연 상태에서 획득한 소유를 보존하고 보호하기 위해서다.

> "내가 이해하는 바의 정치적 권력political power은 소유property를 규제하고 보존하기 위해 사형 및 그것보다 약한 처벌을 포함한 법을 만들 수 있는 권

리, 또 이러한 법률을 집행하고 외부의 침해로부터 국가를 보호하기 위해 — 이 모든 것을 공익을 위해 — 공동체의 힘을 사용할 수 있는 권리다."[34]

국가와 정치적 권력의 정당성은 개인의 소유를 보호하는 데 있다. 인간이 자연 상태에서도 소유를 갖고 있고, 또 자연 상태 이후의 정치적 공동체도 소유 보호를 목적으로 한다면, 자연 상태와 시민사회 사이의 차이는 도대체 무엇인가? 만약 그 근본적인 차이가 소유를 침해할 경우 처벌할 수 있는 법에 있다고 한다면, 자연 상태는 철저하게 고립된 개인들의 삶의 조건을 서술한다.

홉스가 서술하는 자연 상태는 근본적으로 두 가지 특성을 갖고 있다. 한편으로, 자연 상태는 '완전한 자유'perfect freedom의 상태다. 이 상태에서 우리는 자연법의 한계 안에서 다른 사람의 의지에 의존하지 않고 자신의 소유와 인격을 마음대로 처분할 수 있다는 것이다. 다른 한편으로 자연 상태는 '평등'equality의 상태다. 모든 사람은 자연의 이점을 똑같이 향유할 수 있는 동등한 능력을 갖고 태어났기 때문에, 어느 누구도 다른 사람에게 예속되지 않는다. 평등은 단순히 타고난 능력뿐만 아니라 실질적인 소유에도 적용된다. 모든 사람이 평등한 까닭은 지극히 단순하다. "어느 누구도 다른 사람보다 더 많이 갖지 않는다."[35] 홉스는 인간의 자연적 평등에 관한 이와 같은 이론으로 인간이 본성적으로 불평등하다는 아리스토텔레스와 완전히 결별한다.

오늘날 사람은 모두 자유롭고 평등하다는 사실에 이의를 제기하는 사람은 아무도 없다. 자유와 평등은 적어도 의식 차원에서는 어느 누구도 부인할 수 없는 현대 사회의 자명한 전제 조건이 되었다. 여기서 로크는 자유와 평등을 소유의 문제와 연결시키며, 다른 한편으로는 '소유'와 '인격'을 필연적으로 결합시킨다. 로크의 사상에서 우리는 프라이버시와 관련해 중요한 하나의 명제를 도출할 수 있다. "**인간은 자유와 평등을 실현하려면 반드시 소유를 필요로 한다**"는 것이다. 이 명제를 부정적으로 표현하면, 그 핵심은 더욱 명확해진다. "소유가 없다면, 우리는 결코 자유로울 수도 평등할 수도 없다." 그러나 우리가 살고 있는 현실 사회는 불평등을 필연적으로 수반한다. 소유에 대한 부정적 편견은 대체로 불평등한 현실에서 비롯된다. 그렇다면 불평등을 야기하는 핵심 문제를 해결함으로써 소유와 프라이버시의 긍정적인 의미를 재평가할 수 있는 방법은 없는가? 이 물음에 답하려면 우리는 로크의 노동 이론에 주목할 필요가 있다.

(2) 정당한 소유의 원천으로서의 '노동'

로크는 홉스와 마찬가지로 자기 보존의 자연권에서 출발해 사회 질서의 성격과 필요성을 서술한다. 로크를 다른 자연법 이론가들 및 근대 사회계약론을 주장한 사상가들과 구별하는 가장 커다란 차이점이라고 할 수 있는 소유 이론 역시 자기 보존에 기반을 두고 있다. 소유에 대한 자연권은 '자기 보존'의 기본권의 결과다. 이 권리는 결코 사회 계약이나 사회적 행위에서 도출되지 않는다. 근대 정치사상에서 극명하게 표현되는 자기 보존은 인간의 동물적 측면과 사회적 측면을 연결해 주는 핵심 고리다. 자기 보존은 인간에게 자연적으로 주어진 삶의 조건이다. "인간은 일단 태어나면 자기 보존의 권리를 가지며, 따라서 음식과 음료, 그리고 그의 생존을 위해 자연이 제공하는 다른 많은 사물들에 대한 권리를 갖는다."[36] 이것이 바로 자연 이성의 목소리다.

홉스가 자기 보존을 위해 강력한 힘과 권력을 강조했다면, 로크는 자기 보존을 위해 무엇보다 필요한 것은 생활 수단, 즉 생활필수품이라고 말한다. 음식과 같은 생활 수단은 소비됨으로써만 생명체의 자기 보존에 기여한다. 다른 말로 표현하면, 음식물을 먹어서 완전히 나의 '소유'가 될 때 비로소 음식물은 나의 생존에 도움이 된다는 것이다. 이러한 자기 보존의 권리에서 "다른 인류로부터 자유로운 사적인 영역에 대한 자연적 권리"[37]가 도출된다. 생활 수단은 물론 물질적인 영역에서 다른 영역으로 확대된다. 생활 수단이 의·식·주 같은 물질적인 것뿐만 아니라 여가·문학·예술과 같은 것을 포괄한다면, 자기 보존의 자연권은 자연스럽게 행복 추구권으로 전환된다. 로크는 물론 이러한 자연권을 신의 도덕적 명령으로 이해한다. "왜냐하면 신은 인간에게 자신의 생명과 존재를 보존하려는 강력한 욕망을 행위의 원칙으로 심어 놓았기 때문이다."[38]

자기 보존의 자연권은 모든 인간에게 평등하게 주어졌다. 이러한 자연권이 홉스의 자연 상태에서는 만인에 대한 만인의 투쟁 상태를 야기한다면, 로크의 자연 상태에서는 평화를 전제한다. 로크는 우리 인간에게 평등하게 주어진 것이 자기 보존의 자연권뿐만 아니라 공동의 세계라고 강조한다. 신은 인간에게 자기 보존의 목적을 위해 피조물을 제공한다. 대지와 대지 위에 있는 모든 것이 인간의 생존을 위해 '공동으로' in common 주어진 것이다. 어느 누구도 공동으로 주어진 세계를 개인적으로 소유하지 않는다. 자연과 세계의 공동 소유는 로크에게서 자기 보존의 근본 전제 조건이다.

그렇기 때문에 소유의 자연권은 다른 사람이 이미 소유하고 있는 것에 대한 권리를 배제한다. 우리는 다른 사람이 갖고 있는 것을 부당하게 소유할 수 없다. 이미 다른 사람에게 속한 것을 소유함으로써 해를 입히는 것은 자연의 법칙에 반하는 부도덕한 행위다. 이처럼 로크의 자연 상태에서는 인류의 평화 및 자기 보존과 양립할 수 없는 소유에 대한 자연권은 제한된다. 그렇다면 우리는 어떻게 우리 자신의 소유를 획득할 수 있단 말인가? 세계의 공동 소유라는 자연적 전제 조건하에서 자기만의 소유를 가능하게 하는 것은 도대체 무엇인가? 이 물음에 답하기 위해 로크는 노동의 개념을 도입한다.

로크에 따르면 소유를 정당하게 획득하는 유일한 길은 그것을 다른 사람에게서 취하는 것이 아니라 모든 사람의 공동 소유인 자연에서 직접 취하는 것이다. 다시 말해 예전에는 어느 누구에게도 속하지 않아 누구라도 취할 수 있는 것을 소유하는 것만이 정당한 소유 방법이었다. 로크는 이러한 방법을 바로 노동이라고 명명한다. 산에 널려 있는 딸기들이 처음에는 공동의 소유라고 할지라도, 나의 손으로 직접 따는 노동을 투여한다면 그 딸기들은 나의 소유라는 것이다.

"비록 대지와 모든 열등한 피조물들이 모든 사람에게 공동으로 주어진 것이라 할지라도, 모든 사람은 자신의 인격person에 대한 소유property를 갖고 있다. 이 인격에 대해서는 그 이외의 어느 누구도 권리를 갖지 않는다. 그의 몸이 하는 노동과 그의 손이 하는 작업은 본래의 의미에서 그의 소유라고 말할 수 있다. 그가 자연이 제공하고 남겨 놓은 상태에서 무엇을 이동시키든, 그는 그것에 자신의 노동을 섞고 또 자신의 것을 첨가했다. 이렇게 그는 그것을 자신의 소유로 만든다."[39]

노동은 소유를 주장할 수 있는 유일한 정당성의 근거다. **"우리는 노동을 통해서만 소유할 수 있다."** 이것이 로크 노동 이론의 첫 번째 명제다. 이러한 로크의 노동 이론은 잘 알려진 것처럼 마르크스가 더욱 발전시킨 고전 경제학의 기초를 놓았다. 노동은 노동자의 몸과 분리될 수 있는 인격의 실체라는 인식은 실제로 혁명적이었다. 이 실체는 의심할 여지없이 노동자의 것이기 때문에 노동의 산물인 생산품은 노동자 소유가 된다. 우리의 몸을 사용해 정당하게 획득한 소유는 이처럼 자유의 필연적 전제 조건이다. "소유의 창시자는 사회가 아니라 개인이다 그것도 자기 이익에 대한 충동으로 움직이는 개인이다."[40] 개인의 가장 사적인 몸, 그의 가장 사적인 행위인 노동을 통해 확보한 소유는 따라서 프라이버시의 전제 조건이다.

그렇지만 자연법은 소유의 무제한적 축적을 허용하지 않는다. 여기서 우리는 로크 노동 이론의 핵심을 이루는 두 번째 명제를 만나게 된다. **"우리는 노동을 통해 자기 보존에 필요하고 유용한 만큼만 소유할 수**

있다.” 대지와 지상의 모든 것은 인류의 자기 보존을 위해 공동으로 주어진 것이기 때문에 나름의 가치와 유용성을 지니고 있다. 따라서 소유를 통해 그 유용성이 상실된다면, 우리는 어떤 사물을 소유해서는 안 된다는 것이다.

> “신은 우리에게 얼마나 많이 주었는가? 향유하도록. 그것이 부패하기 전에 누구라도 그것을 삶의 이익을 위해 사용할 수 있을 만큼 많이. 그는 자신의 노동을 통해 소유로 만들 수 있다. 그것을 넘어서는 것은 그의 몫 이상이다. 사람들이 부패시키거나 파괴하도록 신이 만들어 놓은 것은 아무것도 없다.”[41]

우리는 삶과 자기 보존을 위해 얼마든지 많은 땅과 물품을 사용할 수 있지만, 그것이 부패해서 사용 가치를 상실하도록 만들어서는 안 된다는 것이다. 부패하기 전에 사용해야 한다는 것이 로크가 주장하는 정의의 원칙이다. 이런 관점에서 보면 어떤 사람이 일주일이 지나면 부패할 수 있는 자두를 일 년 동안 쓸 수 있는 견과와 바꾸는 것은 어느 누구에게도 해를 주지 않는다. 한 걸음 더 나아가 견과를 다시 색깔이 마음에 드는 한 조각의 금속과 바꾸거나 자신의 양모를 보석이나 다이아몬드와 교환하더라도, 그것은 결코 다른 사람의 권리를 침해하지 않는다. 왜냐하면 “정당한 소유의 한계를 넘어서는 것은 소유의 확대에 있는 것이 아니라, 어떤 것이 사용되지 않은 채 소멸한다는 데 있기”[42] 때문이다. 노동을 통해 소유를 획득할 때 로크의 개인은 아무것도 소용없이 소모되지 않기를 바랄 뿐이지, 결코 다른 사람들을 생각하지 않는다.

그렇지만 로크의 소유 이론이 다른 사람을 전혀 고려하지 않는 것은 아니다. 우리는 다른 사람도 이용할 수 있을 만큼 충분히 주어졌다는 전제 아래 무엇인가를 소유할 수 있다. 여기서 우리는 현대 사회에서도 매우 중요한 마지막 명제를 만나게 된다. **"우리가 무엇인가를 소유할 때는 다른 사람에게도 충분한 여지를 남겨 놓아야 한다."**

> "자연은 인간이 할 수 있는 노동의 정도와 삶의 편의를 통해 소유의 한도를 정했다. 어떤 사람의 노동도 모든 것을 예속시키거나 소유할 수 없다. 그의 향유도 단지 일부분만을 소비할 뿐이다. 그러므로 어떤 사람도 이런 방식으로 다른 사람의 권리를 침해하거나 이웃에 해를 끼치면서 소유를 취득할 수는 없다. 이 이웃에게도 (다른 사람이 그의 것을 갖고 난 뒤에도) 소유되기 전과 같은 만큼의 상당한 소유의 여지가 남아 있을 것이다. 이 한도가 모든 사람의 소유를 적절한 정도로 제한한다."[43]

이러한 로크의 소유 이론은 오늘날의 관점에서 '지속 가능성의 명제'로 불려도 별 문제가 없을 것이다. 우리는 삶과 자기 보존을 위해 스스로 사용할 수 있는 만큼만 소유해야 할 뿐 아니라 — 동시대뿐만 아니라 후세대의 — 다른 사람에게도 충분히 남겨 놓는 한에서만 소유할 수 있다.

물론 화폐의 도입은 — 특히 맥퍼슨C. B. Macpherson이 지적하는 것처럼 — 이러한 소유 획득의 자연적 제한을 무너뜨릴 가능성을 함축하고 있다.[44] 돈은 자연 물품과는 달리 부패하지 않는다. 로크가 다른 사람의 권리를 침해하지 않는다고 말한 물물 교환을 고려하면, 화폐의 도입은 개인들의 다양한 노동 정도에 따라 소유의 차이를 가져온다. 로크의 자연 상태에서 부패되지 않고 축적되어 삶을 위해 소비될 수 있다면 불평등한 소유는 이미 정당화된다. 그뿐만 아니라 자기 보존의 본능은 소유의 축적을 통해 종종 "필요한 것보다 더 많이 갖고자 하는 욕망"[45]으로 변질된다.

로크는 자신의 소유 이론을 발전시키면서 이미 인간의 소유욕이 '사악한 욕망'으로 변질될 수 있다는 것은 감지했는지도 모른다. 우리는 여기서 자연 상태에서의 자연스러운 소유욕이 왜, 그리고 어떻게 범죄적인 소유 충동으로 변질되는가를 자세하게 다룰 수는 없다. 분명한 것은 인간의 삶과 복지가 이기적으로 행동하는 개인을 전제할 뿐만 아니라, 동시에 인간을 도덕적으로 타락시킬 수 있다는 점이다. 또한 더욱 분명한 것은 행복을 추구하는 과정에서 부작용을 야기한다고 해서 인간의 자연적 소유 욕망을 부인하거나 제거할 수 없다는 것이다.

우리가 논의하고 있는 프라이버시는 로크의 소유와 같다. 소유가 인격과 자유의 전제 조건인 것처럼, 프라이버시는 자유 실현의 전제 조건이다. 프라이버시가 없다면 우리는 결코 인격을 보존할 수도, 또 자유롭게 존재할 수도 없다. 이런 점에서 로크 소유 이론의 세 명제는 표현을 조금만 변경하면 동시에 프라이버시의 조건을 서술한다. 첫째, 프라이버시는 단순히 주어지는 것이 아니라 개인의 노력을 통해서만 확보된다. 둘째, 프라이버시는 자신의 삶과 자기 활동을 위해서만 허용된다. 셋째, 우리는 다른 사람의 프라이버시를 보장하는 한에서만 나의 프라이버시를 주장할 수 있다.

인간에게 가장 사적인 프라이버시가 보호될 때, 우리는 비로소 자유로운 인격으로서 공론 영역에 참여한다. 홉스가 몸의 자기 보존을 주장하고, 로크가 소유의 자연적 정당성을 강변한 것은 이 때문이다. 우리의 몸이 프라이버시의 물질적 주체라면, 소유는 자유의 물질적 조건이라고 할 수 있다. 이런 맥락에서 보면 인격은 프라이버시의 정신적 주체임에 틀림없다. 우리가 온몸을 다해 지키고, 다른 사람들과의 상호 관계 속에서 발전시키고 또 차별화하고자 하는 인격은 도대체 어떤 의미를 갖는 것인가? 로크와 같은 자유주의자들이 말하는 것처럼, 인격을 소유한다는 것을 무엇을 뜻하는가? 우리가 칸트에 주목하고자 하는 것은 바로 이러한 물음이 프라이버시의 다른 핵심 문제기 때문이다.

3

칸트: 자율과 '도덕적 개인주의'

(1) 이기심과 개인의 도덕적 가치

우리는 사회 속에서 한 개인으로 살아간다. 사회는 개인적 삶의 환경이자 전제 조건이면서, 동시에 우리의 삶을 구속하는 고통의 장소기도 하다. 사람들이 모여 사는 사회에는 항상 '사회적 고통'이 있기 마련이며, 사람들은 사회로 인해 고통을 당하기도 한다. 우리의 삶에서 가장 사적이라고 할 수 있는—그래서 다른 사람에게 쉽게 전달할 수 없는—개인적인 고통도 근본적으로 사회적 성격을 갖고 있다. 그렇기 때문에 많은 사람들이 사회에 내재하고 있는 훼손 가능성을 보완하기 위해 도덕이 필요하다고 생각한다. 도덕은 근본적으로 이기적인 사람들이 함께 살아가기 위해서 반드시 필요한 사회적 제도라는 것이다.

도덕은 사회로부터 출발한다. 우리가 프라이버시를 통해 개인의 인격과 인간의 존엄을 보호하고자 한다면, 이 명제는 그렇게 간단하지 않다. 홉스와 로크가 분명하게 보여준 것처럼 자기 보존이 단순한 본능일 뿐만 아니라 인간에게 자연적으로 주어진 이성이라고 한다면, 도덕은 개인에게서 출발하는 것이 아닌가? 물론 홉스와 로크뿐만 아니라 대부분의 도덕 및 정치 철학자들은 모든 개인에게서 발견되는 이기주의는 도덕을 통해 극복되어야 한다고 생각한다. 그렇다면 우리는 개인에게서 무엇을 극복하고, 또 무엇을 보호해야 하는가? 만약 모든 개인이 자신의 삶뿐만 아니라 인류를 위해서도 사회를 필요로 한다면, 개인에게는 도덕적 사회로 결합할 수 있는 능력이 이미 주어져 있는 것은 아닌가? 이런 질문들은 다음과 같은 더욱 간단한 물음으로 압축된다. 개인은 도덕적 가치를 갖고 있는가?

칸트는 개인에서 출발해 개인에게 도덕적 가치를 부여한 최초의, 그리고 최고의 근대 철학자다. 그는 어떤 신학적 세계관에 의지하지 않고도 자율과 인간 자유의 가치 자체에서 도덕성의 원리를 도출한다.[46] 프라이버시가 보호해야 하는 것이 개인의 가치라고 한다면, 우리는 칸트의 도덕철학을 프라이버시의 철학으로 재구성할 수 있다. 왜냐하면 우리의 삶에서 사회적 맥락을 걷어 내면 궁극적으로 남는 것이 개인이기 때문이다. 우리를 보호해 주는 성곽으로서의 개인적 공간, 우리를 감추고 동시에 드러내는 성격, 우리가 가지고 있는 자기 보존의 욕망과 정념들. 이러한 물질적 보호 장치들을 모두 제거하고도 우리는 우리 자신에게서 개인을 보호할 수 있는 강력한 프라이버시의 보루를 발견할 수 있는가? 이에 대해 칸트는 그것은 모든 개인에게 인간으로서 주어진 자율과 존엄의 도덕적 가치라고 대답한다.

그렇다면 개인은 가장 사적이고 동시에 가장 보편적일 수 있는가? 이 물음에 긍정적으로 대답할 수 있다면, 우리는 모든 개인이 이기적인 충동을 가지고 있으면서도 동시에 도덕적일 수 있는 근거를 발견할 수 있다. 많은 사람들이 칸트가 개인적 욕구와 사회적 의존 관계를 무시하고 도덕법칙만을 강조한 엄숙한 의무론적 도덕주의자라고 비난하지만, 칸트만큼 인간의 이중성을 예리하게 파헤친 철학자도 드물다. 칸트는 인간이 자신의 욕구와 경향에 따라 움직이는 존재라는 사실을 자연스럽게 전제하면서도, 동시에 도덕적일 수 있는 이성적 능력을 갖추고 있다고 주장한다. 인간이 이기적인 까닭도 궁극적으로 인간에게 주어진 자연의 의도를 실현하는 데 필요하기 때문이라는 것이다.

만약 모든 개인에게 주어진 자기 보존의 이기심이 인류를 발전시키는 수단이라고 한다면, 우리는 개인이라는 낱말과 밀접하게 결합된 이기심(자기애)을 부정적으로 볼 필요가 없다. 인간의 이성이 역사적으로 발전해 왔다면, 개별적인 인간들은 자신의 의도를 따르면서 자신도 모르는 사이에 자연의 의도대로 움직인다고 할 수 있다. 모든 사람은 개인이면서도 동시에 인류의 한 부분이다. 우리에게 이성을 부여하고, 또 이성을 사용하도록 만들어 놓은 자연의 의도는 개인보다는 인류를 통해 실현된다. 따라서 개인에게서 보호해야 할 도덕적 가치는 인류의 한 부분으로서 주어진 가치다.

이런 관점에서 보면 인류는 개인에 우선하는 것처럼 보인다. 그러나 칸트는 우리가 우리의 이성을 사용할 수 있도록 만드는 것은 근본적으로 인간에 내재한 두 가지 경향의 대립이라고 말한다. "인간의 비사회적 사회성"[47] 이라는 두 경향의 대립은 자연이 인간으로 하여금 자신의 이성을 사용하도록 만든 수단이라는 것이다.

> "인간은 사회화하는 경향을 갖고 있다. 그는 이 상태에서 스스로를 인간 **이상**으로, 즉 자신의 자연 재능이 발전함을 느끼기 때문이다. 그는 또한 개별화하고자(고립하고자) 하는 강한 경향을 갖고 있다. 그는 내면에서 동시에 모든 것을 단지 자신의 뜻에 따라 행하고자 하는 비사회적 특성과 마주치고, 그래서 자신이 다른 사람들에 대해 저항하고자 하는 경향이 있다는 것을 아는 것처럼 곳곳에서 저항을 예견한다."[48]

인간은 사회를 통해서만 자신에게 주어진 자연의 의도를 수행한다. 이 점에서 사회적 인간은 고립된 개인 이상의 존재다. 그렇지만 개인에게서 인간에게 주어진 능력을 일깨우는 것은 다름 아닌 개인으로서의 저항이다.[49] 우리는 종종 탐욕, 명예욕, 지배욕에 이끌려 행동하지만, "인간의 모든 힘을 일깨워서 나태해지려는 경향을 극복하도록 만드는 것은 바로 이 저항이다." 사회적으로 결합함으로써 "인간은 융화를 원하지만, 자연은 무엇이 인류를 위해 좋은지 더 잘 알고 있다. 자연은 불화를 원한다."[50] 우리가 이기적이지 않다면, 우리는 결코 우리의 이성을 사용하지도 계발하지도 않고 — 로크가 말하는 것처럼 — 부패하도록 내버려 둔다는 것이다.

인간 이성은 분명 자연의 목적이지만, 이성을 사용하는 것은 이기심의 작품이다. 불화를 통해 융화를 이루고, 이기심을 통해 도덕심을 배양하고, 개인을 통해 인류를 발전시키겠다는 것이 바로 자연의 의도다. 「세계사적 의도에서의 보편 역사 이념」이라는 글에서 칸트는 이러한 자연의 의도를 숲 속에서 하늘을 향해 올곧게 성장하는 나무의 비유를 통해 인상적으로 서술한다.

> "숲 속의 나무들은 서로가 분리되어 자유로운 상태에서 제멋대로 가지를 뻗어 비뚤어지고 비틀려서 불구로 성장하는 대신, 한 나무가 다른 나무에게서 공기와 햇빛을 빼앗으려 하고 스스로 성장하도록 서로 압박함으로써, 아름답게 똑바로 성장한다. 인류가 꾸며 놓은 모든 문화와 예술, 그리고 가장 아름다운 사회적 질서는 스스로를 통해 어쩔 수 없이 규율로 스스로를 훈련시키는 비사회성의 결실이다."[51]

이기심은 우리가 부인할 수 없는 현실일 뿐만 아니라, 동시에 이성이 발전하는 전제 조건이다. 마찬가지로 사회가 도덕의 결과라면, 개인은 도덕의 출발점을 이룬다.[52] 이러한 인식에서 우리는 프라이버시와 관련한 두 가지 중요한 관점을 획득한다. 첫째, 사회에서 물러날 수 있는 프라이버시의 공간이 없다면 개인은 이성적 존재로 발전할 수 없다. 인간은 인류의 한 성원으로서 사회를 원하지만, 사적인 개인으로서는 사회로부터 분리되어 개별화하고자 한다. 앞에서 살펴본 것처럼 프라이버시는 이러한 갈등과 대립이 펼쳐지는 공간이다. 우리가 사회에서 벗어나 나만의 공간을 갖고자 하는 경향이 없다면, 우리는 결코 도덕적 성향도 발전시킬 수 없다는 것이다. 둘째, 프라이버시는 단순히 주어지는 것이 아니라 '저항'과 '대립'을 통해 확보된다. 개인의 경향과 도덕적 명령, 사적 영역과 공적 영역의 갈등은 인류가 발전하는 데 필수적이다.

개인의 도덕적 가치는 바로 이러한 갈등과 대립을 통해 분명하게 드러난다. 우리가 프라이버시를 확보하고자 하는 것은 개인의 가치와 존엄을 보호하고자 하기 때문이다. 그렇다면 개인이 의지의 존재로서 이기적이면서도 동시에 도덕적 가치를 갖고 있는 것은 무엇 때문인가? 여기서 우리는 칸트 도덕철학의 가장 민감한 핵심에 도달한다. 우리는 언제 개인으로서 존중받고, 언제 개인의 인격이 철저하게 파괴되는가? 프라이버시와 관련해서 가장 중요한 이 물음에 대해 칸트는 인간 의지의 특성에 주목한다. 개인이 인격으로 대우받으면 존엄을 느끼지만, 개인이 물건 취급을 받으면 도덕적 모멸감을 느낀다.

> "우리의 의지로 인해 실존하지는 않지만 자연에 기반을 두고 있더라도 이성이 없는 존재는 수단으로서의 상대적 가치밖에 없으며, 따라서 **물건**이라고 불린다. 반면에 이성적인 존재는 **인격**이라고 불린다. 인격의 본성이 이미 목적 자체로서, 즉 단순히 수단으로 사용되어서는 안 되며 따라서 모든 자의를 제한하는 것, 그리고 존경의 대상인 그 무엇으로 분명히 밝혀졌기 때문이다."[53]

모든 인간은 그 자체 목적으로서 존경받아야지 결코 수단으로 사용되어서는 안 된다는 사상은 칸트 도덕철학의 핵심이다. 모든 개인이 존중받아야 하는 까닭은 한편으로 이성적 존재로서 (도덕적) 의지를 갖고 있기 때문이며, 다른 한편으로는 그가 의지의 객관적 근거로 기여하는 목적 자체기 때문이다. 우리가 존재한다는 것 자체가 목적이 된다면, 우리는 하나의 인격으로서 존중받는 것이다.

우리가 의지의 존재로서 우리의 이성을 올바로 사용할 수 있다면, 우리는 우리의 인격과 프라이버시를 보호할 수 있는 도덕적 근거를 얻게 된다. 그렇다면 우리의 의지를 이성적으로 사용한다는 것은 무엇을 의미하는가? 우리의 의지가 한편으로는 우리의 삶에 필요한 여러 생활 수단, 즉 소유, 지위, 권력과 같은 것을 추구면서도, 다른 한편으로는 과연 도덕적 가치를 지향할 수 있는가? 칸트는 그렇다고 대답한다. 인간의 비사회적 사회성이라는 모순과 마찬가지로 인간의 의지는 두 가지 경향을 갖고 있기 때문이다. 의지는 우리가 행위를 하도록 만드는 능력이다. 이런 맥락에서 칸트는 의지를 "어떤 법칙의 표상에 따라 스스로의 행위를 규정하는 능력"[54]이라고 정의한다. 우리는 어떤 행위를 할 때 주어진 법칙에 따라 행동하는 것이 아니라, 항상 어떤 법칙을 스스로 설정한다는 것이다. 여기서 우리는 칸트의 자유 개념인 '자율'Autonomie과 만나게 된다.

개인은 스스로 결정할 때, 그래서 목적 자체로서 존재할 때 "마치 하나의 보석처럼 스스로를 위해, 자신의 완전한 가치를 내면에 갖고 있는 그 무엇으로서 빛난다."[55] 칸트에게는 법칙을 스스로 설정한다는 것과 목적 자체로서 존재한다는 것은 동일한 의미다. 그렇다면 우리는 언제 목적 자체로서 존재할 수 있는가? 우리가 갖고 있는 재산, 지위, 명예, 그리고 재치, 유머, 재능, 용기 등과 같은 기질적인 특성 때문이 아니라 우리가 존재한다는 자체로서 존중받는다면, 우리는 비로소 목적 자체로서 존재하는 것이다. 마찬가지로 우리가 어떤 행위를 할 때, 그 행위의 결과로 얻게 될 여러 물질적인 목적 때문이 아니라 그 행위 자체가 좋아서 한다면, 이 행위는 도덕적 가치를 갖는다.

칸트의 개인은 이처럼 한편으로는 주관적 경향에 따라 행위하고, 다른 한편으로는 도덕적 의무를 따르는 이중적 인간이다. 칸트는 우리의 의지를 움직이는 근거를 두 가지로 분류한다. 하나는 이성에 의해서만 주어지고 모든 이성적 존재에 타당한 '객관적 근거'고, 다른 하나는 경험적 욕망에 기반을 둔 '주관적 근거'다. 그는 의지의 객관적 근거를 '동인'Bewegungsgrund, motive, 그리고 주관적 근거를 '동기'Triebfeder, incentive라고 명명한다. 우리는 때로는 다양한 욕망에 이끌린 주관적 동기에 따라 행위하지만, 인격으로서 존중받고자 한다면 항상 법칙에 대한 존경심을 갖고 행위해야 한다는 것이다.

여기서 우리가 주목하고자 하는 것은 칸트의 인간은 결코 완전히 선한 도덕적 인간이 아니라는 점이다. 칸트에 따르면 우리는 근본적으로 도덕적 가치를 지향하는 선한 의지를 갖고 있지만, 끊임없이 주관적 동기와 이해관계에 의해 흔들린다. 만약 우리가 주관적 동기와 이해관계로부터 개인의 인권과 존엄을 보호하고 정당화할 수 있는 도덕적 가치를 도출할 수 없다면, 모든 주관적 동기와 사회적 이해관계를 제거한 개인은 순수한 도덕 가치를 함축한다고 추론할 수 있다. 이런 의미에서 칸트는 '선의지' ein guter Wille, a good will를 말한다. "이 세계 안에서뿐만 아니라 이 세계 밖 어디에서도 우리가 아무런 제한 없이 선善으로 여길 수 있는 것은 오직 선의지善意志뿐이다."[56]

칸트는 선의지에서 우리 행위의 근거가 될 수 있는 도덕 원칙을 추론하지만, 항상 "그의 의지가 완전히 선하지 않은 존재"[57], 즉 구체적인 인간과의 관계에서 도덕을 사유한다. 이런 관점에서 칸트는 인간의 행위를 '의무에서 수행하는 행위'와 '경향에서 행하는 행위'로 구별한다. 우리가 통상 주관적인 경향에 따라 행동한다는 점을 부인할 수 없다면, 도덕적 행위는 우리의 경향과는 관계없이 의무적으로 수행하고 동시에—우리의 주관적 동기를 완전히 부정할 수 없기 때문에—그에 대한 직접적인 관심과 경향을 지닌 행위라고 할 수 있다. 칸트에 의하면 순수하게 의무에서 수행하는, 즉 주관적인 경향이나 이해관계와는 관계없이 도덕법칙에 대한 존경에서 수행하는 행위만이 높은 도덕적 가치를 얻는다. 예컨대 다른 사람에게 선행을 하는 것은 의무에 부합하는 행위지만, 다른 사람이 기뻐하는 것을 보고 스스로 만족해 한다면 결코 도덕적 가치를 가질 수 없다는 것이다. 이에 반해 자신의 고통에 너무 얽매여 타인의 고통에 대해 '치명적으로 무감각하거나' 또는 본래부터 '냉담한 기질'을 가진 사람이 다른 사람에게 선행을 베푼다면, 이것이야말로 의무에서 행하는 행위라는 것이다. 이렇게 경향에서가 아니라 의무에서 행하는 행위는 '성격character의 가치'를 끌어올리는데, 이 가치는 "도덕적이고 또 그 무엇과도 비교할 수 없는 최고의 가치"[58]다.

다른 사람과의 관계에서 개인의 가치를 드러내는 것은 두말할 나위 없이 '성격'이다. 개인의 정체성은 분명 그의 기질, 특성, 물질적 조건들에 의존하지만, 이런 모든 것을 제외하고도 개인으로 존중받으려면 결국 그가 인간으로서 선천적으로 갖고 있는 선의지에 주목할 수밖에 없다. 개인의 가치는 결국 도덕적 행위를 할 수 있는 능력에서 비롯된다. 우리는 물론 도덕적으로 완벽할 수 없지만,[59] 우리 내면에 있는 선의지를 통해 도덕적이 될 수 있는 것이다. 칸트가 비유적으로 표현하는 것처럼 "인간의 존재를 구성하는 구부러진 나무를 완전히 똑바른 것으로 만들 수는 없지만", 우린 자연적으로 이런 도덕적 이념에 다가갈 수 있다. 인간에게 주어진 이성을 도덕적으로 사용할 수 있는 능력은 분명 의지다. 그렇기 때문에 의지의 구조를 살펴보면, 우리는 개인과 프라이버시를 보호할 수 있는 도덕 원칙을 발견할 수 있다.

(2) 프라이버시의 두 원칙 : 자율과 목적

우리의 행위에는 형식과 물질의 두 차원이 있는 것처럼, 우리가 행위를 하도록 만드는 의지 역시 두 측면에서 인식될 수 있다. 우리는 행위를 통해 '무엇'을 성취하고자 하는가? 우리가 무엇을 행할 때 '어떻게' 원하는가? '무엇'에 관련된 전자의 물음이 의지의 물질적 측면이라면, '어떻게'와 관련된 후자의 질문은 의지의 형식적 측면과 연관된다. 여기서 물질은 우리의 욕망이 추구하는 모든 대상, 상태 또는 활동을 포함한다.[60] 우리가 이 대상들을 욕망하는 것은 우리에게 쾌락을 약속하기 때문이다. 물론 욕망과 쾌락은 음식, 성, 오락과 같은 감각적인 영역에만 국한되지 않고, 지적이고 창의적인 그리고 사회적인 활동에서 나오는 정신적 쾌락들에까지 적용된다. 이처럼 쾌락에 대한 기대와 고통을 회피하려는 마음에 이끌리는 모든 행위는 의지의 바깥에서 오는 것이기 때문에 "전적으로 경험적이며, 결코 도덕적 법칙을 제공할 수 없다."[61]

물론 행위의 물질적 근거는 나름의 이점을 갖고 있다. 우리의 행위를 인도하는 가장 커다란 물질적 실천 원리는 두말할 나위 없이 행복이다. 칸트 역시 유한한 존재인 인간은 모두 행복을 필연적으로 추구한다고 인정한다.

> "행복하게 존재한다는 것은 이성적이지만 유한한 모든 존재가 필연적으로 요구하는 것이다. 따라서 그것은 자신의 욕망 능력을 규정하는 불가피한 근거다. 왜냐하면 자신의 전체 실존에 대한 만족은 인간이 본래부터 **소유**하고 있는 것이 아니며, 자신의 독립적인 자족의식을 전제할 천상의 행복도 아니기 때문이다. 그것은 자신의 유한한 본성으로 말미암아 인간 자신에게 떠맡겨진 **문제**다. 인간이 이런 과제를 걸머진 까닭은 무엇인가를 필요로 하는 결핍의 존재기 때문인데, 이러한 욕구는 그가 가진 욕망 능력의 물질에 해당한다."[62]

행복은 우리에게 선천적으로 주어진 '소유'가 아니라 우리가 피할 수 없는 '과제'다. 모든 개인에게 선천적으로 주어진 소유는 엄밀한 의미에서 의지뿐이다. 우리가 인간으로서 존중받고자 한다면 우리의 경험적·물질적 조건과는 관계없이 존중받아야 한다. 인간을 인간으로 존중하는 도덕법칙은 경험적 조건과 관계없이 모든 사람에게 일반적으로 타당해야 한다. 따라서 자기 사랑과 행복의 원칙이 아무리 강력한 물질적 실천 원리라고 할지라도, 이는 개인의 주관적인 경향과 이해관계, 욕구와 충동, 희망과 가능성들에 의존하기 때문에 도덕법칙의 근거가 될 수 없다.

우리가 무엇을 행복으로 생각하느냐는 쾌락과 불쾌에 관한 각자의 특별한 감정에 좌우된다. 그뿐만 아니라 동일한 사람에게서도 욕구의 다양성과 감정의 변화에 따라 행복에 대한 견해가 바뀐다. 궁핍한 때는 다리만 뻗고 잘 수 있는 좁은 공간을 행복의 조건으로 생각하다가도, 이것이 성취되고 나면 더 큰 저택을 원하지 않는가? 행복은 분명 우리가 추구해야만 한다는 점에서 주관적으로 필연적인 법칙이지만, 객관적으로는 경험적이고 우연적이다. 이렇게 경험적인 법칙들은 "다양한 주체들에게서 매우 다를 수 있고 또 다를 수밖에 없으며, 그렇기 때문에 어떤 법칙을 제공할 수 없다."[63] 행복에 대한 욕망은 이처럼 의지의 대상인 물질만을 추구한다.

이러한 물질을 제거하면 우리에게 남는 것은 오직 '의지의 형식'뿐이다. 우리는 우리의 의지를 '어떻게' 사용하는가? 여기서 우리는 도덕법칙의 핵심과 만나게 된다. "우리가 실천법칙에서 모든 물질, 즉 모든 의지의 대상을 분리시키면, **보편적 입법**(법칙 수립, Gesetzgebung)이라는 형식만이 남는다."[64] 우리는 어떤 행위를 할 때도 법칙을 세우고 행위를 한다. 그런데 법의 형식은 결코 경험적 감각의 대상이 아니다. 우리가 법칙을 세운다는 것은 우리가 이 세계에서 경험하는 모든 현상과 이 현상 세계를 관통하는 인과법칙을 초월하는 것을 의미한다. 우리가 사회적 관계에서 벗어날 때 — 경험적 차원에서 — 자유로운 것처럼, 칸트는 모든 인과관계로부터의 독립을 초월적 자유로 규정한다. 칸트에게서도 자유는 모든 도덕법칙의 근거며 출발점인 것이다.

그렇다면 의지의 자유는 어떤 형식을 띠고 있는가? 칸트에 따르면 의지의 자유는 자율Autonomie, autonomy, 즉 스스로 하나의 법칙을 부여하는 특성을 갖고 있다. 모든 물질적 조건에서 분리된 개인은 스스로 법칙을 부여하고, 스스로 결정할 수 있는 자율적 개인이다. 이런 관점에서 보면 프라이버시가 궁극적으로 보호하고자 하는 것은 개인의 자율이다. 만약 내가 나의 삶을 스스로 결정하지 않고, 또 행위를 할 때 외면적인 경험 조건들에 의해 이끌린다면, 나는 타율적이다. 칸트처럼 표현하면, 의지의 형식이 지배하지 않고 물질이 지배하면, 그것은 타율적인 것이다.

> "의지의 자율autonomy은 모든 도덕법칙과 그에 부합하는 모든 의무의 유일한 원리다. 이와 반대로 자의의 모든 타율heteronomy은 어떤 구속력의 근거도 될 수 없으며, 오히려 구속력의 원리와 의지의 도덕성에 대립한다."[65]

도덕성의 유일한 원리는 우리가 욕망의 대상으로부터 해방될 수 있다는 데 있다. 이런 관점에서 자유는 소극적으로 이해하면 욕망의 필연성으로부터의 해방을 의미하지만, 적극적으로 표현하면 스스로 법칙을 부여하는 입법으로 규정된다. 칸트의 의지는 보편적인 법칙을 수립하는 의지다. "의지는 법칙에 단순히 예속되는 것이 아니라, 스스로 법칙을 부여하는 입법자로 여겨지도록 법칙에 예속된다."[66] 자율은 결코 법칙으로부터의 해방이 아니라, 우리가 스스로 설정한 법칙을 따르는 것이다.

그런데 모든 실천적 입법 역시 객관적 측면과 동시에 주관적 측면을 갖고 있다. "모든 실천적 입법의 근거는 객관적으로는 규칙과 이 규칙이 법칙일 수 있도록 만드는 보편성의 형식에 있다. 그렇지만 주관적으로는 목적에 있다."[67] 자율은 형식적으로는 스스로 **법칙**을 만드는 것이지만, 주관적으로 보면 스스로 **목적**을 설정하는 것이다. "이성적 존재는 스스로 하나의 목적을 설정한다는 사실을 통해 다른 존재들과 구별된다."[68] 이처럼 목적 개념은 인간이 어떻게 인간으로서, 또는 개인이 하나의 독립적인 인격으로 존중받을 수 있는가 하는 문제에서 핵심적인 역할을 담당한다.

우리는 일상적으로 목적을 어떤 대상이나 상태로 이해한다. 아직 존재하지는 않지만 그것이 존재하기를 우리가 원하고, 또 성취하고자 하는 대상과 상태가 목적이다. 우리가 인간답게 살고자 한다면, 인간다운 삶은 우리의 목적이다. 우리가 인간다운 삶을 위해 프라이버시의 공간을 원한다면, 사적 소유인 프라이버시는 우리의 목적이다. 따라서 일상적인 차원에서의 목적은 항상 누군가를 '위한' 목적이다. 이런 관점에서 보면 목적 자체라는 말은 무의미하다. 이에 반해 칸트는 '바로 그것 때문에' 무엇인가가 이루어지는 목적이 있다고 전제하면서, 이를 목적 자체라고 명명한다.

우리가 일상생활에서 설정하는 목적들은 대체로 '주관적'이다. 그것들은 우리의 관심과 이해관계에 의존하기 때문이다. 이러한 주관적 목적들은 항상 구체적인 상태와 대상으로 표현되기 때문에 '물질적'이다. 그것들은 우리의 의지와 행위를 통해 실현되어야 하는 것이기 때문에 아직 존재하지 않는다. 그렇다면 우리의 주관적 이해관계와 상관없고, 형식적이며, 우리의 행위와 관계없이 이미 존재하는 목적이 있는가? 각 개인들과의 관계에서만 상대적 가치를 갖는 목적들과는 달리, 그 자체 절대적 가치를 갖는 목적이 있는가? 칸트는 이러한 물음에 답하기 위해 먼저 하나의 가설에서 출발한다.

> "그 실존 자체가 절대적 가치를 갖고 있는 그 무엇, 목적 자체로서 특정한 법칙의 근거가 될 수 있는 그 무엇이 있다고 전제해 보자. 그렇다면 그 안에, 그리고 오직 그 안에서만 가능한 정언명법, 즉 실천법칙의 근거가 있을 것이다."[69]

우리가 행위의 법칙을 세우고 또 주관적인 목적을 설정하는 데 근거가 될 수 있는 목적은 그 자체 절대적 가치를 갖고 있을 뿐만 아니라, 이미 존립하고 있어야 한다는 것이다. 여기서 칸트는 세 가지 가치의 개념을 도입한다. 첫째, '목적 자체' Zweck an sich, end in itself 또는

'객관적objective 목적' 개념. 이것은 우리의 욕망과 무관할 뿐만 아니라 모든 이성적 존재에 타당하다는 점에서 무조건적이다. 이 개념의 반대는 우리의 주관적인 욕망에 의존하는 '상대적relative 목적'이다.

둘째, 칸트는 절대적 가치를 가질 수 있는 목적으로서 '독립적 목적' selbständiger Zweck, self-sufficient end의 개념을 도입한다.[71] 여기서 독립적이라는 것은 이미 존재한다는 것을 의미한다. 이의 반대는 행위자의 행위를 통해 비로소 성취되어야 할 목적ein zu bewirkender Zweck, end to be effected이다.

셋째, 칸트는 인간성과 관련해 절대적 가치를 지닌 목적으로서 '존엄' Würde, dignity의 개념을 사용한다.[72] 이에 따르면 인간 존엄은 다른 것과 비교할 수 없고, 다른 가치로 대체될 수도 없는 절대적 가치를 갖는다. 존엄의 절대 가치와 대립하는 것은 '값' Preis, Price의 개념이다. 값은 우리가 외면적으로 다른 것과 비교해 측정할 수 있다는 점에서 상대적이지만, 존엄은 내면적 가치를 갖는다. 물건은 선택된 목적을 위해 수단으로 사용될 수 있지만, 이성적 존재의 존엄은 목적 자체기 때문에 결코 수단으로 사용될 수 없다. 이처럼 인격은 존엄을 갖는다. 즉, 인격은 목적 자체로서 절대적 가치를 지닌다.

칸트는 이렇게 입법과 목적의 관점에서 도덕성을 설명하고 정당화한다. 자신의 행위를 통해 스스로를 일반적 입법의 주체로 이해하고, 또한 목적을 설정할 때도 스스로를 목적 자체로 이해해야만 인간은 비사회적 사회성이라는 모순에도 불구하고 도덕적일 수 있다는 것이다. 도덕성은 실제로 모든 개인이 하나의 독립적인 개인으로, 즉 목적 자체로서 함께 살아가는 것을 가능하게 만드는 조건이다. 만약 모든 개인의 인격성이 스스로 보편적인 법칙을 부여하는 데 있다면, 한 사람은 다른 사람을 공통의 도덕법칙의 대변인으로 만나게 된다. 이로써 모든 이성적 존재의 도덕적 공동체인 "목적의 왕국"Reich der Zwecke, kingdom of ends[73] 이 생겨난다.

> "왜냐하면 이성적 존재자는 모두 다음과 같은 법칙에 종속되어 있기 때문이다. 즉, 그들 각자가 자기 자신과 다른 모든 이성적 존재자를 **결코 단순히 수단으로서가 아니라** 항상 **동시에 목적 자체로서** 취급해야 한다는 법칙이다."[74]

여기서 왕국은 "상이한 이성적 존재들이 공통의 법칙에 의해 체계적으로 결합함"[75] 을 뜻한다. 이 왕국에서 모든 개인은 결코 수단이 아니라 목적 자체다. 우리가 프라이버시를 통해 보호하고자 하는 것은 바로 이처럼 절대적 가치를 가진 개인이다.

칸트는 개인의 의지에서 출발해 결국 모든 인류에 적용될 수 있는 인간 존엄 사상에 도달한다. 우리가 프라이버시를 확보하고자 할 때도 우리는 이성적 의지의 주체로서 우리의 삶을 스스로 머릿속에 그려 본다. 자신의 삶을 스스로 결정하고 또 자신의 주관적인 목적을 세우고자 한다면, 우리는 결국 개인의 절대적 가치를 인정할 수밖에 없다. 칸트는 이 과정을 네 단계로 설명한다.

① 이성적 존재는 목적 자체로서 존재한다.

② 인간은 필연적으로 자기 자신의 실존을 표상한다는 점에서, 이는 인간 행위의 주관적 원리다.

③ 다른 이성적 존재 역시 나에게도 타당한 동일한 이성 근거에 따라, 자신의 실존을 표상한다.

④ 그러므로 이 원리는 동시에 객관적 원리며, 최상의 실천적 근거인 이 원리로부터 모든 의지의 법칙이 도출된다.

인류 실존의 당위와 필요성을 서술하는 명제 ①은 도덕법칙의 근거다. 다시 말해 인류는 왜 존재해야만 하는가에 관한 물음에 우리가 그것은 자연에 의해 부과된 과제라고 대답할 수 있다면, 인류 자체의 존재는 도덕적 당위다. 언뜻 명제 ②와 ③은 독립적인 명제처럼 보이지만, 명제 ③은 명제 ②에 기반을 두고 있다. 우리는 누구나 자신의 삶을 머릿속에 그려 본다. 다른 사람도 나와 같이 자신의 삶에 관해 표상할 것이라고 생각한다면, 그것은 다른 사람도 이성적 존재기 때문이다. 한 개인을 다른 개인들과 연결시켜 주는 것은 바로 이성이다. 그러므로 스스로 법칙을 세우고, 또 목적을 설정하는 이성의 성격으로부터 우리는 모든 인류에 타당한 도덕법칙을 도출할 수 있다.

"너는 너 자신의 인격뿐만 아니라 다른 사람의 인격에서도 인간성 Menschheit, humanity을 항상 동시에 목적으로 사용하고 결코 수단으로 사용하지 않도록 행위하라."[76]

종종 목적의 정식으로 불리는 이 정언명법은 모든 개인에게 해당하는 프라이버시의 도덕법칙으로 이해해도 커다란 무리가 없다. 이성적 존재인 모든 개인의 체계적 결합이 인류라고 한다면, 인류를 통해 우리가 보존해야 할 궁극적 가치는 바로 인간성, 즉 인간 존엄이다. 우리가 프라이버시를 확보하고자 하는 것도 바로 이 인간 존엄 때문이다.

현대 자유민주주의와 자본주의의 토대가 되었던 모든 사상은 근본적으로 개인의 문제를 파고든다. 자기 보존의 원칙을 토대로 국가 질서를 정당화했던 홉스의 '급진적 자유주의', 소유 문제를 통해 자유 실현의 조건을 탐색한 로크의 '소유개인주의', 그리고 개인의 의지에서 출발해 인류의 도덕 공동체를 구축한 칸트의 '도덕적 개인주의'는 모두 개인으로부터 출발해서 자유를 실현하는 조건과 가능성을 밝힌다. 홉스, 로크, 그리고 칸트가 각각 집중적으로 조명하고 있는 '몸', '소유', '인격'은 프라이버시의 도덕적 근거다. 다음 장에서는 이러한 도덕적 가치들이 현대 사회의 개인주의화로 인해 어떻게 침해되고 있으며, 또 이를 극복하고 자유 실현의 공간을 확대하려면 프라이버시를 어떻게 보호해야 하는가를 살펴보고자 한다. 우리는 근대 자유주의자들이 천착했던 개인의 문제들이 현대의 프라이버시에서도 여전히 중요한 역할을 담당하고 있음을 보게 될 것이다.

주

1 이에 관해서는 Wolfgang Sofsky, *Verteidigung des Privaten* (München: C. H. Beck, 2007), 44쪽을 참조할 것.

2 같은 책, 46쪽.

3 Karl-Heinz Ilting, "Einleitung", in F. Tcies, *Thomas Hobbes. Leben und Lehre, Neudruck der* 3. Auflage Stuttgart 1925, eingel. u. hrsg. v. K.-H. Ilting (Stuttgart-Bad Cannstatt, 1971), 9~90쪽. 여기서는 10쪽을 볼 것.

4 J. Habermas, "Die klassische Lehre von der Politik in ihrem Verhältnis zur Sozialphilosophie", in *Theorie und Praxis* (Frankfurt am Main: Suhrkamp, 1982), 48~88쪽 중 72쪽.

5 홉스의 정념 이론에 관해서는 Thomas Hobbes, *Vom Körper* (*De Corpore*) (Hamburg: Felix Meiner, 1967), 25장 12절과 13절을 참조할 것.

6 Th. Hobbes, *De Corpore*, 25장 3절 138쪽.

7 Thomas Hobbes, *De Corpore*, 25장 13절 151쪽.

8 같은 곳.

9 Thomas Hobbes, *Leviathan oder Stoff, Form und Gewalt eines bürgerlichen und kirchlichen Staates*, ed. Iring Fetscher (Frankfurt-Berlin-Wien, 1976), 14장 99쪽.

10 Thomas Hobbes, *Leviathan* 21장, 같은 책, 163쪽.

11 이에 관해서는 Leo Strauss, *Hobbes' politische Wissenschaft* (Neuwied/Berlin, 1965), 104쪽.

12 Thomas Hobbes, *Leviathan*, 13장 94쪽. 이 표현(*natural condition of mankind*)은 13장 제목과 동일하다. 그 밖에도 자연 상태에 관해서는 Thomas Hobbes, *Vom Bürger* (*De Cive*), in *Vom Menschen · Vom Bürger*, ed. Günther Gawlick (Hamburg: Felix Meiner, 1959), 1장 75~85쪽을 볼 것.

13 Thomas Hobbes, *De Cive* 1장, 같은 책, 77쪽.

14 Leo Strauss, *Naturrecht und Geschichte* (Frankfurt am Main: Suhrkamp, 1977), 175쪽.

15 homas Hobbes, *Leviathan*, 13장 96쪽.

16 같은 곳.

17 Ulrich Weiß, *Das philosophische System von Thomas Hobbes* (Stuttgart-Bad Cannstatt, 1980), 136쪽.

18 독일의 저명한 작가 에른스트 윙어에 의하면 '무정부주의자'(Anarchen)는 오직 자기 자신만을 지배하고자 한다면, '독재자'(Monarchen)는 모든 사람을 지배하고자 한다. 이런 관점에서 보면 홉스의 개인들은 독재자들이다. Ernst Jünger, *Eumeswil* (Stuttgart, 1977), 46쪽.

19 Thomas Hobbes, *De Cive* 1장 7절, 같은 책, 81쪽.

20 같은 곳.

21 Thomas Hobbes, *Leviathan*, 14장 99쪽.

22 Thomas Hobbes, *Vom Menschen* (*De Homine*), 11장 6절 (Hamburg: Felix Meiner, 1959), 24쪽.

23 Thomas Hobbes, *De Cive* 2장 1절, 같은 책, 86~87쪽.

24 Thomas Hobbes, *De Cive* 2장 3절, 같은 책, 87쪽.

25 Leo Strauss, *Naturrecht und Geschichte*, 188쪽.

26 H. Arendt, *The Human Condition* (Chicago: University of Chicago Press, 1973), 61쪽. "one's location in a particular part of the world". 한국어판: 한나 아렌트/이진우·태정호 옮김, 『인간의 조건』(한길사, 1996), 115쪽.

27 이에 관해서는 Manfred Brocker, *Arbeit und Eigentum. Der Paradigmenwechsel in der neuzeitlichen Eigentgumstheorie* (Darmstadt, 1992), 125~291쪽을 참조할 것.

28 후대에 끼친 로크 사상의 수용과 영향에 관해서는 John Dunn, "The politics of Locke in England and America in the eighteenth century", In John W. Yolton(ed.), *John Locke: Problems and Perspectives* (Cambridge, 1969), 45~80쪽

을 볼 것.

29 John Locke, "*The Second Treatise*: Am Essay Concerning the True Original, Extent, and End of Civil Government", In *Two Treatises of Government and A Letter Concerning Toleration*, ed. by Ian Shapiro (New Haven and London: Yale University Press, 2003), 100~209쪽. 「정부에 관한 두 번째 논고」의 정확한 집필 시기는 아직까지 불분명하지만, 대체로 1679년에서 1681년 사이에 씌어진 것으로 알려져 있다.

30 J. Locke, *The Second Treatise* §19, 같은 책, 211쪽.

31 J. Locke, *The Second Treatise* §6, 같은 책, 102쪽.

32 같은 곳.

33 같은 곳.

34 J. Locke, *The Second Treatise* §3, 같은 책, 101쪽.

35 J. Locke, *The Second Treatise* §4, 같은 책, 101쪽. "no one having more than another."

36 J. Locke, *The Second Treatise* §25, 같은 책, 111쪽.

37 Leo Strauss, *Naturrecht und Geschichte*, 246쪽.

38 J. Locke, *The First Treatise* §86, 같은 책, 56쪽.

39 J. Locke, *The Second Treatise* §27, 같은 책, 111~112쪽.

40 Leo Strauss, *Naturrecht und Geschichte*, 247쪽.

41 J. Locke, *The Second Treatise* §31, 같은 책, 113쪽.

42 J. Locke, *The Second Treatise* §46, 같은 책, 120쪽.

43 J. Locke, *The Second Treatise* §36, 같은 책, 221쪽.

44 C. B. Macpherson, *The Political Theory of Possessive Individualism: Hobbes to Locke* (Oxford University Press, 1962), 197쪽 이하를 볼 것.

45 J. Locke, *The Second Treatise* §37, 같은 책, 115쪽. "the desire of having more than man needed."

46 이에 관해서는 Paul Guyer, "Introduction" , in P. Guyer(ed.), *Kant' s Groundwork*

of the Metaphysics of Morals: *Critical Essays* (Lanham · Oxford, 1998), xi.

47 I. Kant, *Idee zu einer allgemeinen Geschichte in weltbürgerlicher Absicht*, in Immanuel Kant, *Werke in zehn Bänden*, ed. Wilhelm Weischedel (Darmstadt, 1983), Bd. 9, 33~50쪽 중 여기서는 37쪽. 다음에서 칸트 인용은 별도로 언급하는 경우를 제외하고는 이 전집을 사용했음을 밝혀 둔다.

48 같은 곳, 38쪽. 강조는 필자에 의한 것임.

49 같은 곳.

50 같은 곳, 38~39쪽.

51 같은 곳, 40쪽.

52 이에 관해서는 I. Kant, *Über den Gemeinspruch*: *Das mag in der Theorie richtig sein, taugt aber nicht für die Praxis*, Werke, Bd. 9, 125~172쪽 중 130쪽을 참조할 것. 칸트는 여기서 인간을 ① 사적 개인, ② 국가 정치인, ③ 세계인(세계 시민)의 세 부류로 구분하면서, 사적 개인을 도덕 일반과 연관시켜 서술한다.

53 I. Kant, *Grundlegung zur Metaphysik der Sitten*, Werke, Bd. 6, 7~102쪽 중 60쪽.

54 같은 책, 59쪽.

55 같은 책, 19쪽.

56 같은 책, 18쪽.

57 이에 관해서는 Dieter Schönecker/Allen W. Wood, *Kants Grundlegung zur Metaphysik der Sitten. Ein einführender Kommentar* (Paderborn, München, Wien, Zürich: Schöringh, 2002), 60쪽을 참조할 것.

58 I. Kant, *Grundlegung zur Metaphysik der Sitten*, 같은 책, 24~25쪽.

59 I. Kant, *Idee zu einer allgemeinen Geschichte in weltbürgerlicher Absicht*, 같은 책, 41쪽.

60 이에 관해서는 I. Kant, *Kritik der praktischen Vernunft* §2, Werke, Bd. 6, 128쪽.

61 같은 곳.

62 같은 책 §3, 주석 II, 133쪽. 강조는 필자에 의한 것임.

63 같은 책, 134쪽.

64 같은 책 §4, 136쪽. 강조는 필자에 의한 것임.

65 같은 책 §8, 144쪽.

66 I. Kant, *Grundlegung zur Metaphysik der Sitten*, 같은 책, 64쪽.

67 같은 책, 63쪽.

68 같은 책, 71쪽.

69 같은 책, 59쪽.

70 이에 관해서는 Allen W. Wood, *Kant's Ethical Thought* (Cambridge: Cambridge University Press, 1999), 115쪽 이하를 볼 것.

71 I. Kant, *Grundlegung zur Metaphysik der Sitten*, 같은 책, 71쪽.

72 같은 책, 68쪽.

73 같은 책, 66쪽.

74 같은 책, 66쪽. 강조는 칸트에 의한 것임.

75 같은 곳.

76 같은 책, 61쪽.

4장

프라이버시의 윤리와 정치

"외로운 사람은 그가 관계를 맺을 수도 없고, 그를 향해 적개심을 노출하는 다른 사람들에게 둘러싸여 있다. 반대로 고독한 사람은 혼자며, 그래서 '자기 자신과 함께 있을 수 있는' 사람이다. 인간은 '자신과 이야기할 수 있는 능력'을 가지고 있기 때문이다."

—한나 아렌트Hannah Arendt, 『전체주의의 기원』The Origins of Totalitarianism

"네가 어떤 순간에 주시되는지를 알 수 있는 방법은 물론 없다."

—조지 오웰George Orwell, 『1984』

"각자가 자신에게 좋다고 생각되는 방식대로 살도록 내버려 두는 것이 각 개인을 타인에게 좋다고 생각되는 방식대로 살도록 강제하는 것보다 인류에게 큰 혜택을 준다."

—존 스튜어트 밀John Stuart Mill, 『자유론』On liberty

I

'공간'의 프라이버시

(1) 삶의 은신처 : 자기 발견과 자기표현

인간에게 모든 사회적 조건과 개인적 특성들을 제거하면, 남는 것은 두말할 나위 없이 개인이다. 우리는 혼자 있을 때 자신의 몸을 경험하고, 비로소 자기 자신과 관계를 맺는다. 프라이버시의 출발점은 자신의 몸이고, 동시에 자신의 몸을 숨길 수 있는 공간이다. 우리가 근대 자유주의자들을 통해 알아본 것처럼, 프라이버시는 일차적으로 공간으로 이해된다. 사적 공간은 한편으로 우리를 사회로부터 보호해 주고, 다른 한편으로는 우리에게 안정과 지속을 약속한다. 우리는 집에 있을 때는 일하지 않고 일할 때는 집에 있지 않다고 마르크스가 비유적으로 말한 것처럼, 우리는 집에 있으면 편안하고 위협과 소외가 지배하는 바깥 세계에서는 불안해진다.

여기서 우리는 사적 영역으로서 우리가 머무는 방, 집, 그리고 주택만을 말하는 것은 아니다. 사적 영역은 집뿐만 아니라 이 공간을 구성하는 사물들도 포함한다. 우리가 이사 갈 때, 즉 사적 공간을 옮길 때 물건을 쉽게 버리지 못하는 것처럼, 우리는 단순히 특정한 장소와 공간을 '점유'할 뿐만 아니라 이 공간의 사물들과 '관계'를 맺는다. 그러므로 공간의 프라이버시는 단순한 공간 영역뿐만 아니라 이 공간에서 이루어지는 삶의 형식을 포괄한다. 사적 공간은 한편으로 우리가 사회로부터 은신하는 장소지만, 다른 한편으로는 친밀성이라는 특정한 관계가 이루어지는 장소다. 그러므로 이 사적 공간을 지배하는 것은 사랑과 공동의 연대만이 아니다. 여기에도 역시 권력과 이해관계가 개입한다. 집은 갈등과 투쟁의 온상이기도 하다.

그렇지만 사적 공간에서 이루어지는 삶은 이 공간 바깥의 사회에서 이루어지는 삶과는 다른 규칙을 따른다. 이 사적 공간의 규칙들은 우리가 우리 자신, 그리고 다른 사람들과 '다른' 관계를 맺을 수 있도록 해준다. 사적 공간을 통해 우리의 삶과 정체성을 보호하고자 한다면, 우리는 이러한 사적 공간의 특성과 규칙을 올바로 파악할 필요가 있다. 우리는 여기서 사적 공간을 반드시 소유의 대상으로만 파악할 필요는 없다. 오늘날 건물을 사용하는 사람이 반드시 소유주일 필요는 없는 것처럼, 소유가 사적 공간을 보장하지는 않는다. 우리가 어떤 공간과 장소를 지속적으로 '사용'할 수 있을 때, 이 공간과 장소는 비로소 사적인 성격을 띤다.

여기서 공간을 지속적으로 사용함으로써 사적으로 만든다는 것은 무엇을 의미하는가? 물론 공간의 프라이버시에는 누가 나의 영역에 들어와도 되는가를 결정할 수 있는 통제권이 속한다. 우리가 사적 영역을 가족 공간으로 이해하더라도, 프라이버시는 항상 내가 누구와 함께 어떻게 살 것인가를 스스로 결정할 수 있는 통제권을 전제한다. 그러나 여기서 우리가 주목하고자 하는 것은 개인들은 항상 '공간 연출'을 통해 특정한 장소에 사적 의미를 부여한다는 점이다. 사무실과 같은 공적 공간에서도 자신이 일하는 책상에 개인 사진을 걸거나 좋아하는 물건을 놓는 것처럼, 어떤 공간에 사물들을 특정한 방식으로 배치함으로써 우리는 이 공간을 사적인 것으로 만든다. "인테리어 연출을 통해 완전히 나 자신을 위한 의미, 즉 사적 의미가 구성되는 것이다."[1] 이처럼 개인이 자신의 정체성을 위해 접근의 통제권을 요구할 수 있는 장소가 '공간의 프라이버시' locational privacy다.

왜 우리는 어디에 있고, 또 어디를 가든 이렇게 사적 공간을 구성하는가? 이제까지 살펴본 것처럼 프라이버시가 자유를 실현하는 사적 공간이라고 한다면, 사적 공간은 어떻게 개인의 삶과 자유에 기여하는가? 이 질문에 답하려면, 우리는 먼저 현상적이고 구체적인 다른 질문에 답할 필요가 있다. 우리는 왜 사회로부터 도피해서 자신만의 사적 공간으로 은신하고자 하는가? 왜 우리 모두는 "나만의 방"[2]을 필요로 하는가?

우리는 종종 사회적 관계에서 도피해 자신만의 방에서 은신하려 한다. 사적 공간인 가정은 가족 관계가 이루어지는 장소일 뿐만 아니라 근본적으로 '고독의 장소'다. 인간은 사회적 존재임에도 근본적으로 혼자 있을 수 있는 공간을 원한다는 것은 거의 초역사적이고 초문화적인 사실이다. 우리가 자율로 이해하는 삶의 핵심 요소들이 나만의 방이 없다면, 즉 사적 공간이 없다면 소멸될 수 있기 때문이다.

이를 이해하려면 먼저 고독의 긍정적인 의미를 파악할 필요가 있다. 한나 아렌트가 예리하게 파악한 것처럼 '고독은 외로움이 아니다.' 고독solitude은 혼자 있기를 요구하지만, 외로움loneliness은 다른 사람과 함께 있을 때 가장 날카롭게 그 모습을 드러낸다. 외로움은 근본적으로 관계의 단절을 의미한다. 전체주의 정권이 개인을 강제로 고립시킴으로써 그의 정치적 능력을 박탈하는 것처럼, 외로움은 근본적으로 박탈과 결핍을 서술한다. 우리가 군중 속에 있으면서도 진정한 관계를 발견할 수 없다면 외로운 것과 같은 이치다.

그러나 고독이 관계의 단절이기는 하지만 자발적이라는 점에서 외로움과는 질적으로 다르다. "그가 고독 속에 있을 때보다 덜 외로운 적은 없었다"는 키케로M. T. Cicero의 말을 인용하면서, 한나 아렌트는 고독의 역설적 긍정성을 강조한다. 고독은 어떤 점에서 개인의 삶에 있어 긍정적인가? 왜 우리는 종종 혼자이고자 하는가? 이 물음에 대해 아렌트는 이렇게 답한다.

> "외로운 사람은 그가 관계를 맺을 수도 없고, 그를 향해 적개심을 노출하는 다른 사람들에게 둘러싸여 있다. 반대로 고독한 사람은 혼자며, 그래서 '자기 자신과 함께 있을 수 있는' 사람이다. 인간은 '자신과 이야기할 수

있는 능력'을 가지고 있기 때문이다."[3]

고독이 긍정적인 까닭은 자기 관계의 가능성 때문이다. 고독은 내가 나 자신과 함께 혼자 있는 것을 말한다. 나는 나 자신을 바라보고, 나 자신과 관계를 맺는다. 그렇기 때문에 고독 속에서 나는 한 사람 안에 두 사람인 반면, 외로움은 내가 다른 모든 사람에게 버림받고 실제로 혼자 있는 것을 의미한다. 고독 속에 이처럼 관계가 살아 있다. 자기 자신과의 관계뿐만 아니라 자기와의 대화 속에는 다른 사람들이 들어와 있다.

여기서 우리는 개인적 정체성에 대한 고독의 이중적 기능을 확인할 수 있다. 우리는 한편으로 대중 속에서 사라져 가는 우리의 정체성을 찾기 위해 자발적으로 고독을 찾는다. 다른 한편으로는 고독 속에서 자신과의 관계를 복원함으로써 다른 사람들의 의미를 발견한다. "고독의 문제는 한 사람 안에 있는 두 사람이 다시 하나가 되기 위해, 다른 사람의 정체성과 결코 오인될 수 없는 정체성을 가진 불변의 개인이 되기 위해 다른 사람을 필요로 한다는 것이다."[4] 우리가 나만의 방을 갖고자 하는 주된 목적은 정체성을 확보하기 위해서다. 그렇기 때문에 고독을 보장해 주는 사적인 공간은 결코 부정적 의미의 도피처가 아니라 긍정적 의미의 은신처隱身處다.

고독의 장소로서의 프라이버시는 근본적으로 자기 발견과 자기표현의 공간이다. "이것은 내 방이다"라고 말할 수 있을 때, 우리는 누가 언제 들어와도 되고 또 누구는 안 되는가를 결정할 뿐만 아니라,

이 은폐된 공간에서 우리가 하고 싶은 것을 방해받지 않고 할 수 있다. 나의 방은 나를 위한 것이다. 나의 욕구, 나의 욕망, 나의 습관, 나의 취향, 나의 관심과 나의 역사를 위한 곳이 바로 나의 사적 공간이다. 그렇기 때문에 나의 방은 항상 단순한 물리적 공간 이상의 것이다. 그것은 다른 것과 결코 대체될 수 없는 나의 정체성의 공간이다. 그렇기 때문에 이 공간 안에 있는 사물들은 사적 공간에 있다는 사실만으로 존중되고, 또 다른 사람에 의해 훼손될 수 없는 사적 의미를 획득한다. 우리는 이 물건들을 통해 개인의 삶과 역사와 정체성을 표현하기 때문이다.

우리 인간은 종종 우리가 머무는 곳과 스스로를 동일시한다.[5] 우리는 사적 공간과 그 안에 있는 물건들을 우리 자신의 의미 있는 일부로 파악한다. 그것은 하이데거가 "드러나지 않는 친숙함의 성격"[6]을 부여한 개인 공간의 특성이다. 그렇기 때문에 우리의 거주 공간이 침해될 때, 우리는 우리의 인격이 훼손당하는 것으로 생각한다. 우리가 개인의 거주 공간을 훼손될 수 없는 프라이버시로 보호하는 까닭이 여기에 있다. 그렇지만 공간의 프라이버시가 법적으로 보호해야 한다는 규범적 의미를 갖는 것은 사적 공간이 개인의 자기 이해와 정체성 형성에 중요한 역할을 담당하기 때문이다. 우리는 프라이버시의 사적 공간에서 자기 자신과의 관계를 정립하고 정체성을 형성한다. 공간의 프라이버시는 근본적으로 자기 이해와 자기 해석을 시도할 수 있는 장소다.[7]

자기 이해는 두 가지를 전제한다. 하나는 자기 발견이고, 다른 하나는 자기표현이다. 첫째, 프라이버시는 내가 어떻게 살 것인가, 또 내가 어떤 인격으로 이해되기를 원하는가와 같은 질문에 답하기 위해 자기 자신과 대립하는 '자기 발견'의 공간이다. 자기 자신과 온전히 혼자 있으려면 우리는 타인의 시선으로부터 자신을 숨겨야만 한다. 사적인 공간을 상실하면 우리가 궁극적으로 무엇을 상실하는가를 가장 잘 보여준 문학 작품은 두말할 나위 없이 조지 오웰의 『1984년』이다.

이 소설에서 오웰은 전체주의 국가는 어떤 프라이버시의 영역도 허용하지 않는다는 점을 분명히 밝힌다. 전체주의 국가에서 통제되지 않는 것은 아무것도 없다. 사생활, 개인적인 행위, 그리고 개인의 생각마저 통제되는데, '공간의 한구석'이 남아 있을 리 없다. 공간의 프라이버시가 외부 세계로부터 단절된 내부 세계라고 한다면, 생각과 상상은 우리가 도피할 수 있는, 그리고 어느 누구도 접근할 수 없는 마지막 내면 세계다. 그렇기 때문에 전체주의 국가는 우리가 무엇을 생각하는지를 탐색하는 것이 아니라, 우리가 생각할 수 있는 것을 규정하고 주입시킨다.[8] 전체주의는 우리의 생각과 상상의 내면 세계에서조차 프라이버시를 허용하지 않는 것이다.

오웰이 그린 총체적 감시 사회에서 알 수 있는 것처럼, 프라이버시는 자기 발견을 위한 자유의 긍정적 장소다. 전체주의 정권이 온 힘을 다해 프라이버시를 파괴하려는 까닭이 여기에 있다. 이 사적 공간이 파괴되면, 우리는 스스로를 발견할 수 있는 가능성을 상실한다. 간단히 말해 프라이버시는 자기 발견의 장소다.

"프라이버시의 가장 완전한 형식은 가장 기초적인 형식이다. 왜냐하면 프라이버시는 다른 사람과 맺는 우리의 관계를 정의할 수 있는 자유뿐만 아니라, 우리 자신을 정의할 수 있는 우리의 자유에 필수적이기 때문이다."[9]

정체성과 관련해 자기 발견은 자기 자신을 정의한다는 의미다. 그러나 자기 발견은 항상 타인과의 관계를 전제한다. 여기서 우리는 자기 이해의 두 번째 요소인 '자기표현'과 만나게 된다. 다양한 의사소통의 관계 속에 있는 개인들은 항상 다양한 역할을 담당하기를 원한다. 다양한 역할을 담당한다는 것은 스스로를 다양한 방식으로 표현한다는 것이다. 프라이버시는 바로 이러한 자기표현을 하려는 시도가 실험적으로 이루어지는 공간이다. 프라이버시는 어쩌면 사회적인 연출을 준비하는 공간이라고도 할 수 있다. 사회에서 우리가 담당하는 역할은 분명하게 규정되어 있기 때문에 자유의 여지가 없지만, 우리는 사적 공간에서는 스스로를 바보로 만들 수도 있다. 물론, 사회에서 정말 바보가 되지 않기 위해서다.

이처럼 공간의 프라이버시는 자기 발견과 자기표현이 이루어지는 장소다. 스스로를 발견하기 위해 우리는 사회로부터 자발적으로 물러나 자기 자신과 혼자가 되고, 스스로를 표현하기 위해 타인과의 관계를 실험적으로 연출한다. 공간적 프라이버시의 이중성은 바로 여기서 기인한다. 프라이버시가 개인의 자유를 위해 필요한 것은 사실이지만, 결코 사회로부터 완전히 단절된 것은 아니다. 물론 사적 공간인 프라이버시에도 사회적 규칙과는 다른 관계의 규칙이 존재한다. 그것은 다름 아닌 친밀성의 규칙이다. 친밀성의 사적 공간이 없다면, 우리는 결코 사회에서의 비인격적인 관계를 견뎌 내지 못한다. 그렇기 때문에 관계의 관점에서 보면 사적 영역은 일반적으로 가정과 동일시된다. 그렇다면 가정은 어떤 점에서, 또 어느 정도까지 프라이버시로 보호되어야 하는가?

(2) 가정 : '사랑'의 공동체인가, 아니면 '정의'의 영역인가

우리는 공간의 프라이버시를 통해 자유를 구체적으로 실현하기 위해 꼭 필요한 은신과 은폐의 가능성을 확보한다. 근대 사회가 발전한 이래 가정은 항상 전통적인 은신처로 여겨졌다. 그렇다면 가정은 우리에게 단순히 '~로부터의 자유'라는 부정적 자유권만을 보장하는가? 자유권이 근본적으로 자유주의의 한계 안에서 우리가 원하는 것을 할 수 있도록 해준다면, 프라이버시는 우리에게 자신을 발견하고 재정립할 수 있는 자유를 보장한다는 점에서 동시에 적극적인 자유권으로 이해될 수 있다. 우리가 프라이버시를 통해 다른 사람의 관점이나 이해관계와 상관없이 자기 자신을 발견하고, 또 아무런 제약 없이 자기와의 관계를 설정할 수 있다면, 사적인 공간의 프라이버시와 성공한 자율 사이에는 분명 필연적인 상관 관계가 존립한다.[10]

자유는 사적 공간인 가정에서 이루어지는 친밀한 관계에도 중요한 역할을 담당한다. 모든 개인은 이중적이다. 한편으로는 개별적 주체로서의 개인이며, 다른 한편으로는 관계 속의 개인이다. 그렇지만 관계에는 항상 권력과 지배의 문제가 있기 마련이며, 가정 내의 친밀한 관계도 결코 예외가 아니다. 그렇다면 우리가 친밀한 관계의 관점에서 사적 공간인 프라이버시를 보호해야 하는 규범적 근거는 무엇인가? 친밀한 관계인 가정은 어떤 갈등을 일으키며, 이는 자유의 문제와 어떤 관계가 있는가?

이 문제를 해결하려면, 우리는 사적 공간인 가정의 성격을 정확하게 파악할 필요가 있다. 사적 영역에서 이루어지는 친밀한 관계의 규칙은 분명 사회에서 적용되는 규칙과는 다르다. 가정은 우리가 이성보다는 감정을 표현하는 장소며, 성性과 사랑, 친밀성과 육체적이고 정서적인 헌신이 이루어지는 공간이다. 사회가 비인격적 계산과 합리적 토론에 근거한다면, 가정은 정서적 유대에 기반을 둔 사랑의 공동체다. 아무튼 가정은 19세기 이래 사적 공간의 상징으로 자리 잡고 있다. 가정은 대체로 경제적·법률적 관계에 내재한 냉정과 공포에 대해 사랑과 평온, 안전의 피신처로 인식된다. 이렇게 "가정과 적대적 사회의 대립"[11]이 형성된다.

가정이 프라이버시로서 보호되어야 하는 것은 친밀한 관계 때문이다. 우리는 누구와 함께 어떻게 살 것인가를 가능한 한 스스로 결정하고자 한다. 우리의 자유나 정체성 전체와 관련된 삶의 문제를 함께 논의하고 결정하고자 하는 사람이 바로 가족이기 때문이다. 그렇지만 가족도 사적 영역을 공유하는 개인들 상호간의 관계기 때문에 갈등과 폭력이 일어날 가능성을 함축하고 있다. 이러한 사실은 필연적으로 "가정은 사랑의 공동체인가, 아니면 정의의 영역인가?"라는 물음을 제기한다.

그런데 19세기에 사적 영역의 보루로서 보호되었던 가족은 오늘날 사회 변동으로 말미암아 점차 의미를 상실하고 있다.[12] 급속도로 변화하는 사회의 충격에 대한 보루 역할을 했던 가정은 20세기에 들어 심각한 변화를 겪는다. 사랑과 친밀성을 전제했던 가족은 사회의 개인주의화와 함께 쇠퇴하고 해체되는 경향을 띤다. 오늘날 개인주의는 사회의 다른 영역뿐만 아니라 가족에까지 침투해 들어와서, 가정은 더 이상 사회로부터의 피난처 역할을 하지 못한다. 19세기의 가족을 보고 "승리한 것은 개인주의가 아니라 가족"이라는 아리에스의 말을 원용하자면, 사회적 변동을 통해 궁극적으로 승리한 것은 가족이 아니라 개인주의다.

변화된 가족은 새로운 문제를 야기한다. 전통 사회에서는 가족 내의 갈등과 불의가 프라이버시로 취급되었다면, 현대 사회에서는 가족 안에서 일어나는 일도 자유의 관점에서 재조명되고 사회적 통제를 받는다. 그렇다면 가족이 어떻게 변화한 것인가. 전통 가족은 남편과 아내, 그리고 그들의 생물학적 자식으로 구성된 핵가족이었다. 그러나 현대 사회에서 이러한 가족의 형태는 점점 의미를 상실하고, 가족적 공동생활의 다양한 형식들이 발생한다.[13] 그렇지만 우리가 관심을 갖는 것은 규범적 의미에서의 가족의 변화다. 편부 또는 편모 가족, 동성애 가족, 재혼 가족, 자녀가 없는 가족, 입양한 자식을 둔 가족 등이 가족으로 불려서는 안 되는 어떤 규범적 근거도 존재하지 않는다.

새로운 갈등과 사회적인 문제를 함축하고 있는 현대 가족을 이해하고 또 이를 통해 사적 공간인 프라이버시를 보호하고자 한다면, 우리는 가족의 개념을 새롭게 정의할 필요가 있다.

> "나는 함께 살아가고 또/또는 삶의 수단과 안녕에 필요한 자원을 공유하는 사람들을 가족으로 정의한다. 그들은 최선을 다해 서로의 신체적, 그리고 정서적 욕구를 보살필 의무를 가진다. 그들은 설령 영구적 관계는 아닐지라도 비교적 오랜 기간 동안 서로를 마음에 담으며, 서로를 가족으로 인정한다."[14]

가족에 대한 이 정의는 경험적 사실에 부합하면서도 우리가 프라이버시로서 보호해야 할 규범적 토대를 제공한다. 여기서 우리는 가족을 구성하는 세 가지 핵심 요소를 발견할 수 있다. 첫째, 가능한 한 일정 기간 동안 지속적인 관계 존립. 둘째, 생활에 필요한 공동의 가계. 셋째, 가족 성원으로서의 상호 인정. 프라이버시의 사적 공간에서 생활을 같이하며 공동으로 살아가고, 동시에 서로를 감정적 유대 관계의 성원으로 인정하는 개인 인격들은 가족을 구성한다. 우리가 현대적 가족 정의에서 볼 수 있는 것처럼, 전통적 가족의 핵심인 '사랑'이 빠졌다고 가족의 규범적 토대가 무너지는 것은 아니다. 가족의 프라이버시를 보호할 때만, 우리는 현대적 가족을 보호하고 또 우리가 원하는 삶의 방식대로 살아갈 수 있기 때문이다.

우리가 원하는 삶의 형식에 따라 살아간다는 것은 결국 우리가 원하는 방식대로 가족 관계를 구성한다는 것을 의미한다. 그것은 또한 외부의 통제와 감시 없이 우리가 옳다고 생각하는 방식대로 우리의 아이들을 교육시킬 수 있음을 뜻한다. 그렇다면 언제 국가와 사회는 가정의 프라이버시를 침해해도 되는가? 사랑이 끝나면 가족도 끝난다는 점을 감안하면, 사랑만으로는 결코 가정의 프라이버시를 보호할 수 없다. 가족은 엄밀한 의미에서 사랑으로 결합된 개인들의 공동체다. 사적인 영역인 가족에서도 가장 사적인 것은 두말할 나위 없이 독립적인 개인이다. 모든 개인은 사적인 영역에서도 자율과 자유를 **평등하게** 누릴 수 있는 권리를 갖는다. 이런 맥락에서 가족이라는 사적 영역의 제도와 조직은 불평등하게, 정의롭지 않게 이루어져서는 안 된다. 가족 자체가 민주적으로 구성될 때, 가족은 프라이버시로서 보호되어야 하는 규범적 타당성을 갖는 것이다.

자유와 평등은 일반 사회와 마찬가지로 가족에서도 민주적인 관계의 전제 조건이다. 가족은 결코 선천적으로 자유로운 가족 구성원들의 자기 결정권을 심각하게 훼손해서는 안 되며, 불평등을 생산해서도 안 된다. 가족은 변화된 자유민주주의 사회에서 스스로 변화할 때, 즉 민주화될 때 비로소 규범적 능력을 갖는다. 변화하지 않는 전통적 가족은 실제로—프라이버시 권리에 대한 페미니즘 비판이 집중적으로 지적하는 것처럼—사회적 불의의 온상으로 남게 된다. 이런 관점에서 보면 프라이버시 보호는 "여성들은 여전히 정체성, 자율, 통제, 그리고 자기 정의를 박탈당하는 가운데 핵심 제도를 보존하는"[15] 수단으로 전락한다는 것이다. 따라서 프라이버시는 여성들에게도 동일한 권리와 자유를 보장해야 한다.

현대 자유민주주의 사회에서 일어나는 가족의 갈등은 대체로 세 가지로 분류된다. 첫째, 국가와 사회가 어느 정도까지 가족의 사적 영역에 침투해 들어가도 되는가 하는 문제다. 국가가 프라이버시를 침해할 때는 물론 개인의 자유가 제약될 수 있다. 국가는 개인이 자유를 실현할 가능성이 심각하게 훼손될 때만 프라이버시를 건드려야 한다. 이 경우 자유와 평등 사이의 갈등이 발생한다. 우리가 친밀한 관계를 스스로 구성하기 위해 프라이버시 보호를 요구하는 것은 결국 개인의 자유를 위해서다. 반면, 가족 구성원 모두가 자유와 자율의 가치를 누려야 한다는 것은 평등의 권리다.

만약 가장인 남자가 누리는 자율이 여자에게는 주어지지 않는다면, 이런 가족은 불평등을 생산한다. 사회적인 기회와 선택을 향유할 수 있는 가능성과 관련해 가족 구성원 간의 불평등이 존립한다면, 이는 자신의 삶을 스스로 선택할 수 있는 자율을 박탈하는 결과를 초래한다. 그뿐만 아니라 가정에서 이루어지는 활동들, 즉 육아, 교육, 가사 노동이 여성의 노동으로 파악되어 가치가 없는 것으로 여겨진다면, 이는 여성의 정체성에 심각한 영향을 미친다. 이 모든 사실은 사회적 불평등이 가정에 반영될 뿐만 아니라, 가정의 불평등 관계가 가정 안에 머물지 않고 궁극적으로는 사회적 불의를 야기할 수 있다는 것을 분명히 말해 준다.

둘째, 사랑love과 정의justice 사이에서 일어나는 갈등이다. 이제까지 우리는 가정에서 일어나는 모든 일은 사랑에 기반을 두고, 가정 바깥의 공적 사회에서 일어나는 일은 정의를 지향한다고 생각했다. 그렇지만 사랑에 대한 호소와 정의 요구는 결코 대립적인 것으로 파악되어서는 안 된다. 가정은 분명 정의보다는 사랑에 우선성을 부여한다. 우리는 가정 안에서 일어나는 사소한 갈등들은 대체로 사랑으로 해결하고 극복한다. 그뿐만 아니라 가족 구성원들 사이에는 권리 주장보다는 상호 신뢰가 훨씬 더 커다란 힘을 발휘한다. 그렇지만 사랑이 가족 내의 갈등을 해결할 수 없을 때, 우리는 결국 정의에 호소하게 된다. 정의는 사랑의 한계인 것이다. 이 문제를 분명히 하기 위해 우리는 두 철학자의 말을 직접 들어 볼 필요가 있다.

> "가족 안에서 법적 성격을 가진 권리 주장들이 항상 제기되는 곳에서는 언제나 가족적인 삶의 도덕적 실체는 이미 파괴된다. …… 가족 안에서 모든 도덕적 태도의 원천으로서 타당성을 가질 수 있는 것은 권리와 의무에 대한 합리적인 인식이 아니라, 관심과 사랑의 감정뿐이라는 생각이 감정의 모델에서는 결정적이기 때문이다."[16]

가족에서도 사랑과 정의라는 두 가지의 도덕적 원칙이 충돌한다. 그렇지만 가족에 적합한 도덕적 원칙은 사랑이라는 것이다. 그렇기 때문에 가족 구성원을 돌보는 배려 행위도 사랑의 감정에서 우러난 것이 아니라 합리적인 판단에 근거를 둔다면 도덕적 가치를 상실할 수 있다는 것이다. 그렇지만 개인의 인격을 파괴하고 자율을 인정하지 않는 가정 내의 어떤 폭력도 사랑이라는 이름으로 정당화될 수는 없다.

"정치적 원리들이 가족의 내적인 삶에 직접 적용되지는 않는다. 그러나 이 원리들은 제도로서의 가족에 본질적인 제약을 부과하고, 그렇게 함으로써 모든 구성원의 기본권과 자유권, 자유와 기회들을 보장한다. …… 이 기본 구조의 일부로서 가족은 이러한 자유들을 침해할 수 없다. 부인들은 그들의 남편과 함께 동등한 시민이기 때문에, 그들은 남편과 마찬가지로 똑같은 기본 권리와 자유, 그리고 기회를 갖는다. 또한 다른 정의의 원칙들을 올바로 적용한다면, 이는 그들의 평등과 독립을 보장하기에 충분하다."[17]

정치적 영역과 비정치적 영역을 구별할 수는 있지만, 엄밀히 말해서 정치적 정의가 통용되지 않는 전前 정치적 영역은 존재하지 않는다. 모든 사람에게 평등한 기본권을 보장해야 한다는 정의 원리의 관점에서 보면, 오히려 사회의 '정치적' 영역과 가정의 '비정치적' 영역을 구별하는 것이 무의미할 수도 있다. 따라서 어떤 제도도 구성원들에게서 기본권을 박탈할 수 있는 방식으로 구성되어서는 안 된다. 여기서 가족도 예외가 아니다. 사랑이라는 감정적 유대에 기반을 두고 있는 가족도 원칙적으로 정의로워야 한다.

셋째, 가정에서 일어나는 갈등은 종종 사적 영역의 법제화 문제로 표현된다. 가정의 어떤 문제는 법률로 해결해야 하고, 또 어떤 문제는 가족의 고유한 내면적 합리성을 따라야 하는가? 가정이 사회를 지배하는 경제적 원리에 의해 침식당하면 당할수록, 우리는 가정 내의 문제를 해결하기 위해 점점 더 법률에 의존하게 된다. 여기서 우리는 가족의 내면적 원리에 주목할 필요가 있다. 가족의 근거인 사랑은 결코 정의와 대립하지 않는다. 사랑 속에는 이미 다른 사람의 자율에 대한 인정이 내포되어 있기 때문이다. 그렇기 때문에 사랑은 동서고금을 막론하고 항상 도덕적 행동의 원천으로 인정받아 왔다.[18] 우리가 진정으로 가족을 사랑한다면, 우리는 결코 그들에게서 자율과 기본권을 박탈하지 않을 것이다. 그러므로 정의는 항상 사랑 공동체의 한계다. 가족 내의 정의가 훼손되면, 국가와 사회는 — 때로는 법률적으로, 그리고 때로는 도덕적으로 — 사적 공간인 프라이버시에 개입할 수 있고, 또 개입해야만 한다. 그러므로 외부의 간섭과 통제로부터 가족의 프라이버시를 보호할 수 있는 길은 "사적 영역을 민주화"[19]하는 것이다.

2

'정보'의 프라이버시

(1) 정보의 통제권: 다른 사람은 나에 관해 무엇을 알고 있는가?

'나만의 방'이라는 공간의 프라이버시가 개인의 자율에 결정적인 역할을 담당하는 것처럼, 자신에 관한 지식을 통제할 수 있는 힘과 권리는 자율적인 삶에서 매우 중요하다. 우리가 우리의 사적 공간에서 통제할 수 있는 것은 우리 자신의 몸과 행위다. 물론 사적인 공간에서도 가족과 같은 관계가 형성되지만, 프라이버시가 자유를 실현하는 조건으로 부상하는 것은 항상 다른 사람과의 관계가 문제될 때다. 로크가 사회적인 관계의 관점에서 소유를 자유와 자율의 필연적 조건으로 제시한 것처럼, 자신에 관한 지식과 이에 관한 사회적 기대는 사회적인 삶 속에서 프라이버시를 확보하고 보호하는 데 있어 중요한 역할을 한다.

로크는 자신의 직접적인 소유인 몸과 노동을 통한 소유만이 사회적 정당성을 갖는다고 주장한다. 오늘날 '물질적 소유'의 문제는 사회적 정의와 직결되는 까닭에 대체로 공공의 법률을 통해 해결된다. 그러므로 사적 영역과 공적 영역의 구별을 전제하는 프라이버시는 '정신적 소유'라고 할 수 있는 정보와 긴밀한 관계가 있다. 우리는 나만의 방에서 나 자신과 함께 혼자 있을 때, 나 자신과의 관계를 맺는다. 이러한 자기 관계는 근본적으로 자기 자신에 관한 지식을 의미한다. 우리는 다른 사람과 관계를 맺을 때도 다른 사람이 어떤 존재며, 어떤 취향을 갖고 있고, 어떻게 행동할 것이라는 지식을 전제한다. 여기서 우리가 프라이버시와 관련해 문제 삼고자 하는 것은 바로 이와 같은 개인의 인격에 관한 지식이다. 프라이버시는 근본적으로 어떤 인격에 관해 누가 무엇을 어떻게 알고 있는가 하는 문제와 직면한다. 우리는 이러한 프라이버시를 '정보의 프라이버시'informational privacy라고 부르고자 한다.

그렇다면 어떤 인격에 대한 지식과 정보가 언제 문제가 되고, 왜 그리고 어떻게 개인의 자율을 침해하는가? 이 물음은 이미 정보의 프라이버시가 자유로운 삶을 가능하게 하는 필수 조건이라는 답을 함축하고 있다. 이 물음의 의미를 보다 정확하게 파악하기 위해 정보의 프라이버시가 일종의—문화와 시대의 차이를 넘어 언제 어디서나 확인되는—인간학적 사실이라는 점을 인식할 필요가 있다.

다른 사람들이 우리가 알지 못하는 사이에, 그리고 우리의 의지와는 상관없이 우리를 — 집에서, 사무실에서, 거리에서 또는 카페에서 — 관찰하거나 엿듣고 도청하거나 녹화할 때, 왜 우리는 일반적으로 불쾌감을 느끼고, 부적절하고 부도덕할 뿐만 아니라 위법이라고 생각하는가? 우리가 관찰당하고 엿듣는다는 것을 알았을 때, 우리는 왜 당황하고 불안해 하며, 또 수치심까지 느끼는가? 우리에 관한 개인 정보를 제삼자에게 전달할 때, 왜 우리는 우리의 인격이 훼손되었다고 생각하는가? 우리의 친구들이 바로 친구기 때문에 알게 된 우리에 관한 개인적인 지식을 퍼뜨릴 때, 우리는 왜 배신감을 느끼는가?

이러한 질문들은 모두 정보의 프라이버시를 침해할 가능성과 문제점들을 서술한다. 정보의 프라이버시는 근본적으로 자신의 인격에 대한 접근을 통제할 수 있는 권리기 때문이다. 어떤 인격에 관해 누군가가 알 수 있다는 것은 그가 자신의 삶을 자율적으로 영위하는 데 심각한 침해가 될 수 있기 때문에, 많은 이론가들은 프라이버시를 간단히 정보에 대한 통제권으로 이해한다. 우리는 자신에 관한 정보가 언제, 어떻게, 그리고 어느 정도 다른 사람에게 전달될 수 있는지를 스스로 결정하기를 원한다.[20] 간단히 말해, 프라이버시는 '우리 자신에 관한 정보에 대해 우리가 갖고 있는 통제'다.[21]

정보의 프라이버시에 대한 침해가 왜 단순한 불쾌감을 넘어 일반적으로 인격 훼손으로 여겨지는가? 그것은 프라이버시의 침해가 동시에 개인의 자율의 조건을 침해하기 때문이다. 이 점을 분명하게 이해하려면, 우리는 먼저 정보의 프라이버시 유형을 체계적으로 살펴볼 필요가 있다. 첫째, 정보의 프라이버시를 침해하는 가장 표본적인 사례는 누

	지식	의지
1. 엿보기(voyeur)	부지	반대
2. 개인 정보 유출	인지	반대
3. 비디오 감시	인지	동의

군가가 우리가 알지 못하는 사이에 우리의 의지에 반해 우리를 엿듣고 관찰하는 것이다. 둘째, 우리가 관찰당하고 청취당한다는 것은 알고 있지만, 이러한 행위가 우리의 동의 없이 이루어지는 경우다. 셋째, 우리가 알고 있을 뿐만 아니라 반드시 우리의 의지에 반하지 않는—우리가 의도적으로 감수하는—정보 프라이버시의 침해가 있다.

그렇다면 이러한 정보의 프라이버시가 침해되었을 때, 본질적으로 침해되는 것은 무엇인가? 정보의 프라이버시는 누가 우리에 관해 어떤 정보를 가지고 있는가를 우리 스스로 통제한다는 것을 의미한다. 이 같은 맥락에서 정보 프라이버시의 침해는 이러한 통제권을 상실하는 것을 뜻한다. 통제권을 상실한다는 것은 동시에 나에 대해 다른 사람이 알고 있는 지식에 관한 우리의 기대와 예측이 잘못되었다는 것을 뜻한다. 우리는 다른 사람과 관계를 맺을 때, 다른 사람이 나에 관해 전혀 알지 못할 것이라고 기대하거나 또는 알더라도 어느 정도까지만 알 것이라고 생각한다. 다시 말해 우리는 사회적 관계에서 항상 우리 자신에 관한 타인의 지식을 전제하고, 이 전제로부터 특정한 행위를 기대한다.

우리는 다른 사람과의 관계에서 그의 행위를 올바로 기대할 수 없을 때, 우리의 삶을 자율적으로 수행할 수 없다. 자율적으로 수행할 수 없다는 것은 우리의 행위를 스스로 선택할 수 없다는 것을 의미한다. 우리는 이러한 사실을 수치심이나 당혹감과 관련된 문화적인 경험에서 어렵지 않게 발견한다. 어느 누구도 우리를 보지 않고, 우리가 어떤 행위를 하는지 또 어떤 삶을 연출하는지 아무도 알 수 없다고 생각하는 사적 공간에서 우리는 우리 마음대로 행동한다. 우리는 다른 사람들이 모른다고 생각하기(착각하기) 때문에 그렇게 행동하는 것이다. 그렇지만 우리를 관찰하는 사람이 있다는 것을 알면, 우리는 수치심이나 분노를 느낀다. 왜냐하면 우리는 다른 관찰자의 존재를 알았더라면 '다르게' 행동할 수 있었기 때문이다. 다르게 행동할 수 있다는 것은 자유의 특성이다. 이런 관점에서 보면 우리가 모르는 사이 우리의 의지에 반해서 우리를 관찰하는 것은 결국 우리의 자유를 박탈하는 것이다.

우리는 다른 사람이 있을 때는 옷매무새를 단정하게 고쳐 입지만, 다른 사람이 보지 않을 때는 속옷 바람으로 있을 수도 있다. 벌거벗은 채 아무렇게나 있다가 다른 사람에게 — 특히 우리보다 지위가 높은 사람에게 — 들키면, 우리는 대부분 수치심을 느낀다.

"수치심은 특정한 계기에 어떤 개인에게서 자동적이고 습관적으로 일어나는 특별한 자극으로, 일종의 불안이라고 할 수 있다. 그것은 피상적으로 보면 사회적 폄하에 대한 불안이거나, 아니면 조금 더 일반적으로 말하자면 다른 사람들이 우월감을 표시하는 데 대한 불안이다. 그것은 자신의 약함을 두려워해야 하는 사람이 이 위험을 신체적 공격이나 또는 다른 종류의 공격을 통해 직접 막을 수 없을 때 생기며, 또 이러한 사실로 특징지어지는 불쾌감이나 불안감의 형식이다."[22]

수치심에 관한 엘리아스의 통찰은 실제로 정보의 프라이버시에 대해 많은 시사점을 던진다. 그에 의하면 수치심은 개인이 스스로를 방어할 수 없을 때 발생한다. 어떤 사람이 자신도 정당하고 타당하다고 생각하는 사회적 명령을 스스로 어겼을 때, 그리고 이러한 행위가 다른 사람에 의해 발각되었을 때, 그는 관찰자에게 수치심을 느낀다. 이에 반해 다른 사람이 이러한 사회적 관습과 도덕법칙을 파괴할 위험이 있을 때, 이를 바라보는 사람은 당혹감을 느낀다. 우리는 이처럼 다른 사람이 우리에 대해 무엇을 알고 있으며, 또 우리에게 어떻게 대할 것이라는 것을 기대한다. 이러한 행위에 대한 기대는 항상 타자의 존재와 타자의 시선을 전제한다. 그러나 프라이버시의 영역에서는 이러한 타자가 존재하지 않는다는 것을 전제하고, 우리는 행동하고 또 우리 자신을 표현한다. 이런 관점에서 보면 프라이버시의 침해는 이러한 기대를 파괴함으로써 우리가 '다르게' 행동할 수 있는 자유를 박탈하는 것이다.

우리가 거리로 나갈 때는 물론 우리가 다른 사람에게 관찰당할 것이라는 것을 기대한다. 다른 사람들이 우리를 보고, 우리의 말을 듣고, 우리의 사진을 찍고, 때로는 우리를 비디오로 녹화할 것이라는 것을 알고 있다. 그렇지만 이 경우에도 우리에 관한 정보가 부지불식간에 어딘가에 저장되고, 재생되며, 시간과 장소에 관계없이 유통될 수 있다고 생각하지는 않는다. 우리가 철저하게 감시당한다는 사실을 안다면, 우리는 역시 '다르게' 행동할 수도 있을 것이다.

그러므로 정보의 프라이버시를 보호하는 것은 우리의 인격과 자율적인 삶에 핵심적으로 중요하다. 우리가 앞 장에서 살펴본 것처럼, 공간의 프라이버시에서 우리는 자기를 발견하고 자기와 관계를 맺는다. 우리가 누구에게 어떤 맥락에서 우리를 표현할 것인가는 결국 우리가 우리 자신에 관한 지식과 정보를 얼마만큼 다른 사람하고 공유할 것인가에 달려 있기 때문이다. 다른 사람에게 자기를 표현하는 것, 다른 사람과 관계를 맺는 것, 그렇게 함으로써 자신의 정체성을 형성하는 것은 결국 자기 자신을 어떻게, 그리고 어느 정도 드러낼 것인가와 관련이 있다. 은폐성과 개방성은 이처럼 정보 프라이버시의 이중적 측면이다. 개인의 자율은 자신에 관해 모든 것을 감추거나 드러낸다고 실현되는 것이 아니다. 개인의 자율은 자신의 은폐와 개방을 스스로 결정하는 것이다. 이런 점에서 정보의 프라이버시는 '통제된 자기 개방'이다.[23] 자신에 관한 정보를 통제할 수 없다면 우리가 자율과 자유를 적극적으로 실현할 수 없기 때문에 정보의 프라이버시는 우리가 보호해야 할 규범적 가치다.

(2) 총체적 감시 권력과 익명의 이중성

누군가가 우리에 관해 모든 것을 알고 있다면, 우리의 자유는 심각하게 침해된다. 우리를 감시하고 관찰하는 사람이 우리가 알고 있는 특정한 사람들이라면, 우리는 이들의 침해에 대응할 수 있다. 대응할 수 있다는 것은 우리에게 행위의 자유가 남겨져 있다는 것을 의미한다. 그런데 우리를 감시하는 누군가가 불특정한 타자일 뿐만 아니라 그 자체 은폐된 익명의 존재라고 상상해 보면, 우리의 자유가 철저하게 파괴될 수 있다는 생각에 전율할 수밖에 없다. 개인에 관한 정보를 확보하고, 저장하고, 처리하고, 전달하고, 판매할 수 있는 기술적인 가능성들이 증대하면서, 이러한 우려는 점점 더 현실로 다가오고 있다.

여기서 우리는 두 가지 상반된 사회적 경향을 감지할 수 있다. 우리의 프라이버시를 보호하려면 익명성과 은폐성은 어느 정도 사회적으로 허용되고 보장될 필요가 있다. 근대 이후 도시가 자유와 동시에 문화의 장소로 인식되는 것은 도시가 익명성의 장소라는 사실과 무관하지 않다. 다른 한편으로 우리를 감시하고, 청취하고, 통제하는 권력은 점점 더 투명해져야 한다. 우리는 누가 우리를 보고 있는지 알고 또 알 수 있다면, 비교적 덜 불안해 한다. 권력의 투명화는 우리에게 권력에 저항할 수 있는 프라이버시 공간을 만들어 주기 때문이다. 이처럼 **민주주의는 근본적으로 '사생활의 익명화'와 '권력의 투명화'를 지향한다.**

이에 반해 "프라이버시의 종말"[24]을 초래하는 총체적 감시 사회는 이 경향을 역전시킨다. 자유민주주의의 권력은 전체주의 정권처럼 물리적 폭력과 테러에 의존하지 않지만, 다른 형태의 권력 메커니즘을 발전시킨다. 새로운 기술 덕택에 "질적으로 새로운"[25] 형태의 사회 감시와 통제가 가능해졌기 때문이다. 바로 이 지점에서 새로운 형태를 갖춘 총체적 감시 사회의 발생과 프라이버시의 종말이 연결된다. 새로운 권력은 한편으로는 사회 전체를 투명하게 만들려고 하지만, 다른 한편으로 권력 자체는 스스로를 감추려고 한다. 우리가 오늘날 직면한 **부드러운 전체주의는 결국 '사생활의 투명화'와 '권력의 익명화'를 추구한다.**

물론 현대 사회의 전체주의적 경향에 대한 이러한 비판은 어느 정도 과장된 면이 없지 않다. 우리의 삶을 감시하고 통제할 수 있는 기술이 아무리 발전한다고 하더라도, 다른 한편으로는 이를 정치적·법률적으로 견제할 수 있는 제도적 장치가 — 시간적으로 지체되지만 — 항상 만들어지기 때문이다. "자유와 전제 정치의 본질적인 차이는 누가 국가 권력을 통제하는가에 있다."[26] 현대 국가가 발생하기 훨씬 전부터 개방 사회의 적들은 있어 왔으며, 또 국민의 자유를 보호하기 위한 도구로 발명된 국가도 누구에 의해 유지되느냐에 따라 달라진다면, 투명 사회에서 발생할 수 있는 전체주의적 경향은 국가 권력을 통제할 수 있는 시민의식에 달려 있다고 할 수 있다.

이런 맥락에서 프라이버시의 종말을 예고하는 총체적 감시 사회의 비유들은 국가 권력에 대한 견제와 비판의 기능을 갖는다. 문학적 비유가 특정한 문제에 대해 정확한 서술을 제공하는 것은 아니지만, 프라이버시에 관한 우리의 집단적·사회적 이해를 형성하는 데 중요한 역할을 담당한다. 프라이버시의 종말과 관련해 강력한 영향력을 갖고 있는 비유는 두말할 나위 없이 조지 오웰의 '빅 브라더'Big Brother와 제레미 벤담이 착상했지만 푸코에 의해 유통된 '파놉티콘'Panopticon 이다.[27]

'빅 브라더'는 어떤 사람의 실존을 규제하는 정부 권력이다. 이 권력은 '네가 움직일 때마다 너를 따라다니는 눈'으로 대변되며, '빅 브라더는 너를 주시하고 있다'는 것이 이 권력의 작동 방식이다. 이 총체적 감시 권력의 목표는 획일성과 완벽한 규율이다. 이 권력은 모든 개인을 철저하게 감시하기 때문에 어떤 개인주의의 흔적도 곧바로 질식당한다. 이 끔찍한 전체주의 국가는 다양한 수법을 통해 프라이버시를 제거함으로써 개인들을 통제한다. 이 권력이 겨냥하는 것은 개인의 사생활이다. 그렇기 때문에 빅 브라더는 개인의 고독을 위험한 것으로 여긴다. 이 전체주의 사회에서 사용되는 감시 도구는 '텔레 스크린'telescreen으로 불리는 양 방향 텔레비전이다. 개인들은 이 스크린을 볼 수 있지만, 그것은 또한 빅 브라더로 하여금 그들을 주시하게 만든다. 이처럼 총체적 감시 사회는 어떤 순간에도 자신이 주시당한다는 사실을 알 수 없다는 데 있다.

반면, 푸코의 파놉티콘은 훈육의 권력을 상징한다. 파놉티콘은 잘 알려진 것처럼 수많은 죄수들을 효율적으로 감시하기 위해 계획되고 설계된 원형 감옥이다. 원형으로 배치된 감옥의 중앙에 감시탑을 설치함으로써 모든 죄수는 그곳에서 완전히 감시될 수 있지만, 감독하는 간수는 은폐되어 있어 그들은 결코 감시되고 있다는 사실을 눈치 채지 못한다. 이 감시 체제가 효율적인 이유는 간단하다. 비록 감시 행위가 연속적으로 이루어지지 않을지라도 감시의 효과는 지속적이기 때문이다. 그렇기 때문에 푸코는 "점점 더 인간의 행동 깊숙이 침투해 들어오는 보이지 않는 권력"을 말하면서 "권력의 자동적 기능"[28]을 언급한다.

감시 체제는 이렇게 우리 사회를 투명 사회로 만든다. 그렇다면 이러한 투명 사회에서 프라이버시의 종말로 위험에 처하는 것은 도대체 무엇인가? 그것은 우리가 분명하게, 그리고 지속적으로 감시당할 수 있다는 것이다. 우리가 항상 특정한 개인으로 분명하게 지속적으로 밝혀질 수 있다는 것은 끊임없이 통제당할 수 있다는 것을 의미한다. 우리가 숨을 곳이 없다는 것, 우리에게 어떤 프라이버시도 주어지지 않는다는 것, 즉 우리가 언제 어디를 가든 항상 감시당한다는 것은 철저한 자유의 파괴다. 벤담이 말하는 "보이지 않는 편재遍在의 정서"[29]는 결국 프라이버시의 종말을 야기한다.

물론 우리는 이러한 총체적 감시 사회와 개인의 완전한 고독 사이에서 살고 있다. 개인에게 어떤 프라이버시도 허용하지 않는 철저한 투명화가 자유를 파괴하는 것처럼, 사회로부터의 완전한 고립 역시 자유를 가져오지 않는다. 우리는 어느 정도 감시당하고, 어느 정도 스스로를 은폐한다. 오늘날 일반화된 휴대폰의 일상적 사용에서 알 수 있듯이, 우리는 스스로 자신의 정보를 폭로하기까지 한다. 이런 관점에서 보면 모든 개인 정보의 폭로가 프라이버시를 침해하는 것은 아니다. 그러므로 프라이버시의 침해는 침해의 동기와 맥락에 따라 결정된다.

여기서 우리는 자기 자신에 관한 정보, 즉 개인 정보의 유형을 분류할 필요가 있다.[30]

첫째, 개인에 관한 가장 사적인 정보는 개인의 생각과 감정이다. 개인의 인격과 정체성을 내적 관점에서 구성하는 가장 중요한 요소는 두말할 나위 없이 우리가 생각하고 느끼는 것이다. 개인의 사상과 감정은 특정한 범위와 한계 안에서만 일반화되고 객관적으로 표현될 수 있다. 이러한 개인 정보가 다른 사람에게 전달될 때는 항상 개인의 의지와 지식이 개입한다. 우리 모두가 다른 모든 사람에 대해 모든 것을 안다고 가정해 보면, 우리는 완전한 혼돈 상태에 처할 것이다.

둘째, 개인과 관련된 기록과 정보. 개인의 이름, 출생일, 주민등록번호와 같이 특정한 개인을 다른 사람들로부터 구별하고 확인할 수 있는 객관적 자료들은 프라이버시의 중요한 요소다. 물론 개인의 취향, 습관, 특기 같은 개인적 정보들도 여기에 속한다. 이러한 정보들은 사회적인 삶을 위해 필요한 것들이고 또 타인에게 개방되어 있다는 것을 익히 알지만, 유통을 위해서는 본인 동의를 필요로 하는 것들이다.

셋째, 가정의 사적 영역에서 이루어지는 것에 대한 정보. 물론 이 정보들은 두 번째 종류의 개인 관련 정보로 분류할 수 있지만, 이 정보는 본인의 의지 없이는 결코 밖으로 알려질 수 없다는 점에서 커다란 차이가 있다. 다시 말해 이 정보의 유출은 반드시 프라이버시의 침해를 전제한다.

	지식	의지	성격
사상과 감정	O	O	자아 정체성
개인 관련 정보	O	X	사회적 정체성
사생활 정보	O	O	정서적 정체성
공적 생활 정보	X	X	정체성 파괴

넷째, 개인이 가정 밖에서 행한 행위에 관한 정보. 이 경우 우리는 언제 우리에 관한 정보가 수집되고 저장되는지 전혀 알지 못한다. 우리는 거리의 속도 제한 카메라에 잡힐 수도 있고, 슈퍼마켓의 폐쇄회로에 찍힐 수도 있다. 이렇게 수집된 개인 정보들은 언제든지 개인을 확인할 뿐만 아니라, 감시하고 통제하는 데 사용될 수 있다.

여기서 우리는 개인의 자아 정체성과 정서적 정체성을 구성하는 사적 정보들은 스스로 통제할 수 있음을 알 수 있다. 나는 내가 무엇을 생각하고 또 무엇을 느끼는지는 스스로 알고 있으며, 나의 의지에 따라 다른 사람에게 털어놓을 수 있다. 마찬가지로 내가 나 자신과 함께 혼자 있는 사적 영역에서 일어나는 일들도 나의 통제하에 있다. 나 자신에 관한 이런 통제권을 침해하는 것은 근본적으로 나의 프라이버시를 위협하는 것이다. 이에 반해 우리는 공공장소에서 행한 우리의 행위에 관한 정보에 대해서는 어떤 통제권도 갖지 못한다. 그렇기 때문에 우리는 이러한 정보들 역시 우리의 지식과 의지에 관계없이 사용되지 못하도록 도덕적·법률적 장치를 발전시켜야 한다.

우리는 자유를 위해 정보의 프라이버시를 보호할 필요가 있다. 그런데 보호할 만한 가치가 있는 개인 정보들은 항상 이미 확인된 개인들과 관련이 있다. 특정한 개인과 관련되지 않은 정보들은 별로 문제가 되지 않는다. 여기서 우리는 개인의 정보 프라이버시가 언제, 그리고 어떻게 침해되는지 알아볼 필요가 있다.[31]

첫 번째 침해 방식은 '개인의 은둔, 고독 또는 사생활에 대한 침입intrusion'이다. 이것은 개인의 프라이버시를 침해하는 고도의 공격적 방식이라고 할 수 있다. 예컨대 나만의 방에 몰래 침입해 벌거벗은 모습을 촬영한다거나, 병원에 침입해 어느 희생자의 모습을 몰래 담아가는 행위가 여기에 속한다.

두 번째 침해 방식은 개인의 사적인 사실을 폭로disclosure하는 것이다. 이러한 불법 행위는 물론 다른 법률로 처벌되는 중상 비방이나 명예 훼손과는 구별된다. 어떤 사적 사실이 설령 진실이라고 할지라도 그것을 유포했을 때 개인의 인격이 훼손된다면, 이는 프라이버시에 대한 중대한 침해다. 이러한 정보의 프라이버시를 과연 법적으로 보호해야 하는가에 대해서는 여전히 논란이 있지만, 이것이 개인의 사회적 정체성에 중요하다는 사실은 부인할 수 없다.

세 번째 침해 방식은 허위 조작false light이다. 예컨대 어떤 사람의 사진을 전혀 상관없는 기사, 변태 성욕에 관한 기사에 사용한다면, 이는 개인의 정보를 심각하게 왜곡하는 것이다. 그뿐만 아니라 오늘날의 기술은 사진을 합성하고 조작해서 전혀 있지도 않은 사실을 만들어내기까지 한다.

네 번째 침해 방식은 전유appropriation다. 다른 사람의 이름, 사진이나 이미지를 자기 자신의 이익을 위해 도용하는 것이 여기에 속한다. 포르노 사이트에 등록하기 위해 다른 사람의 이름을 몰래 이용한다면, 이는 개인의 의지와 상관없이 전혀 다른 정체성을 그에게 부과하기 때문에 프라이버시를 파괴한다.

이러한 행위들은 법적으로 규제해 프라이버시를 보호해야 한다. 자유민주주의 국가에서 모든 개인은 "혼자 있을 일반적 권리"[32]를 갖는다. 정보의 관점에서 보면 혼자 있을 권리는 근본적으로 누가 언제 나에 관한 지식을 가져도 되는가를 스스로 통제할 수 있는 권력을 전제한다. 모든 인간관계는 우리가 서로에 대해 갖고 있는 지식에 기반을 둔다. 진부하기까지 한 이 자명한 사실은 정보 프라이버시의 근거다. 우리가 서로에 대해 갖고 있는 지식, 기대 및 추정의 — 취약한 — 안정성이 보장될 때만, 다른 사람들 앞에서 스스로를 자율적으로 표현할 수 있다. 정보의 프라이버시는 이처럼 어떤 개인에 대해 누가, 무엇을, 어떻게 아는가를 스스로 결정하는 것이다. 공간의 프라이버시에서 살펴본 것처럼 개인이 물러날 사적 공간은 항상 사회적 관계의 경계선을 형성한다. 마찬가지로 개인의 정보가 보장되는 비밀의 영역이 있을 때, 우리는 우리의 삶을 스스로 결정할 수 있다. 우리가 흔히 결정할 수 있는 여지 또는 공간이 있다고 말하는 것처럼, 사적 공간과 정보는 비로소 개인적인 결정의 자유를 가능케 한다.

3

'결정'의 프라이버시

(1) 사적 문제와 결정의 자유

우리가 자신만의 공간을 갖고 또 자신에 관한 정보를 통제하고자 하는 것은 결국 자신의 삶을 스스로 결정하기 위해서다. 우리의 사회가 항상 '개인들의 사회'인 것처럼, 우리의 삶과 삶의 형식은 항상 타인의 존재와 타인과의 관계를 전제한다. 우리가 스스로 내린다고 생각할지라도, 결정은 타인과의 관계에서 이루어진다. 선택의 대안들은 항상 끊임없이 변하는 관계에서 나오기 때문이다. 이런 관점에서 보면 우리의 개성은 "다른 사람 및 사물과의 관계에서 스스로를 통제하는 것"[33]이라고 할 수 있다.

우리의 삶을 스스로 결정할 수 있기 위해 필요한 사적 활동 공간이 바로 '결정의 프라이버시'decisional privacy다. 물론 이 개념은 개인이 모든 것을 스스로 결정할 수 있다는 오해를 불러일으킨다. 한편으로 이 개념은 피임 수단의 선택과 낙태 결정에 관한 미국의 법 해석으로부터 출발하기 때문에 적용 영역이 매우 제한적이며, 다른 한편으로는 결정에만 국한된다는 인상을 준다. 프라이버시를 기본적으로 자유를 실현하는 영역으로 이해한다면, 결정의 프라이버시는 개인의 결정뿐만 아니라 행동 방식과 삶의 형식 전체를 포괄한다. 결정의 프라이버시는 근본적으로 우리가 어떤 존재고, 또 어떤 존재로 살기를 원하는가 하는 윤리적인 문제를 함축하고 있다.

결정의 프라이버시라는 개념은 이러한 오해의 여지에도 불구하고 여전히 유효하다. 그것은 프라이버시에 관한 문헌에서 일반적으로 사용되기 때문만이 아니라,[34] 결정은 공간 및 정보의 프라이버시와 함께 자유 실현의 중요한 한 측면을 서술하기 때문이다. 결정은 항상 결정이 이루어지는 사회적 공간을 전제한다. 개인이 사회에서 물러날 수 있는 은둔의 사적 영역인 '공간의 프라이버시'와는 달리, '결정의 프라이버시'는 공적 영역 내의 사적 공간을 전제한다. 비유적으로 표현하자면, 우리는 사회에 나아갈 때도 항상 자신만의 상징적인 공간을 가지고 다닌다고 할 수 있다. 달리 표현하면, 결정의 프라이버시는 공개된 장소와 공적인 영역에서 보호되어야 할 사적인 행위와 연관이 있는 것이다.

우리가 일상생활에서 많이 사용하는 '그것은 나의 사적인 문제지, 너하고는 상관없어'라는 표현이 말해 주는 것처럼, 공간 및 정보의 프라이버시로 환원될 수 없는 문제가 존재한다. 이런 예들은 충분히 많다. 신앙은 전적으로 개인의 문제다. 생활 양식도 나의 문제지 다른 사람이 간섭할 문제가 아니다. 이처럼 '개인사'라는 용어에서 표현되는 것은 공간의 사적 폐쇄성과 정보의 은폐성이 아니라 ― 모순으로 들릴지 모르지만 ― "공개적인 사적 삶"[35]의 문제다. 이는 우리가 다른 사람들과 함께 살아가는 공개적인 장소와 영역에서도 프라이버시를 보호할 필요가 있다는 것을 말해 준다. 우리가 정당한 근거를 가지고 다른 사람들에게 "그것은 당신과는 상관없는 일이오!"라고 말할 수 있는 프라이버시의 문제가 존재한다. 그렇기 때문에 우리는 공적 영역에서도 다른 사람의 상징적 접근과 간섭을 스스로 통제할 수 있는 프라이버시를 보호해야 한다.

그렇다면 언제 이러한 정보의 프라이버시가 요구되는가? 우리는 어떤 종교를 가질 것인지, 어떤 교회에 나갈 것인지, 무엇을 공부할 것인지, 즉 어떤 사람이 될 것인지를 스스로 결정하고자 한다. 어떤 개인이 추구하는 삶의 목표와 관련된 행동 방식이나 삶의 형식이 문제가 될 때, 우리는 정보의 프라이버시를 요구하게 된다. 어떤 결정과 행동 또는 삶의 형식이 한 개인에게 중요하면 할수록, 그는 이러한 것들을 더욱더 사적인 문제로 이해하려는 경향을 띤다.

물론 이러한 결정들은 자유민주주의 국가에서 일반적으로 자유권을 통해 보호된다. 배우자를 스스로 선택할 수 있는 자유, 거주 이전의 자유, 생활 양식의 선택은 모두 헌법으로 보장된 권리들이다. 그러나 이러한 권리들은 항상 우리가 방해받지 않고 살 수 있는 사회적인 공간을 전제한다. 결정의 프라이버시가 요구되는 까닭이 여기에 있다.

> "프라이버시는 간섭, 순응의 압박, 비웃음, 처벌, 불리한 결정, 그리고 다른 형태의 적대적인 반응들을 막아 준다. 이런 역할을 하는 정도까지, 프라이버시는 특정한 행위의 마음에 들지 않는 결과를 제거하고, 또 그렇게 그 행위를 수행할 자유를 증대시킴으로써 행위의 자유를 촉진시키는 기능을 갖는다."[36]

개인은 모든 사회적 관계에서 결정의 프라이버시를 주장할 수 있다. 이 시대의 아들딸들은 자신이 어떤 친구를 사귀든 상관하지 말라고 부모에게 요구한다. 우리의 의상이 조금 튄다고 해서 다른 사람들이 이러쿵저러쿵 말하는 것을 원치 않는다. 우리가 포르노 잡지를 살 경우에도 판매원이 야릇한 언사를 하지 않기를 바란다. 그가 우리를 나쁘게 생각하는 것만으로 우리의 프라이버시를 침해받았다고 생각할 수는 없겠지만, 그의 생각을 우리가 느낄 수 있도록 표현한다면 우리의 프라이버시는 훼손당한다. 이 모든 행위, 결정과 삶의 형식은 자유권에 기반을 두지만, 이러한 자유권들은 근본적으로 사회적 공간에서 개인을 보호할 수 있는 프라이버시에 상당 부분 의존한다.

결정의 프라이버시는 사회적 공간에서 스스로 결정한 삶을 살아가려는 개인의 모든 계획과 시도를 보호한다. 사회적 공간에서 갈등이 생겼을 때 이를 해결할 수 있는 것이 자유권이라고 한다면, 결정의 프라이버시는 자유권이 실현될 수 있는 사회적 공간과 맥락을 창출한다. 자유와 결정의 프라이버시의 관계를 가장 예리하게 인식한 철학자는 존 스튜어트 밀이다. 밀은 프라이버시를 자유로 환원시키려는 경향을 갖고 있지만, 우리는 오히려 이러한 상관 관계로부터 자유 실현에 대한 프라이버시의 적극적인 의미를 읽어 낼 수 있다.

> "개인과 구별되는 것으로서의 사회가 어떤 이익을 갖는다면, 다만 간접적인 이익만을 갖는 행위의 영역이 있다. 즉 그것은 자기 자신에게만 영향을 미치는 한, 개인의 인생과 행위의 영역을 총괄적으로 포함하거나, 그렇지 않고 만일 다른 사람에게 영향을 미친다면 자신들의 자유롭고 자발적이며 기만당하지 않은 상태에서 동의하고 참여하는 다른 사람들의 경우만을 말한다."[37]

자기 자신에게만 영향을 미치는 행위의 영역은 두말할 나위도 없이 프라이버시다. 그렇지만 우리는 항상 사회적 맥락에서 살아가기 때문에 우리의 행위를 통해 항상 다른 사람에게도 영향을 미칠 수 있다. 나에게만 직접적으로 영향을 미치는 프라이버시도 간접적으로는 다른 사람에게 영향을 미칠 수 있다는 것이다. 그러므로 결정의 프라이버시는 항상 사회적 관계 속에서 구성되어야 한다. 밀은 이러한 프라이버시의 사회적 관계를 세 가지 명제로 서술한다.

> ① "자유는 의식의 내면적 영역을 포함한다."
> ② "자유의 원칙은 기호를 즐기는 자유와 목적을 추구하는 자유를 요구한

다."

③ "각 개인이 갖는 이 자유로부터 동일한 한계를 갖는 개인간의 결사의 자유가 도출된다."[38]

양심의 자유, 사상과 감정의 자유, 그리고 표현의 자유를 포괄하는 첫 번째 명제는 프라이버시의 직접적인 영역을 의미한다. 우리의 몸과 우리의 내면에서 이루어지는 모든 활동은 가장 본질적인 프라이버시 공간이기 때문이다. 결정의 프라이버시와 관련된 명제는 바로 두 번째의 것이다. '기호와 목적 추구의 자유' liberty of tastes and pursuits는 근본적으로 우리의 삶 전체와 관련되기 때문이다. 우리는 사적 영역뿐만 아니라 사회 안에서도 우리의 삶을 스스로 결정할 수 있는 권리를 갖는다. "우리가 하는 행동이 동포들에게 해를 끼치지 않는 한에서는 그들로부터 방해받지 않으면서 우리 자신의 개성에 적합한 인생 계획을 설계하고, 초래될 결과를 감수한다는 조건하에서 우리가 좋아하는 것을 행할 수 있는 자유를 요구한다."[39] 셋째 명제는 현대 사회가 기본적으로 프라이버시에서 출발한 자유의 사회임을 분명히 밝히고 있다.

이런 자유민주주의 사회에서는 개인적인 행위의 모든 부분을 공공의 권위로써 규제하는 것이 불가능할 뿐만 아니라, 또 정당화될 수도 없다. 개인의 삶과 행동에 간섭하는 것은 결과적으로 프라이버시의 자유를 침해하는 것이다. 자유라는 이름에 합당한 유일한 자유는 "우리가 타인의 행복을 탈취하려고 시도하거나, 행복을 성취하려는 노력을 방해하지 않는 한에서, 우리 자신의 방법으로 우리 자신의 선을 추구하는 자유다freedom of pursuing our own good in our own way."[40] 밀은 '각 개인이 자신의 육체적 또는 정신적이고 영적인 건강의 적절한 보호자'라는 개인주의적 전제에서 출발해 자유민주주의 사회의 방향을 제시한다. "각자가 자신에게 좋다고 생각되는 방식대로 살도록 내버려 두는 것이 각 개인을 타인에게 좋다고 생각되는 방식대로 살도록 강제하는 것보다 인류에게 큰 혜택을 준다."[41]

밀은 결정의 프라이버시가 사회적 영역에서 자유를 실현하는 데 결정적인 역할을 담당한다고 주장한다. 우리가 다른 사람들과 함께 사회를 구성하고 또 사회적으로 살아가는 것은 부인할 수 없는 사실이지만, 다른 사람들에게 우리의 모든 결정, 행동 방식과 삶의 양식을 정당화할 필요는 없다. 나에게만 영향을 미치고 다른 사람들과는 상관없는 결정과 행위들이 있다는 것이다. 비록 "우리의 행위가 그들의 눈에 바보스럽거나, 기이하거나, 잘못된 것으로 보일지라도",[42] 그들에게 영향을 미치지 않는 한 우리는 오히려 그들에게 절제와 무관심, 그리고 불간섭을 요구할 수 있다. 이처럼 사회적 공간에서 방해받지 않고 나의 방식대로 살아갈 수 있는 자유가 바로 '결정의 프라이버시'다.

(2) '사회 내 사적 공간'과 거리두기

결정의 프라이버시 이념은 사회 안에서 사적 공간을 확보함으로써 우리가 실현할 수 있는 자유를 구체화한다. 우리가 프라이버시를 위해 전제했던 사적 영역과 공적 영역의 경계는 사회와 가정만을 구별하는 것이 아니라 사회 안에서도 설정된다. 자유주의 사회에서 "사회 조직의 관점은 각자가 최선의 능력을 다해서 자기 창조를 할 수 있는 기회를 갖도록 하는 것"[43]이기 때문에 사회 자체도 사적인 측면과 공적인 측면으로 구별된다. 사회에 관한 공적 논의는 인간다움에 대한 보편적 합의를 전제한다는 점에서 형이상학적이라면, 사회에 관한 사적 논의는 자신의 시각에 대한 철저한 회의를 바탕으로 단지 새로운 시도를 한다는 점에서 역설적이다.[44] 이처럼 사회에서 이루어지는 논의와 사용되는 낱말들은 근본적으로 "자기 창조와 정의, 사적 완성과 인간 유대"[45]로 분류된다. 자기 창조와 사적 완성이 사적인 문제라면, 정의와 인류의 유대는 공적인 문제다.

로티는 잔인함이 우리가 할 수 있는 가장 나쁜 일이라고 생각하는 사람들이 자유주의자라고 말하면서, 자유주의자들은 한편으로 사회를 통해 자신을 창조하고 자신이 어떻게 살 것인가를 스스로 결정하지만, 다른 한편으로는 자기 창조에 필요한 자신의 신념과 욕망들이 절대적인 것이 아니라 우연적이라는 점을 인정한다. 자기 창조가 순수하게 사적인 의미만 갖고 있다면, 자유주의자들이 자신의 신념과 욕망 속에 인간에 의한 인간의 모욕이 끝날 수 있다는 희망을 포함시킨다는 점에서 동시에 공적인 관심을 갖는다.

그렇다면 우리는 어떻게 사회 안에서 사적인 공간을 확보할 수 있는가? 사회 안에서 사적인 것과 공적인 것의 구별은 어떻게 이루어지는가? 우리는 사회 안에서도 다양한 관계를 맺는다. 다시 말해 우리가 프라이버시의 주장을 제기할 수 있는 수신인들은 다양하다. 우선 친밀한 타인이 있으며, 친구 관계의 타인, 친구는 아니지만 잘 알고 있는 타인, 그리고 끝으로 익명의 제삼자가 있을 수 있다. 이런 관계 속에서 우리는 상호 알고 있는 지식을 토대로, 사적인 삶과 자율의 다양한 측면들이 화제가 되고 문제가 된다. 프라이버시가 주장하는 내용은 관계의 대상에 따라 달라진다. 우리가 배우자, 자식 또는 친구들에게 요구하는 프라이버시와 단순한 친지나 익명의 타인들에게 요구하는 프라이버시는 다르다. 물론 이 경우에 무엇이 나에게만 영향이 있는 프라이버시의 문제인지, 아니면 다른 모든 사람과 상관 있는 공적인 문제인지는 관습에 따라 다르지만, 자신의 삶을 스스로 결정할 수 있는 공간을 제공해야 한다는 것은 프라이버시가 주장하는 규범의 척도로 작용한다.

그렇다면 우리는 공적인 특성을 갖고 있는 사회에서 어떻게 결정의 프라이버시를 주장하는가? 우리는 어떻게 다른 사람에게 결정의 프라이버시를 존중해 줄 것을 요구하는가? 사회 안에서 사적 공간을 확보하는 방법, 즉 프라이버시에 대한 존중을 표현하는 방법은 다름 아닌 '거리두기'다. 우리는 자식의 미래와 안위를 염려해 적극적으로 개입하지만, 어떤 친구를 사귀고 또 어떤 직업을 가질 것인가를 스스로 결정하도록 내버려 두고 '자제'한다면, 그것은 친밀한 타인에 대한 거리두기다. 친구의 튀는 의상이 눈에 거슬릴지라도 그의 사적인 문제로 내버려 두고 어떤 비평도 삼간다면, 이러한 유보 역시 친구 관계의 타자에 대한 거리두기다. 우리가 지하철 안에서 사적인 개인사에 대해 서로 이야기를 주고받는 다른 사람들의 말에 무관심하다면, 그것은 공공장소에서 그들에게 사적인 공간을 만들어 주는 거리두기다. 이처럼 '자제', '유보', '무관심', '비인지' 같은 거리두기를 통해 모든 사회적 관계에는 공/사를 구별하는 하나의 경계선이 그어진다. 우리는 이 경계선을 토대로 부당한 간섭을 거부할 수 있는 결정의 프라이버시를 주장할 수 있다.

현대 자유민주주의 사회를 상징하는 것은 의심의 여지없이 대도시다. 대도시는 익명성과 다원성의 장소다. 이 도시 공간은 개인에게 자신의 삶을 스스로 결정할 수 있는 자유를 보장하면서, 다른 한편으로는 자유주의적 유대를 가능케 한다. 이 도시 속에서 우리가 독립적인 개인으로 함께 살아갈 수 있는 방식이 바로 '거리두기'다. 독일의 사회학자 게오르그 짐멜은 대도시에서 살아갈 수 있는 조건이 바로 유보와 무관심이라고 단언한다. "신체적 근접과 밀착은 정신적 거리를 비로소 뚜렷하게 만들기 때문에, 매우 비좁은 대도시의 혼잡 속에서보다"[46] 개인들 상호간의 유보와 무관심이 더 필요한 곳도 없다는 것이다. 남에 대해 비평을 유보하는 자제와 신경을 끄는 무관심은 대도시 삶의 정신적 조건이라는 것이다. 이러한 태도가 현대인의 자율적 삶의 필수 조건이라는 점 또한 부인할 수 없다.

이런 맥락에서 철학자 네이글은 자유주의 문화가 요구하는 거리두기의 도덕을 '시민 예절'civility로 부각시킨다. 생활 계획과 생활 방식의 다원성을 전제하는 자유주의 사회에서 시민들은 "서로에게 어느 정도의 공간을 남겨 놓기를 원하다"고 전제하면서, 이러한 프라이버시의 주장은 항상 "자제의 요소"[47]를 함축하고 있다고 말한다. 이러한 시민적 거리두기는 물론 단순한 정중함과 공손함을 의미할 뿐만 아니라, 개인들에게 프라이버시의 상징적 공간을 보장한다. 다른 사람의 간섭은, 그것이 설령 바람직하지 않은 촌평small talk의 형식으로 이루어진다고 할지라도, 이러한 프라이버시를 심각하게 훼손한다.

사회 안에서의 프라이버시 공간은 거리두기를 통해 만들어진다. 물론 이 공간에서도 결정의 프라이버시에 대한 개인의 주장과 사회적 공공성 사이의 갈등이 형성된다. 일상생활에서 우리는 관습과 보편적인 도덕에 입각해 타인의 삶과 행위에 간섭하려는 "도덕 경찰"moral police[48]의 사례들을 어렵지 않게 발견한다. 현대 자유민주주의 사회에서 도덕 경찰은 대부분 "자신이 좋아하고 싫어하는 기호를 도덕법칙의 성격으로 부적절하게 포장한 것"에 불과하다. 어느 누구도 단순히 술 취했다는 이유로 간섭을 받거나 처벌되어서는 안 된다. 물론 술 취한 사람이 위험에 처했을 때는 간섭해야 하고, 또 군인이나 경찰이 근무 중에 술에 취한 것은 처벌 사유가 된다. 여기서 문제가 되는 것은 다른 사람에게 해를 입히지 않는 한에서의 사적인 결정과 행동 양식, 그리고 삶의 형식이다. 따라서 공적인 사회 안에서 이루어지는 사적인 삶에서 비롯되는 갈등과 긴장들은 거리두기를 통해 어느 정도 중성화될 수 있다.

"대중에 대한 구체적인 의무를 저버리는 행동이나 자신을 제외한 어떤 특정한 사람에게 눈에 띌 만한 해를 입히지 않는 행동을 함으로써, 한 개인이 사회에 끼치는 단순히 개연적 또는 추정적 상해라고 불릴 수 있는 것에 대해서, 그 정도의 불편은 인간 자유의 더 큰 선을 위해 사회가 감내할 수 있는 것이다."[50]

결정적 프라이버시의 상징적인 공간은 개인들이 자신의 자유를 방해받지 않고 살 수 있도록 보장한다. 결정의 프라이버시를 보장하는 사회적인 실천과 자세는 자제, 유보, 무관심 같은 거리두기다. 여기서 우리는 현대 다원주의 사회의 도덕적 요청인 '관용'과 결정의 프라이버시의 관계를 살펴볼 필요가 있다. 관용은 일차적으로 개인을 정치적·종교적 또는 문화적 집단의 일원으로 파악한다. 반면에 결정의 프라이버시는 개인을 다른 모든 사람과의 관계에서 개별적인 신념과 기호를 갖고 있는 개체로 파악한다. 그뿐만 아니라 관용은 내가 좋아하지 않고 거부할 수 있는 가치와 신념이 문제가 될 때 요구되지만, 다른 사람의 프라이버시에 대한 자제와 무관심은 다른 사람의 가치와 신념에 대한 평가와 관계없이 요구된다. 결정의 프라이버시는 개인의 자유와 자율을 방해하거나 제약할 수 있는 모든 간섭에 대한 자제를 전제한다. 결정의 프라이버시는 관용의 도덕법칙보다 포괄적이다.

프라이버시는 전체적으로 개인적인 자유의 보루고, 자유를 실현하는 공간이다. 현대 사회가 다양한 신념과 가치를 가진 개인들로 구성된 다원주의 사회라고 한다면, 프라이버시는 이 사회 속에서 우리가 우리의 삶을 스스로 계획할 수 있는 자유 공간을 만들어 준다. 정치는 바로 이러한 공간을 창조하는 일이며, 이러한 공간의 목적은 바로 자유다. 자유는 다양성을 기반으로 하기 때문에 다양성을 인정하지 않는 사회는 그 안에 항상 전체주의의 싹을 함께 키운다. 그렇다면 우리는 어떻게 이러한 정치적 공간을 만들어 갈 수 있는가? 프라이버시의 관점에서 보면 정치는 개인에게 사적인 공간, 정보의 은폐, 그리고 결정의 자율을 보장할 때 비로소 다원주의적 자유 사회를 발전시킨다. 이러한 프라이버시의 정치는 항상 사적 영역과 공적 영역의 경계 설정과, 사회 안에서도 사적인 것과 공적인 것의 거리두기를 전제한다.

이런 관점에서 현대 정치의 패러다임은 점진적으로 변화하고 있다. 보편적 가치를 전제했던 계급 투쟁, 인간 해방과 같은 거대 서사에서 가치의 우연성에 기반을 둔 작은 이야기들로 정치의 중심이 옮겨 가고 있다. 현대 정치를 결정하는 최종 어휘들은 대체로 '차이', '인정', 그리고 '정체성'이라는 용어로 압축된다.

> "사회주의 이후의 조건은 정치적인 주장의 문법에서 나타난 전환과 관계가 있다. 집단의 차이를 인정하라는 주장은 최근 시기에 점점 더 두드러졌는데, 이 시기에 사회적 평등에 대한 주장이 퇴색했다. 이러한 현상은 두 차원에서 관찰될 수 있다. 물론 경험적으로, 우리는 '정체성 정치'가 부상하고 계급이 분산되는 것을 목격했으며, 매우 최근에는 이에 상응하는 사회 민주주의가 후퇴하는 것을 지켜보았다. 그러나 조금 더 깊은 차원에서, 우리는 정치적 상상력, 특히 정의가 상상되는 방식에서 명백한 전환이 일어나는 것을 목격했다. …… 그 결과는 사회 정치에서 문화 정치를 분리한 것이며, 문화 정치에 의한 사회 정치의 상대적 침식이다."[51]

사회가 다양해질수록 개인의 프라이버시를 침해할 가능성 역시 증대한다. 사회는 항상 동일한 신념과 가치를 토대로 집단화하고, 동시에 이 집단 바깥 사람들의 가치를 평가 절하해 아웃사이더로 만드는 경향이 있기 때문이다. 가치와 가치, 집단과 집단이 충돌할 때 우리는 관용을 도덕법칙으로 주장할 수 있다. 그러나 이 경우에도 개인에게 적극적인 의미의 자유 공간을 제공하지 못한다. 프라이버시의 정치는 근본적으로 개인의 자유 공간을 가능한 한 확대하는 것을 목적으로 한다.

프라이버시의 정치는 계급적 연대보다는 개인의 차이를 주목함으로써 자유주의 사회를 추구한다. 개인의 차이는 우리가 어떤 존재로 살기를 원하는가 하는 실존적 자기 이해를 전제하기 때문에 순전히 윤리적인 문제다.[52] 개인은 다른 사람과의 관계에서 거리두기를 통해 자신의 공간을 확보하며, 이 공간에서 자신의 정체성을 형성해 간다. 우리를 둘러싸고 있는 사회와 사람들이 우리 자신에 대한 부정적 이미지를 보여준다면, 우리는 결코 우리 자신의 삶을 원하는 방식대로 결정할 수 없지 않은가?[53] 우리가 프라이버시를 통해 보호하고자 하는 것은 바로 자신의 삶을 스스로 결정할 수 있는 자유다. 그러므로 현재 자유주의 사회가 추구하는 차이의 정치는 타인의 인정을 통해 자신의 정체성을 형성하고자 하는 문화 정치의 형식으로 표현된다. 우리 사회가 점점 더 다양해진다는 점을 인정한다면, 프라이버시는 그 어떤 사회적인 과제보다도 개인의 삶의 완성과 자기 실현을 위해 더욱더 중요해진다.

주

1 Beate Rössler, *Der Wert des Privaten* (Frankfrut am Main: Suhrkamp, 2001), 257쪽.

2 Virginia Woolf, *A Room of One's Own* (London, 1977)을 참조할 것.

3 Hannah Arendt, *The Origins of Totalitarianism* (San Diego/New York/London: A Hervest Book Harcourt, 1985), 476쪽. 한국어판: 한나 아렌트/이진우·박미애 옮김, 『전체주의의 기원 2』(한길사, 2006), 280쪽.

4 같은 곳.

5 이에 관해서는 Emmanuel Lévinas, *Totalität und Unendlichkeit. Versuch über die Exteriorith* (Freiburg, 1987), 217쪽 이하를 참조할 것.

6 Martin Heidegger, *Sein und Zeit* (Tübingen, 1077), 104쪽.

7 이에 관해서는 C. Fried, *An Anatomy of Values* (Cambridge, 1970), 143쪽 이하를 볼 것.

8 이에 관해서는 W. Sofsky, *Verteidigung des Privaten* (München: C. H. Beck, 2007), 124쪽.

9 C. Fried, *An Anatomy of Values*, 143쪽.

10 이에 관해서는 Beate Rössler, *Der Wert des Privaten*, 274쪽을 참조할 것.

11 Max Horkheimer, "Autorität und Familie", in M. Horkheimer, *Kritische Theorie: Eine Dokumentation*, Bd. 1, A Schmidt(ed.) (Frankfurt am Main, 1968), 346쪽.

12 이에 관해서는 Krishan Kumar, "Home: The Promise and Predicament of Private Life at the End of the Twentieth Century", In J. Weintraub and K. Kumar(eds.), *Public and Private in Thought and Practice* (Chicago & London: The University of Chicago Press, 1997), 222쪽을 참조할 것.

13 같은 곳.

14 I. M. Young, *Intersecting Voices: Dilemmas of Gender, Political Philosophy and*

Privacy (Princeton University Press, 1997), 196쪽.

15 Catherine A. MacKinnon, "Privacy v. Equality", in *Feminism Unmodified* (Cambridge, MA: Harvard University Press, 1987), 101쪽.

16 Axel Honneth, "Zwischen Gerechtigkeit und affektiver Bindung. Die Familie im Brennpunkt moralischer Kontroversen", in *Deutsche Zeitschrift für Philosophie* 6 (1995), 997쪽.

17 John Rawls, "The Idea of Public Reason Revisited", in J. Rawls, *Collected Papers*, ed. by S. Freeman (Cambridge, Mass.: Harvard University Press, 2001), 573~615쪽 중 597쪽.

18 이에 관해서는 Ernst Tugendhat, *Vorlesungen über Ethik* (Frankfurt am Main, 1993), 272쪽 이하를 볼 것.

19 이에 관해서는 Anthony Giddens, *The Transformation of Intimacy, Sexuality, Love, and Eroticism in Modern Societies* (Stanford University Press, 1993)을 참조할 것.

20 A. F. Westin, *Privacy and Freedom* (New York, 1967), 7쪽 참조.

21 C. Fried, "Privacy", in *Yale Law Journal* 77 (1968), 482쪽.

22 Norbert Elias, *Über den Prozeß der Zivilisation. Bd. 2: Wandlungen der Gesellschaft. Entwurf zu einer Theorie der Zivilisation* (Frankfurt am Main, 1976), 397쪽. 한국어판: 노르베르트 엘리아스/ 박미애 옮김, 『문명화 과정 2』(한길사, 1999), 382쪽.

23 Beate Rössler, *Der Wert des Privaten*, 209쪽.

24 이에 관해서는 G. Whitaker, *Das Ende der Privatheit. Überwachung, Macht und soziale Kontrolle im Informationszeitalter* (München, 1999); A. Etzioni, *The Limits of Privacy* (New York, 1999)를 참조할 것.

25 Beate Rössler, *Der Wert des Privaten*, 217쪽을 참조할 것.

26 이에 관해서는 David Brin, *The Transparent Society: Will Technology Force Us to Choose Between Privacy and Freedom* (New York: Basic Books, 1998), 108~113쪽을 참조할 것.

27 이에 관해서는 Daniel J. Solove, *The Digital Person: Technology and Privacy in the*

Information Age (New York and London: New York University Press, 2004), 28쪽을 볼 것.

28 M. Foucault, *Überwachen und Strafen: Die Geburt des Gefängnisses* (Frankfurt am Main: Suhrkamp, 1977), 263쪽.

29 J. Benthan, "Panopticon Papers", in P. M. Mack(ed.), *A Bentham Reader* (New York, 1969), 194쪽.

30 이에 관해서는 Beate Rössler, *Der Wert des Privaten*, 224쪽을 참조할 것.

31 S. D. Warren and L. D. Brandeis, "The Right to Privacy", in F. D. Shoeman(ed.), *Philosophical Dimensions of Privacy: An Anthology* (Cambridge, Mass.: Cambridge University Press, 1984), 75~103쪽; William Prosser, "Privacy", in *California Law Review 48*, No. 3 (1960), 389쪽 이하.

32 S. D. Warren and L. D. Brandeis, "The Right to Privacy", 같은 책, 82쪽.

33 Norbert Elias, *Die Gesellschaft der Individuen* (Frankfurt am Main: Suhrkamp, 2001), 57쪽.

34 이에 관해서는 Ferdinand D. Schoeman, "Privacy: philosophical dimensions of the literature," in F. D. Schoeman(ed.), *Philosophical Dimensions of Privacy*, 1~33쪽; F. D. Schoeman, *Privacy and Social Freedom* (Cambridge, 1992), 24쪽 이하를 볼 것.

35 Beate Rössler, *Der Wert des Privaten*, 144쪽.

36 R. Gavison, "Privacy and the Limits of the Law", in *Yale Law Review* 77 (1980), 448쪽.

37 John Stuart Mill, *On Liberty* (London: Penguin Books, 1974), 71쪽. 한국어판: 존 스튜어트 밀/김형철 옮김, 『자유론』(서광사, 1992), 25쪽.

38 같은 곳.

39 J. S. Mill, *On Liberty*, 같은 곳. 한국어판, 26쪽.

40 J. S. Mill, *On Liberty*, 같은 책, 72쪽. 한국어판, 26쪽.

41 같은 곳.

42 같은 곳.

43 같은 곳.

44 로티는 이러한 입장을 '아이러니스트'(ironist)라고 명명한다. 이에 관해서는 같은 책, xv와 73쪽을 참조할 것.

45 R. Rorty, *Contingency, irony and solidarity*, xiv쪽.

46 Georg Simmel, "Die Großtrte und das Geistesleben (1903)", in Georg Simmel, *Aufsätze und Abhandlungen 1901-1908*, Bd. 1 (Frankfurt am Main: Suhrkamp, 1993), 126쪽.

47 Thomas Nagel, "Concealment and Exposure", in *Philosophy and Public Affairs*, Vol. 27, No. 1 (1998), 22쪽과 5쪽.

48 J. S. Mill, *On Liberty*, 152쪽. 한국어판, 114쪽.

49 같은 곳. 한국어판, 113쪽.

50 J. S. Mill, *On Liberty*, 149쪽. 한국어판, 110쪽.

51 Nacy Fraser, *Justice Interruptus: Critical Reflections on the "Postsocialist" Condition* (New York: Routledge Press, 1997), 2쪽.

52 이에 관해서는 J. Habermas, *Die Zukunft der menschlichen Natur* (Frankfurt am Main, 2001), 15쪽을 참조할 것.

53 Charles Taylor, *Multiculturalism and the Politics of Recognition* (Princeton: Princeton University Press, 1992), 25쪽을 참조할 것.

에필로그

자유의 '가능성의 조건'과 프라이버시

I

프라이버시는 자유민주주의 사회의 도덕적 기초다

경계선은 넘어설 때 비로소 경계선으로 인식됩니다. 우리가 일상생활에서 경험하는 것처럼, 행할 때 비로소 그 존재를 깨닫게 되는 것들이 많습니다. 건강할 때는 건강의 중요성을 제대로 알지 못합니다. 건강의 중요성을 깨닫는 것은 우리가 아플 때입니다. 우리가 갖고 있는 사소한 물건들과 편히 쉴 수 있는 조그만 공간의 귀중함도 항상 느껴지지 않습니다. 거리로 내몰려 두 다리를 뻗을 수 있는 공간조차 빼앗길 때, 비로소 우리가 소유한 것의 귀중함을 알게 됩니다. 어디 그뿐입니까? 개인의 인격과 존엄이 소중하게 인식될 때는 이미 권력에 저항할 수 있는 기회를 상당 부분 박탈당했을 때입니다.

철학자의 과제는 아직 넘지 않은 경계선을 지금, 그리고 여기서 미리 보여주는 아방가르드의 예술과 같은 것이라고 생각합니다. 정치적 선善으로 여겨지는 '민주적 투명성'의 맥락에서 우리의 삶이 유리알처럼 투명해지면 질수록 우리는 점점 더 익명화된 권력의 '보이지 않는 손'에 놓아날 수 있습니다. 절대 권력을 보유했던 왕의 머리가 단두대에서 떨어져 나간 이후, 현대의 권력은 근본적으로 보이지 않는 권력입니다. 또한 현대의 권력은 억압의 수단보다는 보호와 배려의 수단을 사용하는 복지 권력입니다. 이렇게 누구에 대항해서, 또 어떤 권력과 대립해서 싸워야 할지 모를 정도로 전선이 불투명해진 현대 사회에서 우리의 자유는 어디에 있는 것입니까? 그 작동 기제를 인식할 수 없을 정도로 복잡해진 상호 의존의 네트워크 속에서 우리는 어떻게 자유의 공간을 확보할 수 있습니까?

이 책은 이런 문제점에서 출발해 현대 자유민주주의 사회의 도덕적 기초라고 할 수 있는 프라이버시의 문제를 해명하려고 했습니다. 그래서 이 책의 제목을 논제에 더 적합하게 '프라이버시의 철학'이라고 했습니다. 아직 뚜렷이 보이지 않지만 자유를 실현하기 위해서는 반드시 필요한 '은폐성'과 '투명성', '익명성'과 '공공성', '사적 영역과 공적 영역'의 경계선을 미리 그려 봄으로써 프라이버시의 도덕적·정치철학적 의미를 살펴보는 것이 이 책의 목적이기 때문입니다.

경계선을 넘어설 때 그 존재와 의미가 분명해지는 것처럼, 글을 쓰는 취지와 목적은 비평적 되새김질이라고 할 수 있는 논평을 통해 더욱 뚜렷해집니다. 어떤 물리적 대상이 우리의 주의를 끄는 방법은 일반적으로 두 가지가 있습니다. 하나는 '강조'고, 다른 하나는 '단절'입니다.[1] 강조는 특별한 대상과 문제를 과장함으로써 우리의 시선을 끌고, 단절은 어떤 대상을 주어진 맥락에서 분리시켜 다른 대상과 연결시킴으로써 그 대상의 의미를 부각시킵니다. 저는 논평도 이와 같은 방식으로 이루어진다고 생각합니다. 이 글의 논평을 맡아 주신 윤평중, 김석수, 진태원 선생님께서는 때로는 더욱 강조해야 할 부분에 밑줄을 그어 주시고, 또 때로는 미처 생각하지 못한 다른 문제들과 연결시켜 줌으로써 논제를 더욱 분명하게 만들어 주셨습니다. 우선, 자유주의 사회에서 프라이버시에 관한 공통된 문제의식에서 출발해 이 책이 나오기까지 담론의 길을 같이 해주신 세 분 선생님께 진심으로 감사드립니다.

선생님들의 논평은 대체로 세 가지 문제로 모아집니다. 첫째, 프라이버시를 철학적으로 조명하는 데 나타나는 '방법론적 문제'입니다. 둘째, 프라이버시와 자유주의의 관계에 관한 '시대 진단의 문제'입니다. 그리고 셋째, 프라이버시 철학을 현실에 적용할 가능성에 관한 '실천철학적 문제'입니다. 다음에서는 세 분의 논평에 대해 따로 답변하는 대신 문제 중심으로 종합적으로 답변 드리고자 합니다.

(1) 프라이버시 철학의 방법론적 문제

프라이버시는 근본적으로 개인에서 출발해 개인의 자유로 귀환합니다. 윤평중 교수가 정확하게 표현한 것처럼 "보다 성숙한 사회로 진화하기 위해 엄격하게 점검되어야 하는 삶의 원형질" 같은 것이기 때문에, 개인의 자유는 현대 사회의 도덕적 기초를 형성합니다. 여기서 개인으로부터 출발한다고 해서 사회적 맥락을 배제한다는 의미는 아닙니다. 개인과 사회는 항상 상호 의존 관계에서 파악되어야 합니다. 칸트의 말을 빌려 표현하자면, 개인이 없는 사회는 공허하고, 사회가 없는 개인은 맹목적이라고 할 수 있습니다.

여기서 우리가 방법론적으로 주목하고자 했던 것은 '개인주의의 역설'입니다. 인간의 삶을 구성하는 개인과 사회의 관계에서 어느 한쪽을 절대화하면 다른 한쪽을 파괴하게 됨으로써 궁극적으로는 절대화된 전자도 공동화됩니다. 개인의 자유를 보장하기 위해 고안된 자유민주주의는 개인의 삶을 복지 대상으로 삼으면 삼을수록 결국 개인의 자유를 구속하게 됩니다. 이는 김석수 교수가 언급한 근대 계몽의 변증법과 밀접한 관련이 있습니다. 데카르트의 방법론적 회의에서 알 수 있는 것처럼, 근대인은 의심을 통해 삶의 근거를 확보하려 하지만 나의 불안을 제거하기 위해 타자의 비밀을 밝혀낼수록 의심은 더 증대된다는 것입니다. 인류의 복지를 위해 자연을 지배하지만, 이는 자연을 황폐화시켜 결국 인간의 삶을 파괴한다는 것입니다.

여기서 우리는 부정의 변증법을 긍정의 변증법으로 전환시킬 필요가 있습니다. 긍정의 변증법은 부정적인 문제를 산출하는 사회적 기제는 '**동시에**' 이를 극복할 가능성도 발전시킨다는 전제로부터 출발합니다. 그렇다면 자유민주주의 사회의 토대라고 할 수 있는 개인주의는 부정적인 문제를 함축하고 있지만, 동시에 이를 해결할 수 있는 이성적 잠재력도 함축하고 있습니다. 김석수 교수가 지적한 "신자유주의가 확산되면서 발생하고 있는 문제들"과 진태원 교수가 언급한 개인주의의 "부정적이거나 병리적인 차원"은 이런 관점에서 접근할 수 있습니다. 신자유주의를 어떻게 이해할 것인가에 관한 논의도 물론 다양하지만, 신자유주의와 이에 대한 비판은 개인주의를 왜곡한다는 점에서 공통적입니다. 왜냐하면 이들은 원자론적으로 분리된 개인들의 적나라한 경쟁이 개인주의의 필연적 결과라고 주장함으로써 개인과 사회의 역동적인 관계를 간과합니다.

한때 신자유주의와 동일시되어 비판의 대상이 되었던 '세계화' Globalization 개념이 쓸모없는 표어가 된 것처럼,[2] 이데올로기로 양식화된 개인주의라는 용어는 포스트모던 사회의 복잡한 현상을 제대로 반영하지 못합니다. 김석수 교수는 "신자유주의의 강세로 사적 영역이 공적 영역을 더욱더 잠식함으로써 복지 부분에서의 인권 상황은 더욱 열악해지고 있다"고 진단하면서, 개인주의에 입각해 사회의 도덕적 기초를 세우는 것에 회의적입니다. 그러나 이러한 우려는 한편으로 복지국가가 개인주의의 문제점을 보완할 뿐이지 개인주의를 대체하는 것은 아니라는 사실을 간과하고 있으며, 다른 한편으로는 프라이버시와 사회 정의가 별개의 문제라는 점을 잊고 있습니다.

우리가 관심을 갖는 것은 복지국가의 이념을 절대화하면 우리의 삶을 통제할 수 있는 권력이 더욱 강화되어, 결국 개인의 인권과 프라이버시가 침해될 수 있다는 점입니다. 미셸 푸코Michel Foucault는 이러한 복지 권력을 '생명제어 권력'Bio-power 또는 '생명제어 정치'Bio-politics라고 명명하면서, 우리의 삶을 보호하고 관리하고 통제하는 권력은 결국 생명을 수단화한다고 지적합니다.[3] 앞에서 이미 지적한 것처럼 우리가 국가에 대항해 권리를 쟁취하는 것이 아니라 국가를 통해 권리를 보호하고자 한다면, 우리의 자유는 어디에 있는 것입니까?

이 질문은 진태원 교수님의 지적으로 이어집니다. 진태원 교수님은 개인주의의 병리적 차원을 언급하면서 "개인 자체가 권력관계 또는 지배 관계의 형성물"이라는 점을 강조하고 있습니다.

> "'개인'이라는 개념은 특히 사회화의 관계에서 볼 때 부정적이거나 병리적인 측면도 함축하고 있다고 봅니다. 이는 개인은 원칙적으로는 자립적이고 독립적인 인격으로 대우받고 존립할 수 있어야 하지만, 실제로는 이러저러한 조건들에 종속되어 있고 그에 따라 상이한 대우와 차별을 받기 때문입니다. …… 따라서 이러한 부정적이거나 병리적인 차원에 대한 분석 없이 프라이버시의 권리를 주장한다는 것은 설득력이 좀 떨어지는 게 아닌가 합니다."
>
> **진태원**[4]

저는 이러한 관점에 전적으로 동의합니다. 푸코에 의하면 권력은—일상 언어는 어떤 사람이 권력을 쟁취했다거나 또는 권력을 잃었다고 말하지만—우리가 획득하거나 상실하거나 공유할 수 있는 것이 결코 아닙니다. 권력은 "수많은 점으로부터, 그리고 불평등하고 가동적인 관계들의 유희를 통해 실행되는 어떤 것"입니다. 그렇기 때문에 권력이 있는 곳에는 항상 저항이 있습니다. 저항은 결코 권력의 바깥에 있는 것이 아니라 항상 권력 안에서 이루어집니다. 이러한 관점에서 보면 프라이버시는 권력관계와 권력 게임을 통해 비로소 형성된다고 할 수 있습니다.

권력관계를 포함한 모든 관계는 이중적입니다. 그것은 우리의 자유에 기여할 수도 있고, 또 우리의 자유를 억압할 수도 있습니다. 우리는 권력관계에 의해 만들어지기도 하지만, 동시에 우리의 행위를 통해 이 관계를 변화시킬 수도 있습니다. 저는 이러한 행위의 최소 조건이 프라이버시라고 생각합니다. 여기서 우리는 방법론과 관련된 세 번째 용어 문제와 마주치게 됩니다. 진태원 교수님은 프라이버시라는 용어가 너무 다의적이어서 혼동의 우려가 있다고 지적합니다. 맞습니다. 우리는 프라이버시를 내용과 상황에 따라 '사생활', '사적 영역', '친밀성' 등으로 번역할 수도 있습니다. 그렇지만 우리의 관심은 자유와의 연관 관계에서의 프라이버시입니다.

이 책에서 프라이버시는 대체로 세 가지 차원에서 정치철학적 용어로 사용되고 있습니다. 첫째, 프라이버시는 관계의 개념입니다. 사적 영역과 공적 영역의 관계 설정을 통해 비로소 이해될 수 있기 때문입니다. 둘째, 프라이버시는 공간과 영역의 개념입니다. 우리는 프라이버시를 추상적인 권리와 특성으로 이해하는 대신 자유를 실현할 수 있는 구체적 공간으로 이해하기 때문입니다. 셋째, 프라이버시는 조건의 개념입니다. 우리가 관심을 갖는 것은 어떻게 하면 개인의 자유가 실현될 수 있는가 하는 문제입니다. 칸트적으로 표현하면, 프라이버시의 철학은 개인적 자유를 실현할 '가능성의 조건'을 집중적으로 해명하고자 합니다. 예컨대 우리가 과연 자유권으로서 '노동의 권리'

를 갖고 있는가, 아니면 사회권으로서 국가에게 '노동에 대한 권리'를 요구할 수 있는가는 여기서 문제가 되지 않습니다. '노동을 하려면 우리에게 어떤 자유의 공간이 우선 보장되어야 하는가?'가 오히려 프라이버시 철학의 관심사입니다. 우리가 쉴 수 있는 구체적 공간의 프라이버시는 노동의 가능성의 조건입니다. 이러한 자유 공간을 확보하려면 우리의 삶을 투명화하려는 권력의 기제를 항상 경계해야 할 필요가 있습니다.

(2) 자유주의 전통과 프라이버시

전통은 변화된 사회 조건 속에서 재해석될 때 비로소 생명력을 갖습니다. 전통 사상에 대한 해석은 항상 우리가 살고 있는 현실에 대한 해석에 기반을 두고 있습니다. 인류의 사상을 되돌아보면 위대한 사상은 전통과의 생산적인 대결을 통해 탄생했습니다. 이런 관점에서 보면 전통의 이해는 항상 전통에 대한 창조적 오해였습니다. 따라서 전통적 자유주의 사상을 현대에 맞게 재해석함으로써 프라이버시의 철학을 발전시키려는 이 책의 의도는 몇 가지 오해를 불러일으킬 수 있습니다.

첫째, 우리는 전통 자유주의 사상을 내재적으로 비판하는 대신 프라이버시와의 관계에서 문제화하고자 했습니다. 윤평중 교수는 "로크로부터 이어지는 전통과는 상이한 스코틀랜드 계몽주의 사상, 즉 애덤 스미스와 데이비드 흄 등의 자유주의 전통"을 언급하면서, 개인주의를 원자론과 동일시하는 것은 "역사적 자유주의의 길을 과도하게 왜소화시키는 전략"이라고 지적합니다. 자유주의 전통 안에는 공동체에서 분리된 원자적 개인의 이미지에 의존하지 않는 개인주의 사상도 있다는 것입니다. 개인주의가 반드시 원자론을 전제할 필요는 없다는 인식에는 전적으로 동의합니다. 우리가 방법론적 원자론을 발전시킨 홉스와 로크를 선택한 것은 바로 이들에게서 '자유의 조건으로서의 프라이버시'를 도출할 수 있다고 믿었기 때문입니다. 개인주의의 부정적 측면을 모두 제거하더라도 홉스의 몸이 암시하는 '공간의 프라이버시'와 로크의 소유로부터 이끌어 낼 수 있는 '정보의 프라이버시'를 부정할 수는 없기 때문입니다.

다른 한편, 김석수 교수는 재해석 과정에 나타나는 내재적인 문제점을 지적합니다. 물론 홉스의 몸은 유기적 생명체라기보다는 기계론에 바탕을 두고 있으며, 또 홉스의 군주론은 '자유를 억압하고 프라이버시를 침해하는 결과'를 낳았다고 비판할 수 있습니다. 김석수 교수의 비판을 들어 보겠습니다.

> "홉스의 '몸'은 기계적인 몸이 아닌가? …… 홉스는 유클리드 기하학과 갈릴레오의 기계론을 수용해 물체의 운동 법칙을 신체와 국가에 적용함으로써 국가 기능의 시스템 안에서 개인의 보존을 인공적으로 구축하고자 한다. 여기에 과연 프라이버시가 어떻게 가능한가?"
>
> **김석수**[5]

홉스의 철학은 물론 자기 시대의 한계에 묶여 있습니다. 그렇지만 홉스의 정치적 인간학이 욕망과 권력의 관계를 정확하게 포착하고 있다는 점이 기계론적 한계로 약화되는 것은 아닙니다. 그뿐만 아니라 홉스의 『리바이어던』은 군주제를 이론적으로 정당화하지도 않았을 뿐만 아니라, 그의 이론이 자유를 억압하는 결과를 초래한 것은 더더욱 아닙니다. 홉스를 절대주의의 대변자로, 그리고 루소를 직접민주주의의 옹호자로 만다는 것은 이들을 이데올로기적으로 곡해하는 것입니다.

홉스와 같이 위대한 사상가들은 정치 과정의 현실과 평화적 공존의 가능성에 관해 무엇인가 말해 주고 있습니다. 우리의 맥락에서 보면 홉스는 권력 존재인 개인들이 어떻게 평화롭게 함께 살 수 있는가에 관해 철학적으로 성찰하는 것입니다. 17세기 영국은 봉건제적 신분 사회의 질서가 해체되고, 경제적으로는 시장과 경쟁이 점점 증대되며, 의회와 왕의 갈등이 정치적 현실을 지배하는 위기의 사회였습니다. 『리바이어던』은 이러한 시대적 위기에 대한 철학적 응답이었습니다. 즉, 권력은 오직 권력에 의해 극복될 수 있다는 것입니다. 우리는 이러한 인식을 프라이버시에 적용할 수 있습니다. 프라이버시는 오직 권력관계를 통해서만 자유 공간으로 확보될 수 있다는 것입니다. 이런 점에서 홉스는 정당하게 자유주의의 창시자로 평가받을 수 있습니다.

둘째, 전통에 대한 우리의 재해석은 근본적으로 우리 시대에 대한 철학적 진단을 목적으로 했습니다. 이는 한나 아렌트와 위르겐 하버마스의 대비에서 분명하게 드러납니다. 김석수 교수는 아렌트가 공론 영역에 우선성을 부여한 것은 사실이지만, 반드시 고전적 본질주의를 답습했다고는 볼 수 없다고 말합니다. 우리가 여기서 관심을 갖는 것은 오로지 아렌트와 하버마스가 근대 개인주의에 의해 축적된 잠재력을 긍정적으로 생각하는가 아니면 부정적으로 파악하는가의 문제입니다. 아렌트가 칸트의 반성적 판단력에 의지해 공동체적인 감각을 강조하는 것은 사실이지만, 이는 오직 공론 영역에서 이루어지는 언어 및 행위와 관련이 있을 뿐입니다. 다시 말해 아렌트는 개인주의로 인해 재구성된 프라이버시 영역의 가능성과 잠재력에는 별다른 관심을 보이지 않는다는 점에서 여전히 고전적 모델에 묶여 있다고 볼 수 있습니다. 이에 반해 하버마스는 개인주의화에 의한 사회 변동을 직시할 뿐만 아니라, 이로 인한 공론 영역의 구조 변동에 주목하고 있습니다. 개인화는 사회화의 이면이라는 하버마스의 인식이 오히려 프라이버시의 중요성을 부각시킬 수 있다고 생각합니다.

(3) 프라이버시의 실천적 문제

논평의 마지막 문제들은 모두 프라이버시의 실천적 문제로 압축됩니다. 현대 사회에서 프라이버시는 어떻게 확보될 수 있는가? 다시 말해 현대 사회에서 프라이버시를 실현할 수 있는 방법은 무엇인가? 이 물음에 대한 논평자들의 질문은 대체로 네 가지로 분류됩니다.

첫째, 우리 사회는 프라이버시가 더 필요한가, 아니면 투명성이 더 필요한가?(김석수 교수) 둘째, 오늘날 대중사회의 영향으로부터 독립된 개인이 원천적으로 존재하기 어렵다면, 대중사회 '속에서' 형성되는 개인의 모습은 어떤 것인가?(윤평중 교수) 셋째, 프라이버시 능력은 어떻게 형성될 수 있는가?(진태원 교수) 넷째, 프라이버시를 보호할 수 있는 구체적인 대책은 어떤 것인가?(김석수 교수)

프라이버시의 침해 사례를 구체적으로 살펴봄으로써 이에 대한 법적·도덕적 대책을 논의할 필요가 있다는 주장을 함축한 마지막 질문은, 엄밀하게 말해 이 글의 취지와 범위를 벗어나기 때문에 앞의 세 질문만을 다루고자 합니다.

첫째, 우리 사회는 프라이버시가 더 필요한가, 아니면 투명성이 더 필요한가? 이 질문은 근본적으로 개인과 사회를 이원론적으로 파악하고 있는 것 같습니다. 다시 말해 프라이버시를 강화하면 사회의 투명성이 약화되고, 사회제도의 투명성을 강화하면 개인의 프라이버시를 침해할 수 있다고 전제하고 있습니다. 그렇지만 프라이버시의 은폐성과 사회의 투명성은 자유민주주의 사회를 받치고 있는 두 개의 기둥과 같습니다. 문제는 오히려 프라이버시가 투명화되고 사회제도 및 권력이 익명화될 때 발생합니다. 우리 모두의 공동 관심사에 관한 공적 논의와 결정이 투명해지면 질수록, 사적 영역을 보호할 제도적인 가능성은 오히려 늘어납니다.

물론 정보공개청구권으로 표현되는 국민의 알 권리는 제도의 투명성과 관련이 있습니다. 그렇지만 어떤 정보가 어느 정도까지 공개될 수 있는가는 법으로 엄격히 규정되어 있습니다. 이 경우에도 개인의 프라이버시를 침해할 수 있는 정보는 가능한 한 공개되지 않는 것이 원칙입니다. 정보공개청구권이 제도적으로 정착되기 위해서도 우리는 사적인 것과 공적인 것을 엄격하게 구별할 수 있는 정치문화를 발전시킬 필요가 있습니다. 이 경우 프라이버시의 보호는 오히려 사회제도의 투명화를 가져올 것입니다.

둘째, 대중사회의 영향에도 불구하고 개인의 프라이버시를 형성할 수 있는가? 이 질문 역시 이 글의 범위를 뛰어넘는 분석과 작업을 요구합니다. 다양한 의존 관계에 예속되어 있는 현대 사회는 근본적으로 정체성 상실의 시대입니다. 형이상학적으로 주어진 의미가 존재하지 않는다면, 우리는 의미를 스스로 창출해야 합니다. 바람직한 삶의 모습, 즉 삶의 규범적 의미를 다른 시대의 모범들로부터 빌려 올 수 없기 때문에 우리는 방향 설정의 척도를 스스로 만들어 내야 합니다. 하버마스는 이러한 특성을 현대성의 핵심으로 이해합니다.[6]

'방향 상실'과 '의미 창조', 이러한 비극적 이중성은 현대인의 운명입니다. 현대인은 의미를 찾으려고 대중문화에 매달리며, 대중문화는 현대인에게 가상의 의미를 제공합니다. 대중문화는 — 비판 이론이 정확하게 지적한 것처럼 — 가상의 욕구를 창출함으로써 현대인으로 하여금 한 의미 대상에서 다른 의미 대상으로 끊임없이 옮겨 가도록 만듭니다. 우리가 우리 자신을 공중에 내보일 때 비로소 자신의 모습을 찾을 수 있다는 '과시 욕구' 역시 대중문화에 의해 만들어진 것입니다. 많은 사람들은 어떤 수단을 쓰더라도 대중매체에 출현해 다른 사람들의 주목을 받으려고 애를 씁니다. 조명등이 꺼지면, 그들은 대중 속으로 사라져 버립니다. 이렇게 덧없는 인기(주목)에 대한 천박한 병적 욕망은 사적인 것을 파괴할 수 있습니다. 대중 속에서 개인의 의미를 찾으려는 경향이 강해질수록, 프라이버시의 파괴에 대한 감각은 점점 더 무뎌질 수 있습니다. 이를 막기 위해서도 우리는 대중사회 속에서 개인이 어떻게 형성되는지를 알아볼 필요가 있습니다.

셋째, 프라이버시 능력은 어떻게 형성될 수 있는가? 이 질문에 답하려면, 우리는 자신의 방법으로 자신의 선을 추구할 수 있는 능력에 관한 자유주의적 입장을 재확인할 필요가 있습니다. 인간이 갖고 있는 이성의 능력을 전제하지 않는다면, 우리는 프라이버시에 관해 논할 필요조차 없을 것입니다. 문제는 이 능력을 어떻게 행사할 수 있는가 하는 것입니다. 칸트의 계몽 개념은 이 문제에 관해 많은 시사점을 던져 줍니다. 칸트에 따르면 계몽은 "스스로 책임이 있는 미성숙으로부터의 탈출"[7]을 의미합니다. 스스로 책임이 있다는 것은 자신의 이성을 다른 사람의 지도 없이 스스로 사용할 줄 모르는 무능력에서 비롯됩니다. 우리는 칸트에 입각해 프라이버시 능력의 형성을 세 단계로 생각할 수 있습니다. 우선, 이성을 스스로 사용한다는 것은 자신의 인격으로 말한다는 것을 의미합니다. 나의 의견, 생각, 감정을 표현할 수 있는 자유주의 문화를 성숙시킬 필요가 여기에 있습니다. 다음으로, 이성을 스스로 사용한다는 것은 이성을 공적으로 사용한다는 것을 말합니다. 이는 무엇이 나만의 개인사고 무엇이 모든 사람과 관련된 공적인 문제인지를 판단하는 것입니다. 끝으로, 이성을 스스로 사용한다는 것은 복종을 요구하는 권력에 저항한다는 것을 의미합니다. 만약 권력이 '멋대로 생각해도 좋다, 그렇지만 복종하라!'고 요구한다면, 이러한 사상의 자유는 오로지 가상의 자유에 불과합니다. 구체적인 프라이버시는 항상 저항의 산물이고 선물입니다. 진태원 교수가 인용한 데리다의 '답변하지 않을 권리'도 이런 맥락에서 이해될 수 있습니다. 루소가 말한 것처럼 진정한 자유는 하고 싶은 대로 하는 데 있는 것이 아니라, 하고 싶지 않은 것을 안 할 수 있는 능력에 있기 때문입니다. 인간에게 가장 사적이라고 할 수 있는 생명을 스스로 파괴하는 자살이 사회에 대한 가장 극단적인 복종 거부인 것처럼, 거부는 항상 프라이버시를 표현하는 가장 사적인 형식입니다.

프라이버시 능력과 관련된 다른 하나의 질문은 몸, 소유, 인격의 상관 관계와 관련이 있습니다. 윤평중 교수는 "몸, 소유, 인격의 스펙트럼 중간에 중대한 균열"이 존재한다고 지적하면서, "인간의 몸에 들어 있는 특유한 욕망과 상상력을 자율과 목적의 도덕법칙에 유기적으로 일치시키는 것은 이론적 차원에서도 결코 쉬운 일이 아니며 실천적 문맥에서는 어려움이 한층 배가"될 수 있다는 점을 강조했습니다.

> "또 하나의 문제는 프라이버시의 도덕적 근거로서 제시된 '몸, 소유, 인격'의 스펙트럼 중간에 중대한 균열이 존재한다는 것이다. …… 그러나 인간의 몸에 특유한 욕망과 상상력을 자율과 목적의 도덕법칙에 유기적으로 일치시키는 것은 이론적 차원에서도 결코 쉬운 일이 아니며 실천적 문맥에서는 어려움이 한층 배가된다. 이는 개인주의의 토대로서 제시된 몸의 지평과 인격의 지평 사이에 엄존하는 간극을 자유주의 이론과 실천 체계

안에서 어떻게 통합할 것인가의 난제로 이어진다."

윤평중[8]

김석수 교수는 같은 맥락에서 "홉스와 로크와 칸트의 개인이 충돌할 때 프라이버시는 어떻게 마련되는가?" 하고 묻고 있습니다. 이 질문들은 모두 개인의 자기 관계, 자기 정의와 직결됩니다. 나는 어떤 존재기를 원하는가? 나는 어떻게 살고 싶은가? 프라이버시는 이 문제를 스스로 결정할 수 있는 '가능성의 조건'이지, 이 문제를 직접 해결하는 것은 아닙니다. 프라이버시가 보장된다고 해서 모든 개인의 정체성 문제가 명쾌하게 해결되는 것은 아니기 때문입니다.

그렇지만 이 질문에 간단하게 대답한다면, 삶의 형식에 관한 최근의 철학적 성찰은 몸의 지평과 인격의 지평을 이원론적으로 구분하지 않습니다. 욕망, 욕구, 본능, 경향 등을 포함한 자신의 몸과 어떤 관계를 맺을 것인가는 바로 어떤 인격으로 다른 사람들과 관계를 맺을 것인가를 결정짓기 때문입니다. 이런 점에서 홉스의 욕망적 개인과 칸트의 도덕적 개인은 외면적으로는 충돌하지 않습니다. 물에 빠진 어린아이를 구할 때 (냉정한 사람인데도 불구하고) 도덕적 의무에서 구하든 아니면 이타심에서 구하든 또는 다른 사람의 인정을 받기 위해 선행을 하든, 구하는 행위에는 차이가 없습니다. 갈등은 그 사람의 내면에서 일어나는 것입니다. 이처럼 자신과의 욕망과 싸워 어느 정도의 질서를 이룰 때, 즉 다른 사람에게 일관성 있게 보일 때 비로소 하나의 인격으로 존중받을 수 있습니다. 이런 맥락에서 플라톤은 외부의 정치

질서인 '폴리테이아'politeia와 연관시켜 '내면의 폴리테이아'politeia en auto를 말하고 있습니다. 이렇게 자기 자신과의 관계를 정립하기 위해서 필요한 것이 프라이버시입니다.

2

프라이버시는 문화적으로 해석되고 실현된다

이번 강연이 진행되는 동안 보여주었던 청중들의 관심만큼이나 질문들은 프라이버시의 철학을 발전시키는 데 많은 도움이 되었습니다. 시간의 제약 때문에 모든 질문들에 하나씩 대답하는 것은 불가능할 뿐만 아니라, 많은 질문들은 논평과 대답을 통해 어느 정도 간접적으로 답변이 되었다고 생각합니다. 다음에서는 청중들의 질문을 커다란 주제로 묶어 종합적으로 생각해 보고자 합니다. 그렇지만 대답을 하기 전에 청중들의 목소리를 직접 들어 보는 것도 좋을 것 같습니다.

"정치인의 사적 영역은 어디까지입니까?"

"학생이 자기 전공을 선택할 때, 사회에 대한 폭넓은 이해와 경험을 쌓은 부모 입장에서 자식이 전공을 선택하는 데 충고 내지 도움말을 주는 것을 침해라고 볼 수 있을까요?"

"가정과 프라이버시 부문에서 오늘날 가족과 부모 간의 관계가 단절되는 현상을, 사적 영역이 지나치게 인정되지 않던 가정에도 프라이버시가 인정되는 긍정적인 면으로 받아들여야 할까요?"

"한국에서는 입사할 때 지원자의 다양한 정보를 요구하고 있습니다. 본적, 최종 학력, 가족 소득, 자가 주택 소유 여부, 심지어 부모 형제의 학력과 졸업 학교를 물어보기도 합니다. 이런 지역주의, 학벌주의로 사람들이 구분되는 현실에서 이 같은 개인 정보 요구는 당연시되어 온 것 같습니다. 개인의 프라이버시 보호 차원에서 이러한 지나친 정보 요구에 대해 개인들은 어떻게 대응해야 할지요?"

"인터넷의 익명성으로 인한 피해로 익명성을 폐지한다고 하는데, 어떻게 생각하십니까?"

"타인에게 해를 끼치지 않고 두 사람만의 관계를 유지하는 것은 프라이버시라고 주장하고 보호받을 수 있는데, 그렇다면 성매매나 배우자 이외의 사람과 관계를 맺을 때도 윤리 측면을 떠나 프라이버시로 존중받을 수 있을까요?"

"프라이버시와 한국 사회의 '정' 이념, 그리고 주위의 관심 표현 간의 관련성은 무엇입니까?"

"한국만이 갖고 있는 특수한 상황에서 프라이버시를 접목시키는 게 좋지 않을까요? 그 나라 그 문화에 맞는 프라이버시 정치학이 필요하지 않을까요?"

(1) 사회 변동과 프라이버시의 문제

첫 번째 문제군은 사회 변동 과정에서 나타나는 개인주의의 기능과 역할, 그리고 이에 따른 프라이버시의 구조 변동과 관련이 있습니다. "개인주의가 과연 현재와 미래 사회에서 적용이 가능한지 의문이 있습니다." "가정과 프라이버시 부문에서 오늘날 가족과 부모 간의 관계가 단절되는 현상을 어떻게 받아들여야 할까요?"

첫째 질문은 개인주의가 과연 인류의 보편사적 경향인가 하는 것입니다. 인류의 역사를 돌이켜 보면 '개인주의화'Individualization는 역사적 경향이라고 생각합니다. 물론 개인주의가 반드시 공동체를 배제하는 것은 아닙니다. 개인과 사회의 관계는 시대에 따라 다른 방식으로 이루어졌습니다. 전통 사회에서는 공동체 중심으로 개인과 사회의 관계가 형성되었다면, 현대 사회에서는 개인과 사회의 관계가 개인 중심으로 재구성되는 것입니다. 공동체 자체도 개인주의화로 인해 구조 변동을 겪는다면, 우리는 이렇게 물어야 할 것입니다. 우리는 과연 어떤 공동체를 원하는가?

둘째 질문은 가정의 구조 변동에서 비롯되는 문제입니다. 독일의 사회학자 울리히 벡이 『지극히 정상적인 사랑의 혼돈』[9]이라는 저서에서 예리하게 분석하는 것처럼, 현대인들은 평생 동안 안정적인 핵가족보다는 다양한 형태의 가족을 경험하고 있습니다. 가족 자체가 해체되거나 사라지지는 않겠지만, 전통적인 가족은 근본적으로 변화하고 있습니다. 전통적 핵가족 외에도 결혼 신고를 하지 않고 함께 사는 동거 가족이 있으며, 부모의 한쪽과 자식으로 구성된 가족도 있고, 독신 가계 가족도 생겨나고 있습니다.

그뿐만 아니라 현대 사회의 많은 갈등들이 가정 문제에서 표출되고 있어 어떤 학자들은 '가족을 둘러싼 문화 투쟁'을 말하기도 합니다. 이 경우에도 프라이버시는 가족의 유대를 강화하는 토대가 될 수 있다고 생각합니다. 개인의 특성과 고유한 사생활을 인정할 때 비로소 가족 구성원 상호간의 감정적인 유대가 지속될 수 있기 때문입니다. 이런 관점에서 우리는 서구 고령화 사회의 가족제도를 예로 들 수 있습니다. 그들은 물리적으로는 떨어져 살지만 서로 배려하는 독특한 유대 관계를 만들어 왔습니다. 노인사회학자들은 이러한 관계를 '거리 둔 친밀성' intimacy at a distance이라고 말합니다.

(2) 프라이버시와 다른 가치의 충돌

청중은 프라이버시와 다른 가치가 충돌할 때 무엇을 먼저 보호해야 하는가에 많은 관심을 보였습니다. '종교의 자유와 프라이버시가 충돌할 때', '정보의 프라이버시가 정보공개청구권과 충돌할 때', '자식에 대한 부모의 사랑과 프라이버시가 충돌할 때'. 이러한 예들은 언뜻 프라이버시가 다른 도덕적 가치들과 충돌하는 것처럼 보이지만, 실제로는 그렇지 않습니다. 우리가 어떤 종교를 가질 것인가는 분명 개인의 프라이버시입니다. 다른 사람에게 특정한 종교를 강요하는 것은 프라이버시를 침해하는 행위입니다. 그렇다면 많은 사람들이 모이는 공공장소에서 특정한 종교를 선교하는 것은 프라이버시와 어떤 관계가 있을까요? 우리가 살펴본 것처럼 다양성이 지배하는 공공장소에서는 다른 사람에게 지나친 관심과 간섭을 자제할 시민 예절civility이 있습니다. 그뿐만 아니라 지나친 소음과 과시는 공동체적 도덕 감정을 훼손할 수도 있습니다. 따라서 공동생활을 불가능하게 만드는 선교 활동은 공중도덕에 어긋날 뿐만 아니라 법 규범을 침해할 수도 있습니다.

정보의 프라이버시는 어떤 정보를 어느 정도까지 공개할 것인가를 스스로 통제하는 것을 의미합니다. 물론, 개인 정보를 요구하거나 공개할 경우에는 그 범위와 정도에 관한 사회적 합의를 필요로 합니다. 성명, 생년월일, 주민등록번호, 주소, 학력, 가족 소득, 취미 등과 같은 개인 정보 중에서 어느 정도까지만 요구할 것인지는 사회적 여건과 관습에 따라 달라질 수 있습니다. 특정 정보가 사회적 불평등을 심화시킬 우려가 있기 때문에 공개하지 않는 것이 좋겠다고 생각한다면, 우리는 정보의 프라이버시를 확대할 수도 있습니다. 그렇지만 이 경우에도 프라이버시에 관한 존중이 선행되어야 하며, 사적인 것과 공적인 것의 경계선을 어떻게 설정할지에 관한 사회적 합의가 있어야 합니다.

(3) 프라이버시의 문화적 특성

프라이버시가 자유를 실현하기 위해 반드시 필요한 조건이기는 하지만, 무엇을 프라이버시로 이해할 것인가는 문화에 따라 달라집니다. "유럽(프랑스 사르코지)의 프라이버시와 미국(클린턴)의 프라이버시가 대중과 관련해 다른 배경은 무엇인지요?" "한국만이 갖고 있는 상황들에서 프라이버시를 접목시키는 게 좋지 않을까요?" "정을 중시하는 한국 사회에서 프라이버시와 관심의 표명은 어떻게 조화를 이룰 수 있을까요?" 이런 질문은 모두 프라이버시의 문화적 특성과 차이에 관해 묻는 것입니다. 프랑스에서는 정치 지도자의 프라이버시에 관해 도덕적으로 비교적 관대합니다. 정치인이 애인이 있든 또는 이혼을 하든 별로 문제가 되지 않습니다. 그들에게 중요한 것은 정치인으로서의 능력과 지도력입니다. 반면, 청교도 윤리가 뿌리 깊은 미국에서는 정치인들에게 더욱 높은 도덕적 덕성을 기대합니다. 그렇지만 이러한 정치문화적 차이가 프라이버시의 의미를 약화하거나 퇴색시키는 것은 결코 아닙니다. 사생활 정보가 정치적으로 오용되거나 악용되어서는 안 된다는 원칙은 여전히 지켜져야 합니다.

프라이버시 철학은 근본적으로 한국 사회에서 가능한 자유의 공간을 지향합니다. 프라이버시를 구체적으로 실천하려면, 우리는 우리 사회의 문화적 전통과 풍토를 고려해야 합니다. 우리의 용어로 말하자면 정情은 프라이버시를 공유할 수 있을 정도의 유대 관계를 구성합니다. 정에는 대체로 두 가지 차원이 있습니다. 물리적 거리의 차원과 정서적 배려의 차원이 그것입니다. 우선, 남이라고 여기지 않을 만큼 두터운 마음이 바로 정입니다. 그러나 정의 관계에서는 개인과 개인 사이의 비인격적impersonal 거리가 존재하지 않을 수 있기 때문에 종종 상처를 받는 일이 생깁니다. 다른 한편, 정은 남을 염려하고 헤아리는 마음입니다. 남을 배려한다는 것은 그가 나와는 다른 생각과 느낌을 가질 수 있다는 것을 인정하는 것입니다. 남이라고 여기지 않을 만큼의 '정서적 가까움'과 동시에 남을 남으로서 배려할 줄 아는 '인격적 거리'personal distance가 있어야 바람직한 정의 관계가 형성됩니다. 정의 관계에서도 프라이버시가 필요한 까닭이 여기에 있습니다. 개인의 프라이버시를 존중하면서도 정이 있는 인간관계를 형성하고자 한다면, 우리는 무엇보다 개인으로 존재한다는 것이 무엇을 의미하는지를 깨달아야 할 것입니다.

주

1 Richard Sennett, *The Conscience of the Eye: The Design and Social Life of Cities* (New York and London: W. W. Norton & Company, 1992), 13쪽 이하.

2 이에 관해서는 Claus Leggewie, *Die Globalisierung und ihre Gegner* (München: C. H. Beck, 2003)을 참조할 것.

3 Michel Foucault, *Histoire de la sexualité, I: La volonté de savoir* (Paris: Gallimard, 1976) 마지막 장과 Giorgio Agamben, *Die Souveränität der Macht und das nackte Leben* (Frankfurt am Main, 2002)을 참조할 것.

4 석학과 함께하는 인문 강좌 시리즈 05:「사회의 도덕적 기초: 자유의 윤리적 토대로서의 개인주의」, 제5주 종합 토론, 36쪽 이하.

5 석학과 함께하는 인문 강좌 시리즈 05:「사회의 도덕적 기초: 자유의 윤리적 토대로서의 개인주의」, 제5주 종합 토론, 23쪽.

6 J. Habermas, *Der philosophische Diskurs der Moderne* (Frankfurt am Main: Suhrkamp, 1985), 16쪽을 참조할 것.

7 I. Kant, "Beantwortung der Frage: Was ist Aufklärung?," *Werke in zehn Bänden*, Bd. 9 (Darmstadt, 1983), 53쪽.

8 석학과 함께하는 인문 강좌 시리즈 05:「사회의 도덕적 기초: 자유의 윤리적 토대로서의 개인주의」, 제5주 종합 토론, 10쪽.

9 Ulrich Beck/Elisabeth Beck-Gernsheim, *Das ganz normale Chaos der Liebe* (Frankfurt am Main: Suhrkamp, 1990)를 참조할 것.

참고문헌

· Abercrombie, Nicholas, Stephen Hill, and Bryan S. Turner, *Sovereign Individuals of Capitalism* (London: Allen & Unwin, 1986).

· Agamben, Giorgio, *Die Souveränität der Macht und das nackte Leben* (Frankfurt am Main, 2002).

· Alderman, Ellen and Caroline Kennedy, *The Right to Privacy* (New York: Vintage Books, 1997).

· Arendt, Hannah, *Vita Activa oder Vom tätigen Leben* (München: Piper, 1981).

· Arendt, Hannah, *The Human Condition* (Chicago: University of Chicago Press, 1973).

· Arendt, Hannah, *The Origins of Totalitarianism* (San Diego/New York/London: A Harvest Book Harcourt, 1985).

· Arendt, Hannah, *Was ist Politik?* (München: Piper, 2005).

· Ariès, Philippe, *Centuries of Childhood: A Social History of Family Life* (New York: Vintage, 1962).

· Ariès, Philippe, Georges Duby, et al.(eds.), *A History of Private Life*, 5 vols. (Cambridge, MA: Harvard University Press, 1987~1991), vol. 3.

· Avineri, Shlomo and Avner de-Shalit(eds.), *Communitarianism and Individualism* (Oxford: Oxford University Press, 1992).

· Beck, Ulrich, *Risikogesellschaft: Auf dem Weg in eine andere Moderne* (Frankfurt am Main: Suhrkamp, 1986).

· Beck, Ulrich/Elisabeth Beck-Gernsheim, *Das ganz normale Chaos der Liebe* (Frankfurt am Main: Suhrkamp, 1990).

· Benhabib, Seyla, *Situating the Self: Gender, Community and Postmodernism in*

Contemporary Ethics (New York: Routledge, 1992).

· Bentham, J., "Panopticon Papers", in P. M. Mack(ed.), *A Bentham Reader* (New York, 1969).

· Bobbio, Norberto, "The Great Dichotomy: Public/Private", in *Democracy and Dictatorship: The Nature and Limits lof State Power* (Cambridge, 1989).

· Brin, David, *The Transparent Society: Will Technology Force Us to Choose Between Privacy and Freedom* (New York: Basic Books, 1998), 108~113쪽.

· Brin, David, *The Transparent Society: Will Technology Force Us to Choose Between Privacy and Freedom?* (Reading, Mass.: Addison-Wesley, 1998).

· Brocker, Manfred, *Arbeit und Eigentum. Der Paradigmenwechsel in der neuzeitlichen Eigentgumstheorie* (Darmstadt, 1992).

· Chandler, Alfred D., *The Visible Hand: The Managerial Revolution in American Business* (Cambridge, MA: Harvard University Press, 1977).

· Cohen, Jean L., "Rethinking Privacy: Autonomy, Identity, and the Abortion Contro-versy". In Jeff Weintraub and Krishan Kumar(eds.), *Public and Private in Thought and Practice. Perspectives on a Grand Dichotomy, edited by* (Chicago & London: The University of Chicago Press, 1997), 133-165.

· Dunn, John, "The politics of Locke in England and America in the eighteenth century". In John W. Yolton(ed.), *John Locke. Problems and Perspectives* (Cambridge, 1969), 45-80.

· Elias, Norbert, *Die Gesellschaft der Individuen* (Frankfurt am Main: Suhrkamp, 2001).

· Elias, Norbert, *Über den Prozeß der Zivilisation. Bd. 1: Wandlungen des Verhaltens in den westlichen Oberschichten des Abendlandes* (Frankfurt am Main: Suhrkamp, 1976).

· Elias, Norbert, *Über den Prozeß der Zivilisation. Bd. 2: Wandlungen der Gesell-schaft. Entwurf zu einer Theorie der Zivilisation* (Frankfurt am Main, 1976).

· Etzioni, Amitai, *The Limits of Privacy* (New York: Basic Books, 1999).

· Foucault, M., *Überwachen und Strafen: Die Geburt des Gefängnisses* (Frankfurt am Main,

1977).
· Foucault, Michel, *Histoire de la sexualité, I: La volonté de savoir* (Paris: Gallimard, 1976).
· Fraser, Nacy, *Justice Interruptus: Critical Reflexions on the "Postsocialist" Condition* (New York: Routledge Press, 1997).
· Fried, C., *An Anatomy of Values* (Cambridge, 1970).
· Gavison, R., "Privacy and the Limits of the Law", in *Yale Law Review* 77 (1980), 428쪽.
· Gavison, R., "Privacy and the Limits of the Law", in *Yale Law Review* 77 (1980).
· Geertz, Clifford, "The Impact of the Concept on the Concept of Man", in *The Interpretation of Cultures* (New York: Basic, 1973).
· Giddens, Anthony, *The Transformation of Intimacy, Sexuality, Love and Eroticism in Modern Societies* (Stanford University Press, 1993).
· Giddens, Anthony, *The Transformation of Intimacy : Sexuality, Love and Eroticism in Modern Societies* (Stanford University Press, 1993).
· Guyer, Paul, "Introduction", in P. Guyer(ed.), *Kant's Groundwork of the Metaphysics of Morals. Critical Essays* (Lanham · Oxford, 1998).
· Habermas, J., "Die klassische Lehre von der Politik in ihrem Verhältnis zur Sozialphilosophie", in *Theorie und Praxis* (Frankfurt am Main: Suhrkamp, 1982), 48–88.
· Habermas, J., *Theorie des kommunikativen Handelns*, 2 Bde. (Frankfurt am Main: Suhrkamp, 1981).
· Habermas, J., *Der philosophische Diskurs der Moderne* (Frankfurt am Main: Suhrkamp, 1985.
· Habermas, J., *Nachmetapysisches Denken* (Frankfurt am Main: Suhrkamp, 1988).
· Habermas, J., *Der philosophische Diskurs der Moderne* (Frankfurt am Main: Suhrkamp, 1985).

· Habermas, Jürgen, *Erläuterungen zur Diskursethik* (Frankfurt am Main : Suhrkamp, 1992).
· Habermas, J., *Faktizität und Geltung. Beiträge zur Diskurstheorie des Rechts und des demokratischen Rechtsstaats* (Frankfurt am Main: Suhrkamp, 1993).
· Habermas, J., *Strukturwandel der Öffentlichkeit* (Frankfurt am Main: Suhrkamp, 1996).
· Habermas, J., *Die Zukunft der menschlichen Natur* (Frankfurt am Main, 2001).
· Heidegger, Martin, *Sein und Zeit* (Tübingen, 1077).
· Hobbes, Thomas, *Vom Bürger* (*De Cive*), in *Vom Menschen · Vom Bürger*, ed. Günther Gawlick (Hamburg: Felix Meiner, 1959).
· Hobbes, Thomas, *Vom Körper* (*De Corpore*) (Hamburg: Felix Meiner, 1967).
· Hobbes, Thomas, *Leviathan oder Stoff, Form und Gewalt eines bürgerlichen und kirchlichen Staates*, ed. Iring Fetscher (Frankfurt-Berlin-Wien, 1976).
· Hobsbawm, Eric, "Introduction to the section on 'Exile'", in *Special Issue: Home: A Place in the World*, edited by Arein Mack, *Social Research* 58, no.1 (spring), 67-68.
· Honneth, Axel, "Zwischen Gerechtigkeit und affektiver Bindung. Die Familie im Brennpunkt moralischer Kontroversen", in *Deutsche Zeitschrift für Philosophie* 6 (1995).
· Honneth, Axel, *Desintegration. Bruchstücke einer soziologischen Zeitdiagnose* (Frankfurt am Main: Fischer, 1994).
· Horkheimer, Max, "Autorität und Familie", in M. Horkheimer, *Kritische Theorie. Eine Dokumentation*, Bd. 1, A Schmidt(ed.) (Frankfurt am Main, 1968).
· Ilting, Karl-Heinz, "Einleitung", in F. Tönies, *Thomas Hobbes. Leben und Lehre*, Neudruck der 3. Auflage Stuttgart 1925, eingel. u. hrsg. v. K.-H. Ilting (Stuttgart-Bad Cannstatt, 1971), 9-90.
· Information Commissioner, *A Report on the Surveillance Society* (September 2006).
· Jünger, Ernst, *Eumeswil* (Stuttgart, 1977).
· Kane, Robert, *Through the Moral Maze. Searching for Absolute Values in a Pluralistic*

World (New York: North Castle Books, 1996).

· Kant, Immanuel, *Werke in zehn Bänden*, ed. Wilhelm Weischedel (Darmstadt, 1983).

· Kant, I., "Beantwortung der Frage : Was ist Aufklänung?", *Werke in zehn Bänden*, Bd. 9 (Darmstadt, 1983).

· Kant, I., *Grundlegung zur Metaphysik der Sitten, Werke in zehn Bänden*, Bd. 6, 7-102.

· Kant, I., *Über den Gemeinspruch : Das mag in der Theorie richtig sein, taugt aber nicht für die Praxis, Werke in zehn Bänden*, Bd. 9, 125-172.

· Kant, Immanuel, *Idee zu einer allgemeinen Geschichte in weltbürgerlicher Absicht*, in Immanuel Kant, *Werke in zehn Bänden*, Bd. 9, 33-50.

· Kumar, Krishan, "Home: The Promise and Predicament of Private Life at the End of the Twentieth Century", in *Public and Private in Thought and Practice. Perspectives on a Grand Dichotomy*, edited by Jeff Weintraub and Krishan Kumar (Chicago & London: The University of Chicago Press, 1997), 204-236.

· Landes, J. B.(ed.), *Feminism: the Public and the Private* (Oxford & New York, 1998).

· Leggewie, Claus, *Die Globalisierung und ihre Gegner* (München: C. H. Beck, 2003).

· Lèinas, Emmanuel, *Totalität und Unendlichkeit. Versuch Über die Exteriorität* (Freiburg, 1987).

· Locke, John, "The Second Treatise: Am Essay Concerning the True Original, Extent, and End of Civil Government", In *Two Treatises of Government and A Letter Concerning Toleration*, ed. by Ian Shapiro (New Haven and London: Yale University Press, 2003), 100-209.

· Long, Robert Emmet ed., *Rights to Privacy* (New York: H. W. Wilson Co., 1997).

· MacKinnon, Catherine A., "Privacy v. Equality", In *Feminism Unmodified* (Cambridge, MA: Harvard University Press, 1987).

· Macpherson, C. B., *The Political Theory of Possessive Individualism: Hobbes to Locke* (Oxford, 1962).

· Mill, John Stuart, *On Liberty* (London: Penguin Books, 1974).

· Nagel, Thomas, "Concealment and Exposure", in *Philosophy & Public Affairs*, Vol. 27, No. 1 (1998).

· O'Neill, J., *The Communicative Body* (Evanston, IL: Northwestern University Press, 1989).

· O'Neill, John, *Five Bodies: The Human Shape of Modern Society* (Ithaca, New York: Cornell University Press, 1985).

· Olsen, Frances E., "A Finger to the Devil: Abortion, Privacy and Equality", *Dissent* (summer), 377-382.

· Prosser, W., "Privacy", in *California Law Review 48*, No. 3 (1960).

· Rawls, John, "The Idea of Public Reason Revisited", in J. Rawls, *Collected Papers*, ed. by S. Freeman (Cambridge, Mass.: Harvard University Press, 2001), 573-615.

· Regan, Priscilla M., *Legislating Privacy* (Chapel Hill: Universiy of North Carolina Press, 1995).

· Roe v. Wade, 410 U.S. 113 (1973).

· Rorty, Richard, "Private Irony and Liberal Hope", in R. Rorty, *Contingency, irony and solidarity* (Cambridge: Cambridge University Press, 1989).

· Rössler, Beate, *Der Wert des Privaten* (Frankfrut am Main: Suhrkamp, 2001).

· Sandel, M., "The Procedural Republic and the Unencumbered Self", *Political Theory* 12, no.1 (February), 81-96.

· Schaar, Peter, *Das Ende der Privatsphäre. Der Weg in die Überwachungsgesellschaft* (München, 2007).

· Schoeman, Ferdinand D., *Privacy and Social Freedom* (Cambridge, 1992).

· Schönecker, Dieter/Allen W. Wood, Kants *Grundlegung zur Metaphysik der Sitten. Ein einführender Kommentar* (Paderborn, München, Wien, Zürich: Schöningh, 2002).

· Sennett, Richard, *The Conscience of the Eye: The Design and Social Life of Cities* (New York and London: W.W. Norton & Company, 1992).

· Sennett, Richard, *The Fall of Public Man* (New York/London: W. W. Norton &

Company, 1992).
· Shoeman, Ferdinand D.(ed.), *Philosophical Dimensions of Privacy* (Cambridge: Cambridge University Press, 1984).
· Shorter, Edward, *The Making of the Modern Family* (London: Fontana, 1977).
· Simmel, Georg, "Die Großtäte und das Geistesleben (1903)", in Georg Simmel, *Aufätuze und Abhandlungen 1901-1908*, Bd. 1 (Frankfurt am Main, 1993).
· Sofsky, Wolfgang, *Das Prinzip Sicherheit* (Frankfurt am Main: S. Fischer, 2005).
· Sofsky, Wolfgang, *Verteidigung des Privaten* (München: C. H. Beck, 2007).
· Solove, Daniel J., *The digital person. Technology and Privacy in the Information Age* (New York and London: New York University Press, 2004).
· Spinello, Richard A., "The End of Privacy", *America* 176 (1997), 9-13.
· Strauss, Leo, *Naturrecht und Geschichte* (Frankfurt am Main: Suhrkamp, 1977).
· Strauss, Leo, *Hobbes' politische Wissenschaft* (Neuwied/Berlin, 1965).
· Taylor, Charles, *Multiculturalism and the Politics of Recognition* (Princeton: Princeton University Press, 1992).
· Thomson, J., "The Rights to Privacy", *Philosophy and Public Affairs* (1975, 4), 295-314.
· Tugendhat, Ernst, *Vorlesungen Über Ethik* (Frankfurt am Main, 1993).
· Warren, S. D. and L. D. Brandeis, "The Right to Privacy", in F. Shoeman(ed.), *Philosophical Dimensions of Privacy: An Anthology* (Cambridge, Mass.: Cambridge University Press, 1984), 75-103.
· Warren, Samuel D. and Louis D. Brandeis, "The Right to Privacy (1890)", in Ferdinand D. Schoeman(ed.), *Philosophical Dimensions of Privacy* (Cambridge: Cambridge University Press, 1984).
· Weintraub, Jeff and Krishan Kumar(eds.), *Public and Private in Thought and Practice. Perspectives on a Grand Dichotomy*, edited by (Chicago & London: The University of Chicago Press, 1997).
· Weiß, Ulrich, *Das philosophische System von Thomas Hobbes* (Stuttgart-Bad Canstgatt,

1980).
· Westin, A., *Privacy and Freedom* (New York: Atheneum, 1967).
· Westin, Alan, *Pivacy and Freedom* (New York: Atheneum, 1967).
· Whitaker, G., *Das Ende der Privatheit. Überwachung, Macht und soziale Kontrolle im Informationszeitalter* (München, 1999).
· Wood, Allen W., *Kant's Ethical Thought* (Cambridge: Cambridge University Press, 1999).
· Woolf, Virginia, *A Room of One's Own* (London, 1977).
· Young, I. M., *Intersecting Voices: Dilemmas of Gender, Political Philosophy and Privacy* (Princeton, 1997).
· 노르베르트 엘리아스/박미애 옮김, 『문명화 과정 1』 (한길사, 1996).
· 노르베르트 엘리아스/ 박미애 옮김, 『문명화 과정 2』(한길사, 1999).
· 울리히 벡 지음/홍성태 옮김, 『위험사회. 새로운 근대(성)를 향하여』(새물결, 1997).
· 위르겐 하버마스/이진우 옮김, 『담론윤리의 해명』(문예출판사, 1997).
· 위르겐 하버마스/이진우 옮김, 『탈형이상학적 사유』(문예출판사, 2000).
· 위르겐 하버마스/한승완 옮김, 『공론장의 구조변동』(나남출판, 2001).
· 이진우, 「공동체주의의 철학적 변형」, 『철학연구』 제42집(1998 봄), 243-273.
· 이진우, 「자유의 한계 그리고 공동체주의」, 『철학연구』 제45집(1999 여름), 47-60.
· 이진우, 『이성정치와 문화민주주의』(한길사, 2000).
· 존 스튜어트 밀/김형철 옮김, 『자유론』(서광사, 1992).
· 한나 아렌트/이진우 · 태정호 옮김, 『인간의 조건』(한길사, 1996).
· 한나 아렌트/이진우 · 박미애 옮김, 『전체주의의 기원 2』(한길사, 2006).

찾아보기

ㄴ

ㄷ

ㅊ

ㅋ

이진우